权威·前沿·原创

皮书系列为
"十二五""十三五""十四五"时期国家重点出版物出版专项规划项目

BLUE BOOK

智 库 成 果 出 版 与 传 播 平 台

非洲工业化蓝皮书
BLUE BOOK OF AFRICAN INDUSTRIALIZATION

非洲工业问题研究报告（2022）

RESEARCH REPORT ON INDUSTRIAL ISSUES IN AFRICA (2022)

主　编／刘继森

社会科学文献出版社
SOCIAL SCIENCES ACADEMIC PRESS (CHINA)

图书在版编目（CIP）数据

非洲工业问题研究报告.2022／刘继森主编.--北
京：社会科学文献出版社，2022.12
（非洲工业化蓝皮书）
ISBN 978-7-5228-1022-5

Ⅰ.①非…　Ⅱ.①刘…　Ⅲ.①工业化进程-研究报告
-非洲-2022　Ⅳ.①F440.4

中国版本图书馆 CIP 数据核字（2022）第 206854 号

非洲工业化蓝皮书
非洲工业问题研究报告（2022）

主　　编／刘继森

出 版 人／王利民
组稿编辑／邓泳红
责任编辑／宋　静
责任印制／王京美

出　　版／社会科学文献出版社·皮书出版分社（010）59367127
　　　　　地址：北京市北三环中路甲 29 号院华龙大厦　邮编：100029
　　　　　网址：www.ssap.com.cn
发　　行／社会科学文献出版社（010）59367028
印　　装／天津千鹤文化传播有限公司

规　　格／开本：787mm×1092mm　1/16
　　　　　印张：14.75　字数：218 千字
版　　次／2022 年 12 月第 1 版　2022 年 12 月第 1 次印刷
书　　号／ISBN 978-7-5228-1022-5
定　　价／158.00 元

读者服务电话：4008918866

主编简介

刘继森 广东外语外贸大学非洲研究院执行院长，教授、硕士生导师。主持并完成中联部项目、教育部项目、中国商务部—欧盟合作项目、中国证券业协会项目；主持广东省科技厅软科学重点研究项目、各地市委托横向项目；参与解放军原总后勤部"九五"学术研究课题、中国教育发展（香港）基金会资助项目、广东省发改委"十二五"规划前期研究课题、广州市外经贸"十二五"发展规划专题研究项目、广州市哲学社会科学发展"十一五"规划2010年度重点委托研究项目。出版专著1部，参编专著8部，出版21世纪经济管理专业应用型精品教材1部。发表学术论文40余篇。

摘　要

2021 年，广东外语外贸大学非洲研究院发布了非洲工业化蓝皮书，通过构建非洲工业发展进程的评价指标体系，对近 20 年非洲工业化进程进行综合评估，并探讨其中的历史原因和现实背景，结合中非产能合作等，以期找到推进非洲工业化进程的路径和模式。

《非洲工业问题研究报告（2022）》在 2021 年版的基础上，在时间维度和内容选择上进行了延伸和深化，选择了具有区域代表性、发展模式代表性和发展水平代表性的埃及、埃塞俄比亚、尼日利亚、刚果（金）和南非作为案例，研究这些国家的工业化进程状况、工业化进程中存在的问题，并探讨在国际局势发生了种种新变化的背景下，非洲工业化进程如何有效推进的模式。本书特别选择了中国企业在这些国家的投资案例，通过这些案例寻找中非产能合作的微观基础和进一步合作的路径。

非洲工业发展首先是内部动力起作用，其次是外部因素起作用。在外部因素中，西方对非投资是一个客观存在的积极因素，中国近年的大规模投资，包括基础设施投资是另一股积极的力量。本书以数据分析为基础，以案例分析为重点，结合理论分析，力求找到非洲工业化进程中存在的问题，通过内部因素和外部因素结合的方式，推动非洲的工业化发展。本书延续2021 年版的方法和结构，通过计算所选国家的工业化进程指数，比较其最新的发展状况。与 2021 年版最大的区别在于本书加入疫情对非洲经济的影响和近期国际局势变化对非洲工业化潜在的影响，以期在更为广阔的背景下理解非洲工业化进程。

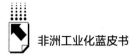

本书最大的特点是引入中国在非投资的案例。这些成功案例在中国对非投资中具有代表意义。首先，它们代表了中国在非投资的快速增长，并在产业结构方面的迅速升级。其次，它们代表了中国对非投资的各种比较成熟的模式。最后，它们代表了中非产能合作未来的发展方向。对这些案例的研究可以结合非洲工业发展进程中存在的问题，探索中非产能合作的最优路径，并找到推动非洲工业发展的切实可行的道路。

关键词： 非洲工业发展　中非合作　工业化指数

Abstract

In 2021, Guangdong university of foreign studies, the Institute for African Studies issued the Bule Book of African Industrialization (2021), by establishing the index system of industrial process in Africa, for nearly 20 years African industrialization process, a comprehensive evaluation and discusses the historical reason and realistic background, combining the china-africa cooperation capacity, etc., hoping to find promoting African industrialization path and mode.

Bule Book of African Industrialization (2022) on the basis of the previous book, content choice in time dimension and the extending and deepening, chose a representative regional representative, representative and development pattern development level in Egypt, Ethiopia, Nigeria, Dr Congo and South Africa as an example, is a research after the outbreak of the industrialization process in these countries, The other is to study the problems existing in the industrialization process of these countries and explore the model of how the industrialization process in Africa can be effectively promoted in the context of new changes in the international situation. This book is a case study, especially the investment cases of Chinese enterprises in these countries, and through these cases to find the micro basis of China-Africa production capacity cooperation and the best path for further cooperation.

Africa's industrialization process was first driven by Africa's own internal dynamics, and then by external factors. Among the external factors, Western investment in Africa is a positive factor, while China's large-scale investment in recent years, including infrastructure investment, is another positive force. Our research in African economy benign development, accelerate industrialization is purpose, follow the objective attitude, on the basis of data analysis, focusing on

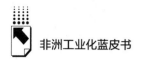

the case analysis, combining with theoretical analysis, makes every effort to find the real problems of the process of industrialization, Africa through the combination of internal factors and external factors, promote the industrialization process of Africa. The research in this book continues the methodology and structure of the previous book by calculating the industrialization progress index of the case countries and comparing their latest development status. The biggest difference from the previous book is that this book adds the impact of the pandemic on African economies and the potential impact of recent changes in the international situation on African industrialization, in order to understand Africa's industrialization process in a broader context.

The most distinctive feature of this book is the introduction of case studies of Chinese investment in non-case countries. These successful cases have multiple implications for China's investment in Africa. First, they represent the rapid growth of Chinese investment in Africa and the rapid upgrading of its industrial structure. Second, they represent a variety of more mature models of Chinese investment in Africa. Third, they represent the future direction of China-Africa production capacity cooperation. The study of these cases can combine the existing problems in Africa's industrialization process, explore the optimal path of China's production capacity cooperation with Africa, and find a feasible way to promote Africa's industrialization process. This is our ultimate research purpose and expectation.

Keywords: Industrial Development in Africa; China – Africa Cooperation; Industrialization Index

目 录 ↘

I 总报告

II 国别篇

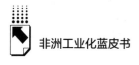
皮书数据库阅读**使用指南**

总报告

General Reports

B.1
非洲工业发展形势报告（2022）[*]

梁立俊^{**}

摘　要： 目前，非洲工业发展已经有了难得的内生动力，但是波折前行，进展缓慢，在疫情和国际局势不确定性增加的情况下，面临困难的局面。本报告选定具有代表性的埃及、埃塞俄比亚、尼日利亚、刚果（金）和南非作为案例，研究近年非洲工业发展。这几个国家在疫情暴发以来，工业发展受到影响，但表现各不相同。埃及和埃塞俄比亚的工业化指数逆势上升，尼日利亚、刚果（金）和南非工业化指数顺势下跌。这些国家工业发展缓慢的原因很多，如产业结构单一，基础设施落后，政府效率较低，教育水平较低以及外部疫情等的冲击等，解决对策是优化产业政策规划，制定更加有效的政府鼓励政策。中国在非洲工业发展中正在发挥积极作用，非洲应该重视与中国的产业合作，以此推动非洲工业发展。

---

* 本文未标注来源的数据均来自中国驻对应国家大使馆经商处。

** 梁立俊，经济学博士，广东外语外贸大学金融学院教授，研究方向为国际金融与世界经济。

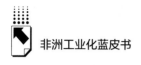

关键词： 非洲工业　工业化指数　产业政策

一　非洲工业发展综述

非洲工业化是一个极其复杂的话题。在过去的半个多世纪，自非洲国家独立后，非洲试验了各种方式，包括市场经济方式和计划经济方式，推进其工业化，但因为缺乏本土基层的"支援意识"，都归于失败。到 20 世纪末 21 世纪初，非洲以联盟的方式（非盟组织），提出了各种工业化的远景目标，这些目标从理念到行动纲领，以及具体的措施，反映了非洲人民向往现代工业社会的美好愿望。在既往历史的基础上，在即期愿望的推动下，在民间社会的不断努力下，非洲工业聚集内部力量，明确方向，缓慢发展。但是，非洲各国政府更迭频繁，政党政治腐败，社会长期不稳定，致使上述美好的愿景大多流于空洞的口号，民间努力一再被破坏，非洲工业没有实质性地向前推进。到目前为止，除个别国家外，非洲工业发展仍然处于初级阶段，并且面临内外各种不确定性力量的激荡和冲击。

（一）非洲工业发展正在聚集内生力量

非洲工业发展经历了漫长的时期，在外部力量的作用下，一直在探索适合实际国情的方式。经过半个多世纪的实践和积累，非洲工业正在走向一条前途光明的道路。首先，尽管非洲工业起点很低、进展缓慢，但已经具备了一定的基础，各国基本上建成了具有规模化扩展并可以和世界产业转移进行对接的产业体系。特别是像埃塞俄比亚、肯尼亚、尼日利亚等国，积极承接国际产业转移，发展制造业，已经形成了良好的产业发展势头。原来工业基础较好的南非和埃及等国家，经过近些年的产业调整和国内投资环境的优化，工业发展逐渐摆脱了历史遗留的包袱，已经开始出现具有世界竞争力的新兴产业，为非洲工业发展的未来走向树立了榜样。

另外，非洲工业发展环境不断改善，其内部潜力正在发挥作用。非洲有发展工业非常宝贵的资源优势。第一，非洲是全球人口最年轻的大陆，人口的平均年龄只有 40 岁，这是欧美国家，以及后发的东南亚一带的国家都不具备的优势。从这个意义讲，非洲具有独特资源，为非洲工业发展提供了长久的支持。第二，全球产业转移在其他地方已经基本饱和，下一步将大概率向非洲这一自然资源丰富同时市场容量巨大的区域转移。这是非洲面对的难得机遇。第三，非洲有宝贵的矿产资源，特别是稀有金属储量惊人，可以为新兴工业产业提供原材料。还有一点是非洲的政治社会经过长久的动荡，近年出现可喜的变化，总体而言，在走向协商、民主、法治和和平，这是非洲工业发展重要的保障。

（二）非洲工业发展波折前行

非洲工业发展具有独特性。第一，非洲的工业化不是一个自然演化的过程，而是在社会基层大部分仍然处于前现代的条件下，跳过工业化的前期（比如手工业时代）、中期（作坊工业时期和大规模机械时期），进入电子工业时期。第二，非洲在殖民时期被植入古老的工业类别——采矿业。这个古老的工业延续至今，仍然在非洲一些国家作为支柱产业发挥作用。但是采矿业既没有自身现代化，也没有推动非洲工业整体的现代化。第三，非洲目前仍然是农业占相当比重的地区，但是奇特之处是非洲的第三产业相对发达，比重甚至超过第一、二产业，从这个角度看，非洲似乎跳过工业化时代，直接进入后工业时代。

就非洲工业发展本身来看，非洲工业化的水平仍然很低。在全球各大洲中位于末位。非洲工业发展具有很多与别的洲不同的显著特征。首先，非洲的工业化整体是依赖外部力量推进的，本身缺乏内部动力，而且在 20 世纪末，各种经济模式尝试失败后，非洲工业化陷入"无望"的悲观境地。21世纪，特别是 2010 年前后，中国的经济成就和中国工业化开始影响非洲，对非洲经济形成了刺激和推动。其次，非洲工业化似乎不是一个连续的过程，2015 年前后非洲经济高增长出现了波动，同时，非洲的工业化也出现低潮，甚至倒退。有些国家出现了"去工业化"的情况。就目前的情况而言，非洲总体工业发展缓慢，但是，向前发展的趋势仍然明确。

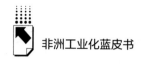

（三）非洲工业发展面临严峻国际环境挑战

非洲工业发展一波三折，受各种突发国际事件的影响很大。随着美国经济陷入衰退，一直以来对非洲工业发展影响颇大的西方投资萎缩，加上西方对非洲的各种政府援助不能持续，导致非洲经济，特别是非洲工业化受到影响。但是，真正对非洲工业发展影响较大的是 2020 年暴发的新冠肺炎疫情。非洲公共系统比较脆弱，在疫情影响下，非洲经济即刻陷入困境。2020 年非洲经济遭到重创（2020 年撒哈拉以南地区经济下跌 2%，但 2022 年反弹 4.1%），加上由于疫情外来投资无法进入，非洲工业发展大受影响。很多国家的工业化指数出现下降。

当前的国际局势对非洲工业发展的影响也是一个不可忽视的因素。国际上大国竞争日趋激烈，对非洲社会、经济，以及其工业发展将产生巨大影响。

还有一个不可忽略的因素是一些重要的非洲国家，比如，尼日利亚、刚果（金）、埃塞俄比亚等，国内出现了不稳定因素，甚至爆发了局部战争。非洲社会不断走向和解、安全的趋势似有倒退的迹象。如埃塞俄比亚，原来被看好的非洲工业化的典范和榜样，由于国内局势的变化，工业发展有可能夭折。非洲这些让人担忧的国内局势，让非洲本来就很脆弱的工业发展蒙上阴影。

（四）中国在非洲工业发展中扮演重要角色

中国作为最大的发展中国家取得的经济成就，对非洲人民是一个鼓舞，中国积极参与非洲工业发展，对非洲经济是一股积极的推动力量和平衡力量。中国资本为非洲的经济发展，特别是工业发展注入新的活力。此外，中国全面参与非洲工业发展，有利于非洲工业的均衡发展。中国投资在以下三个方面推动着非洲工业发展。

第一，全面参与非洲的基础设施建设。中国在肯尼亚、埃塞俄比亚、坦桑尼亚、津巴布韦、加纳和刚果（金）等众多非洲国家均有基础设施建设项目，有些已经完成，投入使用，有些正在建设中，还有一大批正在洽谈中。中国参与建设非洲的基础设施，大大缓解了非洲工业发展的瓶颈问题，对非洲工业发展的作用将是长期利好。

第二，非洲是全球产业转移的下一个目的地，中国的制造业产能较早地开始向非洲转移，已经形成了一定的规模。在埃塞俄比亚，华坚集团在大约10年前就已经在那里设厂生产，雇用当地工人近万人，带动了一大批相关产业链企业在当地落户。在南非和尼日利亚，中国制造业企业也在前期进出口贸易规模的基础上，利用当地劳动力和市场，把中国国内的产能输往那里。中国制造业产业转移直接提高了非洲的制造业水平，是非洲工业发展现在和未来最持久的推动力量。

第三，中国利用国内工业化的成功经验，在非洲设立了一批工业园，发挥产业聚集和政策优势，推动非洲的工业化发展，并同时升级其产业结构。例如，埃塞俄比亚的东方公园是国家级海外工业园，已经较好地结合当地政策优势，成为中国在非工业园的榜样。

二　非洲工业发展现状

非洲工业发展受疫情影响出现了波折，从指数上看，出现了倒退。同时，非洲各国的经济增速均出现了不同程度的下降。另外，在疫情影响下，外部投资无法按计划进入非洲，非洲内部投资也出现萎缩，出口通道受到影响。这些因素都造成非洲工业发展遇到困难。

（一）埃及

埃及以油气工业、纺织业、汽车业和通信与数字经济为四大支柱产业。埃及在非洲是一个工业化水平较高的国家。由于其接近欧洲的地理优势，加上历史上和欧洲在文化和经济上往来密切、互相渗透，较早接受工业文明，埃及的工业发展一直稳步前进。在疫情肆虐的背景下，2020年埃及的工业发展指数仍然比2019年大幅上升了12%，在非洲的排名也从第12位提高到第8位。

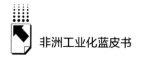

埃及工业发展指数大幅提升主要得益于当年 GDP 的逆势增长。另外，埃及的工业发展有独特的优势。从数据上看，埃及 2020 年工业发展加速，除了 GDP 方面的优势外，还有两个重要因素，一个是城镇化指标，另一个是高端制造业指标。埃及是非洲农业占比最小的国家，农业产值只占 GDP 的 11% 左右，这在非洲是很独特的。埃及的高端制造业发展为其工业化提供了支持。

埃及的工业化有着较好的未来前景。第一，埃及人口年轻化。这是埃及的优势，也是非洲的优势。埃及的教育比较发达。人口年轻化加上高水平的教育，这样的劳动力优势，将不断促进埃及的工业发展。第二，基础设施相对完善。埃及是一个旅游发达的国家，经济发展一直较平稳，其交通、通信、金融、餐饮等行业比较发达，这是其吸引外来资本发展本国工业的有利条件。第三，国际贸易条件优越。埃及港是世界上最古老的港口，而且埃及和世界上很多国家有贸易互惠，便利的外贸条件对资本有很大的吸引力。

据中国驻埃及使馆经商处不完全统计，中国企业对埃及投资领域集中在油气开采和服务、制造业、建筑业、信息技术产业以及服务业等。

（二）埃塞俄比亚

根据 2000~2020 年世界银行数据计算出埃塞俄比亚 2000~2020 年工业发展指数，可以看出，埃塞俄比亚工业发展指数不高，基本都排在非洲 54 个国家中的最后五位，2020 年埃塞俄比亚工业发展指数仅为 0.1425，相比 2000 年的 0.0908，进展不大，仍处于初级阶段。但 2020 年，埃塞俄比亚的工业发展指数仍在上升。埃塞俄比亚投资环境在非洲国家中算是比较好的，对外资有较大吸引力。2020 年工业发展指数仍有提升与过去外资进入积累起的优势持续释放有关。

但是，新冠肺炎疫情暴发和国内地区冲突持续对埃塞俄比亚造成了重大打击，对埃塞俄比亚未来经济增长和工业发展造成巨大影响。

中国和埃塞俄比亚一直保持友好关系。中国资本和企业在埃塞俄比亚非常活跃，是埃塞俄比亚近年经济增长迅速、工业发展加速的重要力量。中国在埃塞俄比亚建立并成功运行东方工业园，华坚集团以建设生产基地为依托，建成华坚国际轻工业城等，在提高埃塞俄比亚整体工业水平、推进埃塞俄比亚工业发展的同时，为其创造了大量就业机会，同时培养了一大批合格的产业工人和管理人才，未来将对推进埃塞俄比亚工业发展做出持久的贡献。

（三）尼日利亚

尼日利亚经济发展的支撑行业是石油和天然气、农业、制造业、通信行业。石油和天然气产业产值在 GDP 中占主导地位，占 GDP 的 7%，是该国最重要的经济来源，在国家总收入中占比高达 85%。

尼日利亚的工业发展指数经历了 2015~2016 年的下跌，然后逐步恢复。2020 年虽然在疫情的影响下，尼日利亚的工业增加值、GDP 和出口均在下降，而且出口下降幅度非常大，但尼日利亚的工业发展指数却在上升，从 2019 年的 0.1936 上升到 2020 年的 0.2058。这主要得益于当年高新技术产品出口占比、制造业占比和世界制造业影响力较大幅度的改善。尼日利亚的城市化率比较高，第三产业发达，国内市场容量巨大，这对尼日利亚吸引外资、发展工业非常有利。尼日利亚未来工业发展有很大的空间。

尼日利亚是中国对非投资重要的去向国。中国投资集中在基础设施建设、能源交通，以及家用电器和服装等行业，对尼日利亚经济增长和工业发展发挥了重要作用。中国对尼日利亚的资金投入为其经济和工业发展提供必备资金助力。中国企业进入尼日利亚市场后，为尼日利亚当地提供了大量的工作岗位，提高了当地的劳动力素质。另外，中国资本进入尼日利亚带来广泛的溢出效应，优化了产业结构，提高了尼日利亚的工业技术水平。

（四）刚果（金）

刚果民主共和国［简称"刚果（金）"］的平均工业发展指数为 0.1249。刚果（金）是联合国公布的世界最不发达国家之一，经济以农业、采矿业为主，工业经济欠发达，这是其工业发展落后的主要原因。2009 年以前，刚果（金）工业发展较慢；在 2010 年有较大幅度的下跌；但之后一直平稳增长，并没有出现如非洲其他国家的"去工业化"现象。2019 年刚果（金）工业发展指数达到一个小高峰，为 0.1767。但受到新冠肺炎疫情的冲击，2020 年刚果（金）的工业发展指数有所下降，整体排名保持稳定。2020 年刚果（金）工业发展指数下降主要是当年人均国内生产总值、人均制造业净值和制造业产值占国内生产总值比重下降所致。

刚果（金）是中国投资较为集中的非洲国家之一。2020 年中国对刚果（金）直接投资流量还有大量金融资本通过债务方式进入刚果（金）的各个生产领域，为刚果（金）的经济发展提供血液。在刚果（金），中国资本主要投资于矿产开发。中国资本还在刚果（金）广泛参与当地的基础设施建设，投资于当地的中小型加工制造业，通过优化经济环境，扩大技术溢出效应等，正在推动刚果（金）实现工业发展稳步前进。

（五）南非

南非共和国是非洲工业化水平最高的国家。南非的重点和特色产业包括制造业、矿业和通信网络业。2020 年南非制造业贡献了当年 GDP 的 11.6%。南非制造业涵盖了从轻工业到重工业的众多门类，主要包括钢铁、金属制品、化工、运输设备、机器制造、食品加工、纺织和服装等。金属冶炼和机械工业是南非制造业的支柱性产业。汽车业是南非最重要的制造业部门，汽车业对南非 GDP 的贡献率为 6.4%，汽车产品出口额在过去五年中增长超过 45%。矿业也是南非国民经济的支柱产业之一，其产业增加值规模位居世界第五，2020 年该产业的增加值占到南非 GDP 的 6.9%。南非的铬、铂和钛产量位居世界第一，锰产量位居世界第二；铁矿石产量位居世界第六，金产量位居世界第七，镍产量位居世界第十。通信网络业是近年来南非发展比较快的产业之一。随着数字经济的普及与影响，南非电讯和信息技术产业发展势头良好，在全国范围内共有 500 万部固定电话、2900 万个移动电话用户和 2858 万个互联网用户，互联网普及率高达 52%，电信发展水平位居全球第 20 位。

  2000~2020 年南非的工业发展指数在整个非洲地区都是排名第一，特别是在 2007 年之前，该国工业发展指数一直呈现上升趋势。2007 年，南非的工业发展指数达到历史最高点，为 0.5066，之后工业发展指数呈现一定程度的下降趋势，特别是 2015 年之后，南非也出现"去工业化"的情况，工业化指数排位一度跌至非洲第二位。2020 年，南非的工业发展指数为 0.3968，较上一年有了小幅上升，保持非洲第一的名次。2020 年，南非受疫情影响，人均 GDP、人均制造业增加值、人均制造业产品出口额均出现了下降。但是高新技术在总产值中的比重、城市化率和农业总产值占 GDP 比重等有所上升，这是当年南非工业发展指数微弱上升的原因。

  南非是中国重要的贸易伙伴，也是中国企业在非洲的首选投资地。近年来，中国对南非的直接投资额变动的幅度比较大，这主要是因为当地电力能源短缺、劳动力成本攀升以及南非汇率的大幅波动等。我国对南非投资涉及矿业、农业、制造业、基础设施、能源、金融、物流等领域，在南非拥有 200 多家大型公司和 1000 家左右的中小企业，为当地创造了超过 10 万个就业岗位。中国对南非投资对南非的工业发展产生了积极影响。第一，中国在南非设立的工业园，推动了南非的工业化。第二，中国的产能转移弥补南非产业结构的空缺，为其制造业发展奠定了基础。第三，中国在南非的基础设施建设，可以改善南非的交通运输状况，优化工业化发展环境。第四，中国的投资有利于南非开辟工业新领域，推动工业化的持续发展。

三　非洲工业发展问题总结

（一）生产力落后，产业结构单一

  从积累和发展的角度看，一个国家的工业发展与其工业基础直接相关。选定的五个案例国家，除南非外，其余国家的工业发展都面临一个问题，就是原有的工业基础非常薄弱，生产力落后。这些国家面临的另一个问题是产业结构单一。例如，埃及的工业主要集中在汽油和化工，产值占工业总产值

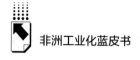

的60%，还有就是出口创汇的纺织业，产值占工业总产值的18%，发展极不平衡。刚果（金）的工业主要集中在矿产，主要靠石油和珍惜木材等出口获取外汇，其他产业极不发达。尼日利亚和刚果（金）的情况类似。尼日利亚是产油国，但是石油加工能力极低，成品油要靠进口，国内加油站常常出现油荒。

生产力落后、产业结构单一是非洲国家工业发展面临的普遍问题。这些问题首先阻碍了本国工业发展内生动力的形成。没有内生动力，工业发展就难以自主推进。非洲工业正是由于缺乏内生动力，所以长期以来发展缓慢。这也是非洲工业发展一直依赖外部力量推动的主要原因。但是，从另一个角度看，由于内部基础设施落后，结构失衡，非洲工业化水平难以和欧美发达国家的产业结构匹配，因此，欧美国家对非洲工业化的长期"援助"无法奏效。非洲国家的工业基础极为落后，甚至难以和发展中国家的产业转移对接。这样导致产业较为发达的发展中国家的产业也难以适应非洲本地的工业基础状况。这应该是非洲工业长期处于低端的最重要的原因。

（二）基础设施落后，电力等能源缺乏

基础设施和电力是经济发展的支撑要素，是工业发展得以推进的必要条件。非洲工业化普遍存在的另一个问题就是国内基础设施落后，电力缺乏。5个案例国家除南非的基础设施相对发达外，其他国家均存在基础设施严重不足的问题。比如，埃及是非洲一个相对发达的国家，但埃及的基础设施也严重短缺。埃及国家铁路局运营的干线线路仅有40%左右为双线，约60%的铁路仍为单线客货混合的铁路，且集中分布于尼罗河和地中海沿线。埃及85%的铁路信号系统尚未实现自动化，连年发生严重火车交通事故，且由于基础设施陈旧，铁路货运能力不断下滑，货运总量仅占铁路运输总量的4%，并不能满足埃及工业化发展的需求。埃塞俄比亚的基础设施更是落后，从首都亚的斯亚贝巴到吉布提港口七八百公里的路程，货运要走近1个星期。

电力缺乏是制约非洲工业发展的另外一个因素。非洲水利资源和煤炭储量丰富，但这些资源由于产业落后，没有被充分利用起来，致使非洲国家普

遍缺电。埃塞俄比亚约6500万人口没有电力供应。电力短缺严重影响工农业生产和制造业发展，阻碍外部投资。尼日利亚的电力系统非常薄弱，多数发电设备陈旧，缺乏应有的维护和保养，对天然气发电的依赖程度过高，供气状况波动对发电量经常产生显著影响。刚果（金）拥有丰富的水力资源，也有大型发电装置，但由于经济落后，缺乏基建和养护资金，全国通电率仅为6%，远低于撒哈拉以南非洲24.6%的平均通电率。在刚果（金）东南部加丹加省，近年来随着矿业冶炼企业数量不断增多，生产规模也逐步扩大，但相应的电力基础设施并未配套升级，导致矿区电力缺口巨大（仅能满足设计能力的40%左右），经常出现不规则停电现象，给企业正常生产造成巨大影响。

（三）教育落后，缺乏技术人员和合格的劳动力

教育落后导致技术人员缺乏、科研创新能力不足，进而严重阻碍工业发展。这是非洲普遍存在的问题。埃及是一个教育相对发达的国家，建立起一套完全不同于宗教教育体系的世俗教育体系，目前，埃及拥有科学和工程技术人员100多万名，具有12.5万个科研职位，埃及政府管辖下的主要科研院所有20多个，其中有12个隶属于埃及高教科研部。但是，近年来受到政局动荡的影响，埃及的高等教育人才外流较为严重，且高等院校的教育质量堪忧，这也直接影响了埃及科技创新的能力。尼日利亚的年轻劳动力十分充足，但受教育程度普遍偏低。全国拥有大学128所，普通高中14555所，大多数学校面临经费不足、年久失修等问题，全国文盲率近40%，高素质劳动力稀缺，普通劳动力需要通过长期的专业培训后方可满足各类工作岗位的需求。教育落后使得尼日利亚缺乏相应管理和技术人才，造成对外国技术、专家过度依赖，加上本土的技术能力十分有限，仅当有足够的外汇可以利用且能留住高薪的外国人才时，工厂才得以高成本运行。

南非也是相对发达的非洲国家，但是教育问题，包括初等教育和职业技能教育不足造成劳动力技能不能适应经济和产业发展的需要，以及教育系统相关人才培养不足，不仅影响了南非企业的研发能力，也影响科研成果在当

地的推广与应用，进而影响了整个国家的工业发展。调查显示，目前南非多个经济部门面临严重的技能人才短缺。导致这种情况的一个主要原因就是近年来南非政局不稳，高等教育人才外流严重，加重了人才短缺，最终导致南非高等院校的教育质量严重下滑，直接影响了南非科技创新的能力。从南非政府 2001~2021 年的政府教育支出占 GDP 比例的变化可以发现政府的教育支出占比不仅偏低，而且呈现逐年下降的趋势，这将非常不利于南非未来工业化的发展。

（四）疫情和内部战争以及种族冲突的不确定性影响

新冠肺炎疫情对非洲经济和非洲工业化造成较大影响。例如，新冠肺炎疫情导致全球供应链中断，非洲承受供给和需求两侧的压力，创收能力下降。埃塞俄比亚的制造业发展和工业发展因全球供应链的中断而承受压力。疫情使尼日利亚面临史上最严峻的经济挑战。受新冠肺炎疫情影响及国际油价暴跌，尼日利亚外汇收入减少，外债高企。跨境经贸活动受疫情影响也较大。进口货物清关时间延长，尼日利亚阿帕帕港入港等候时间长达 50 天，非防疫物资等紧急物品进口受限。工业元器件无法进口、无法及时到位，大大影响国内制造业生产。和埃塞俄比亚一样，疫情导致尼日利亚供应链中断，进而影响国内工业生产。

疫情也使外来投资无法按时到位，影响本国的工业生产。新冠肺炎疫情加剧了保护主义，加快了全球价值链重组的趋势，疫情造成的不确定性导致外国公司大量减少投资，推迟和取消计划投资和新的投资项目。2020 年埃塞俄比亚的外国直接投资下降 20%。尼日利亚、刚果（金）和南非都不同程度地存在国内的地区武装冲突和种族冲突，对其工业发展的正常推进造成影响。另外，最近国际局势不稳，包括粮食在内的国际大宗商品价格飞涨，非洲遭受经济压力，甚至有可能陷入饥荒，工业进程面临新的不确定性。

B.2
非洲工业发展的问题分析及战略选择[*]

刘继森[**]

摘　要： 跟踪非洲工业发展影响因素的变动发现：局部地区的军事政变频发影响到非洲政局的稳定性；在基础设施改善方面，中国以及欧美国家在非洲加大了以数字经济为主导的新基建；尽管大部分非洲国家仍然依赖农业、矿业和采掘业初级产品的出口，但已有一些国家开始重视制造业，其他国家的产业转型升级为非洲工业发展带来契机；中非持续合作和国际援助，在一定程度上缓解了非洲资金短缺状况；中非合作"能力提升行动"和"能力提升工程"有利于提升非洲劳动力的素质；非洲大陆自由贸易区的深化，为非洲工业发展提供了统一大市场；受疫情冲击和俄乌冲突的影响，非洲工业发展面临不确定性。针对非洲工业发展中存在的生产力落后，产业结构单一；基础设施落后，电力等能源缺乏；教育水平落后，缺乏技术人员和合格的劳动力；疫情和内部战争以及种族冲突的不确定性影响等问题，本文提出了相应的解决对策，并从内部因素和外部因素两个方面对非洲工业发展前景进行了展望和预测。

关键词： 非洲工业　产业结构　中非合作

---

[*] 本文未标注来源的数据均源自中国驻对应国家大使馆经商处。

[**] 刘继森，经济学博士，广东外语外贸大学非洲研究院执行院长，教授，研究方向为世界经济。

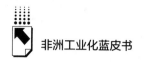

一 非洲工业发展影响因素变动情况

（一）非洲政局的稳定性

2020年3月至2022年2月的近两年里，非洲大部分国家政局比较稳定，但中西部非洲军事政变频发，表明了非洲局部地区的政局不稳定因素有上升趋势。

自21世纪以来，非洲整体政变数量显著下降。过去20年里，非洲的政变降到每年两次左右。但2021年至2022年发生的军事政变主要集中在历史上的高发区，凸显出上述国家政局动荡的历史延续性。究其原因，如下。

一是国家面临持续的政治困难、经济困境。疫情发生以来，非洲遭遇严重的经济和社会危机，尤其是经济结构单一的几内亚、马里、苏丹等更是危机重重。疫情放大的全面危机更使现任政府曾经的承诺难以兑现、有效政绩损失殆尽。民众对其领导人的另一个主要不满是治理不善。部分非洲国家政府在其军事现代化过程中，不能有效地控制军队，再加上这些国家的法治建设比较薄弱，政变者往往不会受到惩罚，政变的成本低，导致这些国家军事政变频发。

二是在非洲政变多发国家中，军队都发挥着重要的作用。军队具有较强的组织动员能力，能够对政府内部或社会其他任何群体发起挑战，比较之下，文官政府的能力就相对薄弱、低效。非洲中西部的国家，长期以来一直饱受恐怖组织、武装分子的袭扰，安全状况堪忧，军队是保障民众安全的主要力量，通常都比较受民众拥戴，因此军方发动政变多会得到民众支持。

三是军事组织的自主性或利益受损是政变的直接动因。军人为保护自己的利益，因而寻求掌握国家最高政权。

（二）基础设施的改善程度

在非洲的基础设施建设过程中，中国的投资发挥了重要作用。我们可以从铁路和港口两项重要的基础设施来看，中国承建的项目占比都很大。从20世纪70年代到21世纪头20年，中国一直持续投资非洲的基础设施建设。中国为非洲国家修建了坦赞铁路、亚吉铁路、本格拉铁路、阿卡铁路、蒙内铁路、莫桑梅德斯铁路、亚的斯亚贝巴轻轨。

中国在非洲建设的主要港口项目有埃及苏伊士港、苏丹港、阿尔及利亚舍尔沙勒港等。

如果说中国更多关注的是非洲基础设施硬件建设，那么欧美等科技比较发达的国家将注意力更多投向了以数字经济为主导的新基建。涉及非洲新基建的国家有美国、英国、日本、韩国、印度、新加坡、以色列和土耳其，覆盖了互联网、数字基础设施和创新创业公司、电子政府和智能手机、运营商与投资、金融科技、区块链和人工智能、网络安全和无人机等领域。

（三）单一经济结构的调整

联合国贸发会议《2022年非洲经济发展报告》显示：尽管非洲大陆几十年来一直努力实现出口多样化，但54个国家中仍有45个依赖农业、矿业和采掘业初级产品的出口。

非洲单一经济结构是长期受殖民地宗主国影响造成的，宗主国只关心从殖民地拿走它们想要的资源，而没有给非洲国家带来资本、技术和人力资源的提升。单一经济结构阻碍了非洲经济社会可持续发展，但从另一个角度来看，也为非洲改变单一经济结构之后经济的快速增长留下了空间。

非洲国家政府期待中国企业的投资，依托非洲丰富的农业资源和矿产资源，结合中国的投资和技术转移，提高农产品和矿产品的附加值，逐步完成原始积累，为未来完成工业发展积累资金和动能。

（四）资金短缺的缓解程度

非洲每个国家的工业发展都需要大量的资金投入，但非洲国家由于产业结构单一，创汇能力有限，资金缺口巨大，仅能源领域就有210亿美元的缺口。新冠肺炎疫情暴发以来，非洲资金短缺状况更是雪上加霜。在这

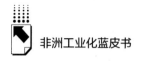

种情况下，来自中国的助力对缓解非洲经济发展的资金缺口发挥了重要
作用。

新冠肺炎疫情的外部冲击，加重了非洲债务危机。截至 2020 年 12 月的
债务可持续性分析显示，非洲 38 个国家中有 14 个被评为高风险，6 个已陷
入债务危机。报告预测债务占 GDP 的比例平均值中短期内将大幅攀升，
2021 年将增加 10 ~ 15 个百分点。要解决非洲的债务，会付出高昂的代价。
因此，国际社会需推动主权债务重组国际金融架构的变革，非洲国家也需要
在融资工具上进行创新，并大胆地进行治理改革，制定数字化或者增强竞争
力的政策，提高债务管理透明度，重新刺激经济增长。

非洲债务问题要想真正解决，发展是关键，必须通过经贸、投资等全方
位合作，为改善非洲债务问题提供内生动力。2020 年非洲债务困境和高风
险国家已达 22 个。作为非洲外债的重要攸关方，中国积极倡议和执行 G20
"缓债倡议"，支持进一步延长倡议期限。截至 2020 年 11 月，中国进出口
银行作为双边官方债权人已同 11 个非洲国家签订缓债协议，鼓励中国金融
机构基于市场原则同非洲国家就商业贷款债务进行友好磋商，呼吁国际债权
人延长"缓债倡议"期限，呼吁国际多边金融机构和私人金融机构参与
"缓债倡议"。中国也积极支持国际货币基金组织（IMF）和世界银行的债
务救助工具，包括 IMF 赈灾基金等。

（五）劳动力素质的提升程度

非洲大陆目前有 12.7 亿人口，据预测，到 2050 年非洲大陆人口将增长
到 25 亿人，是极具竞争力的人口大陆。如果从一个人口占优的大陆过渡到
人力资源占优的大陆，出路只有一条，那就是教育，尤其是职业技术教育。
中国加大了对非投资，建设有大大小小的产业园区，员工的本地化对非洲高
素质的劳动力存在巨大的需求，这就为中非职业技术教育合作拓展了广阔的
空间，这方面中非合作已经有成功的案例。比如，中国由 10 多所职业技术
院校加盟与赞比亚合作建设的中赞职业技术学院，现有学生超过 2000 人，
很好地满足了中国在赞比亚铜矿企业对不同工种工人的需求，也为赞比亚创

造了大量的就业岗位。

近年来，在习近平主席的倡导下，中国与非洲各国在职业教育领域的合作范围不断扩大，合作内容不断丰富。深化产教融合，中非职业教育立足地区、产业等，主动对接企业需求；推进人才培养链与产业链、创新链有效衔接，为区域经济高质量发展提供人才和智力支撑；依托"未来非洲—中非职业教育合作计划"、鲁班工坊等合作平台，共同建设优质教育资源；推进数字转型，合作培养具有数字化素养和能力的高端技术和技能型人才。在"一带一路"倡议的框架下，中非双方已逐步建立起良好的合作机制，大批项目取得实质性进展，中非职业教育合作进入全新发展时期。

2017年4月，中国、南非两国建立高级别人文交流机制。为丰富机制内涵，推进与南非职业教育务实发展，加强产教融合，促进中国职业院校和企业联手"走出去"，2018年1月，教育部中外人文交流中心与南非高等教育和培训部工业和制造业培训署以及中南两国相关政府、院校、企业等58家单位在中国常州共同发起成立"中国—南非职业教育合作联盟"。加入中非（南）职业教育合作联盟的中方职业技术院校有郑州旅游职业学院、浙江机电职业技术学院、徐州工业职业技术学院、无锡职业技术学院、温州职业技术学院等。加入联盟的南非职业技术学院有东开普敦米德兰职业教育学院、北方锐科学院、马卢蒂职业教育学院、戈特锡班德职业教育学院、东艾古莱尼学院。

为加大向非洲国家的技术转移力度，中国独创了鲁班工坊模式，就是中国传统的师徒制模式。非洲首家鲁班工坊于2019年3月在吉布提落地，一期开设铁道运营管理、铁道工程技术等4个专业。目前，非洲鲁班工坊的数量增至11所，覆盖10个国家。秉持"授人以渔"的工匠传承精神，鲁班工坊在非洲大放异彩，为非洲培养了大量的技能型人才，非洲的自主创新能力和独立发展能力得到有效提升。作为中非共建"一带一路"人文交流合作平台的重要举措，鲁班工坊在填补中非职业教育合作空白等方面取得突破。中非合作鲜有职业教育领域的合作，而鲁班工坊的出现正好填补了这块空白。另外，人才培养在经济发展中的重要作用不言而喻，但由于非洲教育

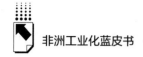

资源相对贫乏，缺乏有能力运营已建成合作项目的人才，因此部分中非合作项目在中方建设和非方运营之间存在断裂风险。部分国家的鲁班工坊瞄准中非合作的一些重点项目，有针对性地培养了一批与这些项目对口的非洲当地人才，有助于化解这一风险。

进入 21 世纪，随着非洲一体化进程加快和经济社会发展，许多国家的职业教育升温。非洲职业教育缺乏资金，软硬件都有很大的提升空间。此外，基础教育的普及程度也影响到非洲职业技术教育的质量。鲁班工坊发挥机械自动化与人工智能数字化等优势，因地制宜通过产教融合、校企合作的方式，培养符合非洲社会发展需求的劳动力。

鲁班工坊的成功之处在于，它与非洲当地经济社会发展的需求相结合，与中国对非洲国家的投资产业发展的需求相结合，着力培养既具备国际视野、通晓国际规则，又具有批判性思维和创造性思维、实践能力和创新能力的本土化技术技能人才。中非合作培养，双向受益。鲁班工坊的合作模式是拥有良好前景的可持续方案，不仅可以在多国多地铺展开来，还可以成为其他领域合作的样板，为中非全面合作发展提供优秀实践经验，如农业、制造业等中非合作传统优势产业以及生物医药、电子通信等新兴行业。非洲研究专家认为：以中国经验和中国技术为依托的鲁班工坊，用现代化的职业知识和技能培养非洲青年，在"一带一路"框架内为非洲经济和社会发展助力，为非洲工业发展提速贡献中国智慧。

（六）市场碎片化整合程度

非洲大陆自由贸易区（AfCFTA）的建立标志着非洲大陆经济一体化的加速。截至 2022 年，非洲 55 个国家中有 44 个批准了非洲大陆自由贸易区，它可以带来区域内贸易的便利化，产生巨大的贸易创造效应，从而促进非洲地区的经济发展。

非洲大陆经济一体化在推进的过程中难免会遇到这样那样的问题和障碍，但这毕竟是一个从无到有的良好开端，将为进入非洲投资贸易的国家和企业带来可以期待的规模经济效应。

（七）新冠肺炎疫情和战争持续时间

根据区域经济分析，在新冠肺炎疫情全球大流行的影响下，撒哈拉以南非洲地区可能导致多达 4000 万非洲人陷入极端贫困，使得过去 5 年的减贫成果付之一炬。

2022 年 6 月，非洲开发银行发布的《2022 年非洲经济展望》（AEO）认为，非洲遭受了新冠肺炎疫情和俄乌冲突双重危机的严重冲击，不断削弱了非洲大陆的生产能力。

经济收缩、通货膨胀和债务共同危及非洲于 2021 年开始的经济恢复及重建，非洲经济的增长前景高度不确定，下行风险尤为突出。《2022 年非洲经济展望》报告预测，2022 年非洲实际 GDP 增长将放缓至 4.1%。

促使 2021 年非洲经济反弹的三个主要因素分别是：油价上涨、新冠肺炎疫情管控措施放松以及强劲的国内消费和投资。其中两个因素——新冠肺炎疫情管控措施所体现的政府治理，以及消费和投资等国内需求——都来自非洲大陆本身，而不是动荡的国际大宗商品市场。这预示着，一旦最近一轮的冲击过去，非洲就有可能恢复强劲、稳定的增长。

二　非洲工业发展存在的问题及对策

（一）生产力落后，产业结构单一

联合国贸发会议在其发布的《2022 年非洲经济发展报告》中表示，非洲国家可以通过促进高价值服务出口、扩大私营企业获得金融服务的渠道、利用新的金融技术和实施有效的政策，实现经济多元化发展。

加快创新，增加就业，尤其是年轻人的就业，促进产业多元化发展，如服务业。非洲超过 60% 的经济增长来自服务业，而在前几年，服务业的贡献率还仅有 1/3 强。这表明非洲开始摆脱对初级产品的依赖，并正在快速建立适应 21 世纪互联网世界的高价值的第三产业。

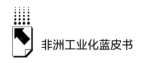
非洲不是一个国家，而是一个由超过 54 个高度多样化的国家组成的大陆，覆盖近 13 亿人口，他们各种各样的经济活动共同创造了每年近 3 万亿美元的 GDP。《2022 年非洲经济展望》报告非常重视非洲的这种多样性，并因此按国家、地区和经济类型来进行分析。

于是我们看到的是经济增长表现的巨大差异，非洲资源型国家，比如石油出口国经济增长预计表现最好，尽管南苏丹、安哥拉和尼日利亚等国出现了非洲大陆上最高的通胀率。

然而，最大的经济反弹出现在毛里求斯等依赖旅游业的经济体，这些经济体受到新冠肺炎疫情导致人员流动受限的严重打击，2020 年经济收缩了12%，但 2021 年经济增长率估计恢复到 4% 以上，并且随着疫苗接种范围不断扩大，国际旅游将得以恢复，预计这些经济体 2022 年经济增长率将接近 6%。

（二）基础设施落后，电力等能源缺乏

为了缓解非洲基础设施落后状况，非洲国家自身应力所能及地增加基础设施投资。对于没有资本投资的非洲国家而言，可多渠道利用外部资金，比如世界银行的贷款、欧美国家的资本、中国的投资等。由于基础设施建设需要的资金量大，建设周期长，风险大，因此，基础设施建设，可采取三方合作方式，共同建设非洲的基础设施。

非洲国家能源短缺状况随着外来投资的增加而有所缓解，但缺口仍然较大。国际能源署 2022 年 6 月 20 日发布的最新报告《2022 年非洲能源展望》指出，2021 年以来，非洲无电可用的人口数量增加了 2500 万人，这归咎于新冠肺炎疫情以及后来的危机，这些因素结束了此前十年的进步趋势。

国际能源署表示，提高能源效率、扩大电力网络和可再生能源装机容量，是非洲大陆能源未来发展的基石。非洲拥有全球 60% 的太阳能资源，却只拥有世界上 1% 的光伏发电装置。

国际能源署强调，为了实现与能源和气候相关的目标，从现在到 2030

年，非洲需借助风能、大坝和地热等，让可再生能源发电量达到非洲发电装机容量的 80%。但是，若想做到这一点，就得"加倍投资"。

（三）教育水平落后，缺乏技术人员和合格的劳动力

中非在教育领域的合作可以解决这一问题。非洲国家可考虑引进中国不同层次的教育体系，一是基础教育，从师资到课程，中国有丰富的基础教育经验。中国已经开始与非洲国家合作，中国师范类院校可以帮助非洲国家培养小学、中学到高中阶段的师资力量。二是职业技术教育，立足实践需要，将有一定文化基础的非洲青年，通过职业技术院校的培养，使其掌握一技之长。随着中国在非洲投资的扩大，对蓝领工人的需求规模扩大，中非职业技术教育合作是潜力无限的蓝海。三是高等教育，加强中非人文交流，尤其是在科技创新领域的合作，将非洲纳入全球科技创新链，吸引非洲外流科研人才回归。推动中非政产学研合作，加快科研成果的产业化。

（四）疫情和内部战争以及种族冲突的不确定性影响

新冠肺炎疫情仍然是全球健康威胁，引起国际关注。

非洲的健康卫生体系是全球最脆弱的，防疫物资短缺，疫苗难以获得。这又增加了非洲国家抗击疫情的难度。

解决非洲国家内部战争与种族冲突问题，有赖于非洲国家政府从根本上意识到发展经济、解决民生问题是关系到一个国家前途与命运的大事，经济发展，民心思稳，才能停止内部战争，才能实现种族之间的和解。

三 非洲工业发展前景预测

本报告从内部因素与外部因素两个方面对非洲工业发展进行预测。

（一）内部因素

第一，非洲大陆自由贸易区的建立与推进，为非洲工业发展提供了统一

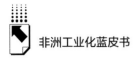

大市场。尽管刚刚起步，但已经有越来越多的投资者看到了非洲未来的发展前景，将制造业转向非洲，培育未来新的增长点，既可享受到非洲巨大的人口红利，又可以通过非洲开展对欧洲的贸易，规避更多的贸易壁垒。

第二，非洲国家吸引外资的政策在悄然发生改变。非洲国家更欢迎能给其创造就业岗位和外汇收入的外来投资，对于纯贸易类投资和对经济拉动作用小的外来投资进行限制甚至禁止。可以看出，非洲国家更欢迎制造业将产能转移到非洲。

第三，非洲国家不再纯粹通过初级产品的贸易来发展经济，而是通过提升农产品和矿产品的附加值，来增加老百姓的收入和国家的财政收入。为了配合这一政策的转向，需要吸引更多的投资进入非洲制造业领域，以完善非洲工业体系。

（二）外部因素

第一，中国基于土地成本和劳动力成本上升的压力，同时也基于产业升级的需要，富余产能要向外转移。因此，中国加大了向非洲工业领域投资的力度。

第二，欧美国家，也包括亚洲的中国、日本、韩国等增加了对非数字经济的投入。随着新基建基础设施的完善，数字技术与传统产业的融合将使非洲工业发展进入一个加速阶段。

第三，后疫情时代，各国对非投资加快复工复产，将使停止了两年多的各大产业园重新焕发生机和活力。

国 别 篇
Nationality Reports

B.3

2021年埃及工业发展形势及展望*

陈玮冰**

摘　要： 埃及是我国"一带一路"倡议在非洲的重要节点。在工业发展进程上，埃及处于非洲地区的中上游水平，这主要源自埃及较为突出的工业发展体系，如油气资源、成衣制造以及汽车制造等产业方面的突出表现。但是，埃及的工业发展也有着较为明显的不足，包括教育质量、陆路基础设施、政府政策支持等方面的不足，导致其工业门类过于单一。然而，我国"一带一路"倡议在埃及的推进，在一定程度上缓解了这些不足之处，如中埃·泰达苏伊士经贸合作区项目，通过项目以点带面，缓解了其基础设施、教育等方面的不足，并通过行之有效的合作积极引导政府政策的倾斜，是中非产业合作的经典案例之一。

---

* 本文系国家社会科学基金青年项目"中国援助与'一带一路'项目投资对非洲工业化影响的差别研究"（编号：Z2CGJ026）的阶段性成果。本文未标注来源的数据均源自中国驻埃及大使馆经商处。

** 陈玮冰，经济学博士，广东外语外贸大学非洲研究院讲师，研究方向为国际发展。

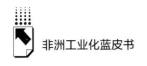

非洲工业化蓝皮书

关键词： 工业发展 苏伊士经贸合作区 埃及

一 埃及主要产业及工业发展形势

（一）埃及的主要产业

油气工业、纺织业、汽车业和通讯与数字经济是埃及的四大支柱产业。首先，埃及是非洲地区重要的石油和天然气生产国，油气工业是影响埃及经济的主要支柱之一，产值占 GDP 的 13.6%。据 BP《世界能源统计 2021》，截至 2020 年底，埃及石油储量为 32 亿桶（4 亿吨），居非洲第六位，占全球总量的 0.2%；天然气储量 2.1 万亿立方米，居非洲第三位，占全球总量的 1.1%。埃及油气管理体系是在埃及石油和矿产部统一领导下，由埃及国家石油公司（EGPC）、埃及国家天然气公司（EGAS）、埃及南部石油公司（Ganope）、埃及炼化公司（Echem）等单位组成。投资埃及油气的外国石油公司不仅数量众多，而且在背景、规模上的多样性明显。截至 2019 年底，在埃及从事油气上游业务的石油公司共有 62 家，其中外国石油公司 51 家，约占总数的 82.3%，主要来自美国、英国、意大利、法国、荷兰、德国、希腊、俄罗斯、阿联酋、科威特、中国、日本等国。为鼓励投资者加大在埃及石油勘探领域的投资，埃及石油和矿产部改进了勘探协议，为投资者和埃及双方带来共同利益。近年来，埃及制定了石油天然气工业现代化工程，主要任务就是提振埃及的油气工业，使其成为埃及经济发展的主要引擎。此项现代化工程，一方面给石油工业带来了巨大的影响，不仅带动了油气工业上下游投资、基础设施建设，而且带动了整个埃及工业的发展；另一方面埃及将发展成为区域性油气集散地战略中心，成为整个北非及阿拉伯半岛的油气制品的主要出口方。

其次，埃及凭借其具有优势的棉花产业构建了以棉花和纺织为主导的工业集群，具有完整的产业链。这其中，埃及在成衣制造方面有较强的能力，在非洲地区具有一定的影响力。埃及纺织企业有近8000家，其中绝大多数为中小型企业，吸纳就业人口占埃及全境的1/3以上，纺织业产值占GDP的比重约为3%。主要出口市场为欧洲和美国，其中，美国、土耳其、意大利市场分别占其纺织品出口的34.0%、11.7%和6.6%；进口产品包括成衣、纺纱、其他纺织品等。据了解，目前，纺织企业普通工人每月工资2000~3000埃镑，高级技术工人3000~5000埃镑，目前工资上涨速度较快。有800家企业享有合格工业区政策，向美国出口免税产品。与活跃的埃及私人纺织工业相对比的是，埃及国有纺织工业运营步履艰难，3家最大的纺织公司90%的订单来自军方，由于缺乏必要的激励措施和政策扶持，埃及的国营企业很难与私人企业竞争。埃及东方纺织公司（Egypt Oriental Weavers Carpet Company）是世界上最大的机织地毯生产公司，年产量达1.1亿立方米，占埃及市场产量的份额为85%，占美国地毯市场的份额为25%，占欧洲市场的份额为20%。2018年3月，国际劳工组织（ILO）将埃及从"Better Work Programme"黑名单中剔除，主要原因是近年来埃及纺织企业明显改善了劳工待遇。近年来，我国著名纺织企业悉数到访埃及实地考察埃及的纺织企业及市场情况，并认为埃及较完整的纺织产业链和面向欧盟、美国的优惠贸易安排很有吸引力，一些龙头企业已通过合资设厂的方式进行试水，并计划扩大投资规模。

再次，汽车产业是埃及另一个支柱产业。近年来，汽车组装业发展迅速，现有轿车组装厂12家（14条生产线）、客车组装厂8家（8条生产线）、货车组装厂5家（9条生产线）。本地组装生产商中，现代、尼桑、雪佛兰等品牌市场占有率较高。在乘用车市场方面，原来日本和韩国品牌市场占有率最高，但2019年埃及对欧盟汽车进口免关税开放后，对市场格局造成较大冲击。中国产品由于本身性价比较高，销量仍然维持了上升势头。在市场政策上，埃及政府针对汽车行业制定了"三步走"的战略规划，首先通过引进试点组装的生产线，带动汽车、汽配等相关产业的全面发展；其次埃及政府下调汽车零部件进口关税等一系列政策，着力促进本地汽配企业的发展。为了培育本土整车市场，埃及将进口整车的关税设置的很高，整体超过40%，超出世界贸易组织规定的标准，世界贸易组织要求埃及政府降低其整车的关税。而由此带来的影响将严重冲击来自其他国家和地区的汽车生产商以及本地二手车市场，欧洲品牌开始从CKD向CBU模式转变，其他地区品牌则积极谋求提升CKD本地化水平。

最后，通信与数字经济近年来成为埃及另一个重要的产业。根据埃及通信和信息技术部（MCIT）的数据，2018/2019财年，ICT行业直接创造产值934亿埃镑，约占GDP的4%。ICT出口额约为41亿美元，同比增长13.8%。ICT领域总投资达30.8亿美元，增长率为35.8%。主要移动通信运营商及用户规模为：Vodafone（4002万人）、Orange（3060万人）、Etisalat（2300万人）、TE埃及电信（512万人）。2020年全球电子商务指数显示，在联合国贸易与发展会议最新发布的152个国家中，埃及在阿拉伯世界排名第13位，在全球排名第109位。埃及拥有中东北非最大的在线消费市场，货到付款是在线购物的主要方式，电子支付比例较低，在线交易中60%采用现金交易，25%使用信用卡，8%使用银行转账，7%使用电子钱包或其他方式。

（二）埃及工业发展进程

本报告采用本系列蓝皮书第一本《非洲工业化进程报告（2021）》B2部分的非洲工业化指数的构建方法，根据2000~2020年世界银行数据，计算出埃及2000~2020年工业化指数（见表1）。

表1为2000~2020年埃及的工业化指数，以及其在非洲54个国家中的具体排名。总体来看，埃及工业化水平在非洲地区整体呈先降后升的趋势，但整体基本稳定在第10~16名，说明埃及的工业化水平相对来说比较均衡，工业化结构较为稳定，并具有一定的抗风险能力。特别是从2020年新冠肺炎疫情暴发的前后对比来看，埃及的工业化进程并未受到疫情的影响，而是依旧稳步前行，再次印证了埃及工业体系的稳健性。

表1   2000~2020年埃及的工业化指数

年份	工业化指数（排名）	年份	工业化指数（排名）
2000	0.1926 (12)	2011	0.2144 (14)
2001	0.1921 (11)	2012	0.2192 (14)
2002	0.1900 (11)	2013	0.2304 (12)
2003	0.1739 (14)	2014	0.2407 (10)
2004	0.1644 (16)	2015	0.2558 (10)
2005	0.1564 (16)	2016	0.2587 (8)
2006	0.1557 (16)	2017	0.2317 (13)
2007	0.1573 (17)	2018	0.2403 (15)
2008	0.1909 (15)	2019	0.2437 (12)
2009	0.2419 (13)	2020	0.2724 (8)
2010	0.2212 (15)		

资料来源：作者根据世界银行数据计算。

图1显示了2000~2020年北非五国的工业化指数变化情况。可以发现，埃及在2010年之前的工业发展情况不及其他四国，但2010年之后埃及的工业水平逐年提升，目前有着较为明显的上升趋势，且2020年新冠肺炎疫情暴发并未对埃及的工业发展造成过多影响，2019~2020年工业发展水平的提升处于北非五国中的第一位。

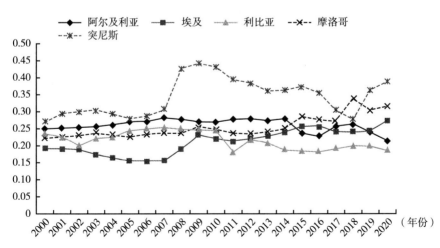

图1   北非五国2000~2020年工业化指数

资料来源：世界银行。

表 2 显示了埃及工业化指标当中的部分重要指标的实际数值。

第一，从人均 GDP 方面来看，埃及的人均 GDP 处于中游偏上的位置，但并非平稳上升的趋势，其人均 GDP 由 2000 年的 1450.67 美元降到 2004 年的最低点 1063 美元，此后一路上涨至 2015 年的 3598.97 美元，但 2017 年骤降至 2440.51 美元，这是由于埃及政府在 2016 年开始实施"新政"，包括埃磅自由浮动、电费提价、提高增值税和减少燃油补贴等，致使埃及通胀率上涨到 20%，2017 年通胀率更是达到 34.2%。但是随着经济改革的阵痛期结束后，埃及的人均 GDP 于 2020 年达到 3569.21 美元，几乎与 2015 年持平。

表 2 2000~2020 年埃及工业化分指标数据（部分）

年份	GDPp. c.（美元）	MVAp. c.（美元）	MXp. c.（美元）	AVAsh（%）	UPsh（%）	HMVAsh（%）	ImWMVA（%）
2000	1450.67	261.01	29.45	15.51	42.79	0	0.29
2005	1187.52	198.43	40.43	13.98	43.03	0	0.19
2010	2644.81	425.88	138.64	13.34	43.02	0.35	0.33
2015	3598.97	600.93	123.44	11.39	42.78	0.16	0.45
2016	3525.02	593.66	148.11	11.76	42.73	0.10	0.46
2017	2440.51	401.31	143.26	11.48	42.71	0.19	0.29
2018	2549.13	412.79	145.26	11.25	42.70	0.31	0.29
2019	3019.09	480.42	130.46	11.04	42.73	0.67	0.35
2020	3569.21	584.55	124.51	11.57	42.78	0.57	0.44

注：表中数据为实际值。GDPp. c. 为人均 GDP，MVAp. c. 为人均制造业增加值，MXp. c. 为人均制造产品出口额，AVAsh 为农业总产值占 GDP 的比重，UPsh 为城市化率，HMVAsh 为高端制造业增加值占制造业增加值比例，ImWMVA 为世界制造业增加值影响力。个别指标与《非洲工业化进程报告（2021）》B2 相比，略有调整。全书同。

资料来源：世界银行。

第二，从人均制造业增加值来看，由于埃及人口达到 1 亿，是非洲人口大国，因此在人均制造业上并不占优势，但是从总量来看，埃及的制造业增加值一直保持在非洲前三的位置，且在 2015 年、2016 年、2020 年三个年份中成为非洲制造业增加值最高的国家。首先，埃及油气产业的蓬勃发展是其工业发展的最大推手，但埃及维持工业发展稳定则依赖于其多方面的工业布局。一方面，工业方面与其他非洲国家类似，比较偏重食品饮料的加工产业，埃及为全球第四大清真食品市场，且需求不断增长；另一方面，埃及的钢铁产量排名世界第 23 位，是非洲最大的钢铁生产国与消费国，产品广泛应用于建筑、造船、工业制造等领域，但是目前埃及钢铁产量整体过剩，但由于生产技术相对落后，生产成本偏高，高等级钢铁和特钢仍需大量进口。

第三，从人均制造产品出口额来看，埃及在整个非洲大陆排名处于中上游水平，但是其总量始终维持在非洲国家的前五名。其工业出口商品集中于资源密集型产品和初级工业品，具体包括石油和天然气、珠宝和贵金属、机电产品、塑料及其制品、服装和纺织品等。涵盖范围相对较广，且集中于低端制造业产品。而相对中高端的制造业商品如机械设备、电气设备、车辆及其配件、钢铁及其制品、药品等均需要从其他国家进口。

第四，从埃及农业总产值占 GDP 的比重与城市化率方面来看，埃及的农业总产值占其 GDP 的比重近 20 年逐年下降，由 2000 年的 15.51%降到 2020 年的 11.57%，在非洲地区属于比例偏低的。一方面，埃及为粮食进口国，其可耕种土地面积仅占国土总面积的 3.5%，农业从业人口约占全国就业人口的 31%；2019 年埃及小麦进口额为 20 亿美元，玉米进口额为 11 亿美元。另一方面，埃及工业化情况相对提升较快，是非洲国家中工业基础相对发达的国家之一。而城市化进程近 20 年停滞不前，城市化率始终维持在 43%左右，说明埃及的城市化急需新的产业升级带动城市化的可持续发展。

第五，从高端制造业增加值占制造业增加值比例与制造业增加值占世界制造业总增加值的比例来看，埃及的高端制造业增加值在非洲地区处于中游水平，在北非方面不及突尼斯以及摩洛哥。这是由于埃及的工业制品大部分为资源密集型的产品或初级制造业产品，其虽具有较强的钢铁生产能力，但是并不具备较为高端的制造技术，致使其在更加精密的制造业生产中不占优势。而埃及制造业增加值占世界制造业总增加值的比例目前逐步提升，表明从世界整体来看，埃及的工业生产能力正在使埃及获得更多的话语权。

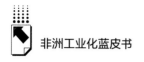
二 埃及工业发展存在的问题与影响因素

（一）埃及工业发展的潜在优势

1. 人口十分年轻

埃及的人口十分年轻，对于发展以劳动密集型产业为主导的工业具有十分显著的比较优势。根据世界银行 2021 年的最新数据（见图 2），埃及的人口结构呈现十分标准的黄金三角形趋势，人口年龄中位数在 20~24 岁，0~4 岁人口所占比例最高，其次是 5~9 岁人口比例，说明埃及的人口十分年轻，潜在的劳动力数量十分庞大。与世界人口下滑的整体趋势相比，埃及与其他非洲国家一样，在人口方面具有十分巨大的优势，这也为埃及的工业发展提供了坚实的保障。

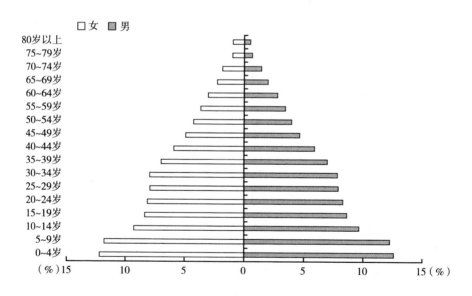

图 2 埃及人口年龄分布

资料来源：世界银行。

2. 基础设施相对完善

埃及在基础设施上的优势可为工业发展的腾飞奠定基础。埃及具有总里程约18万公里的公路，以开罗为中心，向尼罗河三角洲区域辐射的公路网络十分发达便利；埃及的铁路里程超过5000公里，年客运人次高达2.7亿，但系统设备相对陈旧，亟待升级；埃及共有22座机场，2019年其空港竞争力指数全球排名第52位；海运方面，埃及有62个港口，其中苏伊士运河是沟通亚、非、欧三大陆的主要国际航道；电力方面，埃及的发电能力在非洲及中东地区居于首位，能源结构以天然气为主，水电、风电和太阳能发电比例较小；数字基础设施方面，得益于地缘优势，埃及接入并运营海底电缆17条，占全球总数的17%，数量排名全球第二，仅次于美国。此外，2020年埃及上线的"数字政府"公共服务电子平台，覆盖交通信息、司法公正等多方面，为进一步发展数字经济提供了便利条件。

3. 优越的国际贸易条件

埃及政府近年来与世界上诸多国家签订多边以及双边的贸易协定，为其工业化发展提供了必要的国际市场，主要涉及的贸易协定如表3所示。

表3　埃及主要涉及工业的协定一览

协定名称	签订年份	有关工业化的相关协定内容
埃及—欧盟合作伙伴协议	2001	埃及的工业制成品出口到欧盟将免除一切关税,同时,欧盟出口到埃及的工业制成品将按照协议规定的目录和时间框架表免除关税
阿加迪尔协定	2001	由摩洛哥、约旦、埃及、突尼斯四国签署,约定工业产品在十年内享有优惠待遇
以色列合格工业区协议	2004	协议要求,合格工业区中只要含有11.7%以上的以色列工业或服务成分,将免税进入美国市场
埃及—土耳其自由贸易区协议	2005	埃及出口到土耳其的部分工业和农业产品将免除所有关税或减税,同时土耳其出口埃及的部分农业产品也将享受对等待遇

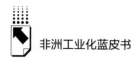

续表

协定名称	签订年份	有关工业化的相关协定内容
埃及—欧洲自由贸易联盟自贸协定（EFTA）	2007	埃及工业品将于上述国家进出口工业品享受免关税待遇
埃及与南方共同市场自贸区（Mercosur，成员国为巴西、阿根廷、乌拉圭、巴拉圭和委内瑞拉）	2010	埃及将于 8~10 年实现与上述国家的自由贸易

资料来源：中华人民共和国商务部网站。

（二）埃及工业发展的不利因素

1. 教育及科研水平有待提升

决定工业化发展最重要的劳动力方面埃及具有较为明显的优势。一方面，埃及的人口结构有优势，具有启动工业化发展的良好基础；另一方面，自阿里时期起，埃及便建立起一套完全不同于宗教教育体系的世俗教育体系，目的便是推动现代化的发展。目前埃及拥有科学和工程技术人员 100 多万人，拥有 12.5 万个科研职位，埃及政府管辖下的主要科研院所有 20 多个，其中有 12 个隶属于埃及高教科研部。但是，近年来受到政局动荡的影响，埃及的高等教育人才外流较为严重，且高等院校的质量堪忧，这也直接影响了埃及科技创新的能力。图 3 显示了埃及政府 2003~2015 年的政府教育支出占 GDP 比例，可以发现埃及政府教育支出稳步下降，这也为埃及工业发展内生动力的不足埋下了伏笔。

2. 陆路运输不及其他运输方式

从铁路运输来看，埃及国家铁路局运营的干线线路仅有 40% 左右为双线，约 60% 的铁路仍为单线客货混合的铁路，且集中分布于尼罗河和地中海沿线。埃及 85% 的铁路信号系统尚未实现自动化，连年发生严重火车交通事故，且由于基础设施陈旧，铁路货运能力不断下滑，货运总量仅占铁路

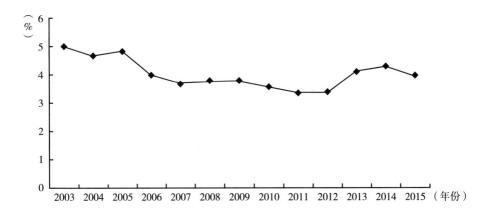

图3　2003~2015 年埃及政府教育支出占 GDP 的比例变化

资料来源：世界银行。

运输的 4%，并不能满足埃及工业发展的需求。在城市公共交通方面，地铁建设主要集中在开罗。1987 年 10 月开始运营的开罗地铁现有 3 条线路，其中 1 号线、2 号线全长 65 公里，日运送旅客 300 多万人次。2012 年，3 号线一期、二期正式开通，三期、四期还在建设中。4 号线、5 号线、6 号线均已规划。埃及国家隧道管理局拟在 2032 年前新建 6 条地铁线路，将开罗地区与周围郊区相连接。

3. 工业部门分布不均衡

从埃及工业部门的子部门增加值分布来看（见表 4），埃及的油气及化学产品行业增加值占据埃及整个工业部门增加值的 60% 左右，毫无疑问会挤压其他制造业部门的市场份额及投资意愿。与大多数非洲国家比较类似的是埃及食品饮料加工方面同样占据较大的份额，属于低技术水平的制造业。此外，埃及的纺织业曾为埃及的主要创汇部门，创造了埃及 1/3 的就业岗位，主要出口地区为欧洲、美国、土耳其和意大利。但是其他行业如埃及的钢铁行业，虽然生铁产量占非洲总生铁产量的 10%，但是由于钢铁公司技术落后、经营不善等，多处于亏损状态。

表4 埃及工业各部门增加值比例

单位：%

部门	2010 年	2011 年	2012 年	2013 年	2014 年	2015 年
食品饮料加工	15.50	12.31	11.35	10.75	13.17	17.87
纺织业	6.05	5.89	3.69	3.90	4.42	3.21
木制品与家具	0.11	0.12	0.09	0.09	0.09	0.07
出版印刷	2.69	2.15	1.81	1.86	1.61	1.47
油气及化学产品	58.85	63.72	65.69	69.48	69.98	59.77
矿业产品	5.58	6.36	9.17	5.58	3.44	7.10
基本金属制品	1.71	1.20	1.25	1.47	1.22	1.53
机器与金属制品	9.51	8.27	6.95	6.88	6.06	8.97
总计	100	100	100	100	100	100

资料来源：工业与发展组织数据库。

4. 政府支持与政策引导不足

埃及政府所制定的《埃及愿景2030》中对其电力行业、石油和天然气、制造业等部门均做出较为详细的规划，包括计划在14个省新建25个工业区等愿景，但是在政府执行中却缺乏必要的执行力及领导力。一方面，埃及在20世纪90年代接受了西方"新自由主义"的指导，进行了经济自由化的改革，大量的国企进行了私有化改革，虽然制造业就业大幅提升，但是面临融资困难的问题。另一方面，私有化改革使外国直接投资进入埃及，但是绝大多数涌进石油资源开采和金融领域，这也导致对于直接提升埃及工业发展水平的制造业领域无人问津，这也印证了由埃及政府对于政策引导及配套制度方面的不完善所导致的外国投资的差异性。

5. 营商环境方面的不足

埃及的营商环境方面也存在诸多不足。一方面，埃及的行政办事效率低，各项政府运行效率的指标在世界上排在后列。另一方面，安全局势也成为埃及营商环境方面的劣势，自"阿拉伯之春"爆发以来，埃及政局十分不稳定，而工业发展需要稳定的投资环境及发展环境，不稳定的政局环境都是令外资望而却步的重要原因。

三　中埃经贸关系及对其工业化的影响

（一）中埃经贸关系

2021 年中非合作论坛在达喀尔召开，习近平主席与非洲国家签订了《中非合作 2035 年愿景》，其中作为愿景首个三年规划，中非双方将密切合作共同实施"九项工程"，包括卫生健康工程、减贫惠农工程、贸易促进工程、投资驱动工程、数字创新工程、绿色发展工程、能力建设工程、人文交流工程、和平安全工程。埃及作为共建"一带一路"的重要支点国家，必将在中非合作中扮演更加重要的角色。

1. 双边经贸协定

中埃经贸交往有着悠久的历史，早在两国建交前，埃及工商部长和中国外贸部长就进行了互访。1955 年 8 月，中埃两国签订了政府间第一个贸易协定。此后，先后签署了《经济贸易协定》《投资保护协定》等一系列合作协定。2012 年 8 月，两国政府和机构签署了以经济技术合作协定为主导的诸多协议及备忘录，开启了新时代中埃两国的经济友好往来。2016 年 1 月，习近平主席访问埃及，签署了《关于苏伊士运河走廊开发规划合作的谅解备忘录》等 21 项协议和项目合同。2018 年 9 月，塞西总统访华期间，两国政府和机构签署了《中埃关于提供无偿援助的经济技术合作协定》等 5 个文件。2021 年签署《中国和埃及经济技术合作协定》（见表 5）。

表 5　中埃涉及工业内容的协定（部分）

协议名称	签订年份	有关工业化的相关协定内容
中华人民共和国政府和埃及共和国政府贸易协定	1955	允许埃及进口中国钢材，中国进口埃及棉花，贸易方式:记账贸易

续表

协议名称	签订年份	有关工业化的相关协定内容
中华人民共和国政府和阿拉伯埃及共和国政府经济技术合作协定	2012	中国政府将向埃及提供 9000 万元人民币无偿援助,用于双方商定的项目
中华人民共和国和阿拉伯埃及共和国关于加强两国全面战略伙伴关系的五年实施纲要	2016	双方在如下领域加强合作,如电力、新能源和可再生能源、运输和铁路等基础设施、农业、农业加工和土地改良、电子和电力工业、玻璃纤维等先进工业及其他产业项目
中国和埃及经济技术合作协定	2021	中埃两国在中非合作和共建"一带一路"框架下积极推动医疗卫生、教育、交通、信息通信和航天等领域的发展合作

资料来源:中华人民共和国外交部网站。

2. 双边投资

据埃及投资和自由区管理总局(GAFI)统计,中国对埃及的直接投资存量,在所有投资来源国中位列第 23。中国目前在埃及注册的中国企业超过 1500 家。

在中国与埃及的经贸合作中,中国·埃及苏伊士经贸合作区是最著名的合作成果。中国·埃及苏伊士经贸合作区是我国"一带一路"倡议在非洲地区最具代表性的项目之一。据统计,截至目前,该合作区共吸引企业 68 家,其中生产型企业达到 33 家,另有生产、生活配套型企业 35 家。产业以机械制造类为主,形成了包括玻璃、钻机、高低压电气、纺织、仓储在内的五大制造业产业布局,以及以这五大产业为主导的完整产业链,在园区内形成了产业集群效应。

3. 双边贸易

近年来,中埃两国双边贸易额持续保持增长态势,2015 年达到 128.7 亿美元的高峰,2016 年和 2017 年连续两年出现下降,主要原因包括埃及政府采取的一系列限制进口措施、埃镑贬值导致市场萎缩等。目前,中国仍是埃及最大的贸易逆差来源国,其中中国向埃及出口的多为电机、机械器具等中高级制造品，埃及向中国多出口石化燃料以及初级农产品。

4. 工程承包

自2013年以来，埃及政府大力开展基础设施建设，承包工程市场势头火热，中国企业在埃及承包工程业务随之快速增长。

中埃合作的最大工程——中国建筑股份有限公司总承包的埃及新首都中央商务区项目进展顺利，其中部分建筑单体已实现了主体结构封顶；中国中铁与中航国际联营体总包的埃及斋月十日城轻轨项目已经开工；中国建材集团成都建材设计研究院成都院总包的苏伊士旋转桥项目已开工。2019年，部分中国承包企业在埃及斩获大单，如中国建筑和瓮福集团联营体中标并签署埃及阿布塔磷酸厂项目总承包合同；中国建材集团成都建材设计研究院签署了埃及运河糖业公司明亚白糖精炼厂项目。

（二）中国对埃及的工业化进程影响

埃及与同为四大文明古国的中国，具有源远流长的友好关系，在工业发展方面，埃及也将中国列为加快工业发展的重要合作伙伴之一。中国与埃及之间的经贸合作在一定程度上解决了埃及工业化的难题，主要体现在如下方面。

第一，提振了埃及的教育及科技实力。技术转移提升工业发展的内生动力，中埃产能合作不仅可以提供大量的产业，并且可以在工业设计、基础设施建设、相关产业链上下游管理等方面进行全方位的指导。近年来，中埃两国不断加强在教育领域的相关合作，在高校交流、互派留学生以及学术研讨等方面做了许多工作。为此，基于发展中埃教育方面的合作，两国于2015年首次签署了职业教育方面的合作协议，协议同意派遣埃及留学生至中国进行职业技术方面的相关教育及培训，并于次年签署了《关于合作设立中埃交流专项奖学金项目谅解备忘录》等涉及两国职业教育、技术、科技等领域的多份协议，这为今后两国的经贸、人文往来打下了坚实的基础。与此同时，中国积极派遣留学生至埃及进行留学活动，通过与埃及多方面的交流促成两国教育方面的合作。在科技合作方面，随着"一带一路"倡议在非洲的不断推进，我国与埃及不断加深在科技、创新等领域的全面合作。如2012年时任埃及总统穆尔西访问中国期间签署了《关于加强中埃农业技术研究示范基地合作的协议》等多份有关科技、创新领域的谅解备忘录，加强了双方在科技合作领域的政治基础。2016年，华中农业大学与埃及本哈大学、埃及国家水研究中心等科研机构就作物科学、动物科学和水产科学等5个科研领域开展学术交流，同年11月，宁夏回族自治区组织围绕埃及急需的节水技术、智慧农业等领域与埃及相关大学展开技术合作项目，并就产业布局、品种培育、种植技术等方面进行了深入探讨，为埃及的科技进步提供了坚实的技术保障。

第二，极大地改善了埃及的基础设施水平。"一带一路"倡议提出以来，中埃加大了基础设施领域的合作，"新行政首都计划"和"苏伊士运河走廊经济带"等项目的开展，为埃及基础设施建设提供了助力，重振了埃及的国内经济。一方面，以"一带一路"倡议为核心的一系列基础设施项目不仅弥补了埃及在基础设施领域的不足，而且带动了整个国家的经济发展，提升了国民的收入，在一定程度上缓解了埃及社会上的不稳定因素；另一方面，我国通过投入大量资金、人员和技术等方式对苏伊士运河经济走廊等埃及国家重点工程提供帮助，为埃及国民经济的快速发展提供了坚实的助力，也为"一带一路"倡议在非洲的顺利推进提供了有利的舆论及话语的保障。以我国与埃及签署的输电线路改造工程为例，该工程是埃及有史以来最大规模的一次电力改造，为埃及工业化的进一步发展提供了电力上的基础保障，深受埃及人民的支持与欢迎。此外，我国中航国际、中国中铁与埃及政府签订的轻轨项目，为埃及诸多主要城市的交通提供了便利，为改善埃及基础设施贡献了中国技术和中国力量，也弥补了埃及在陆运系统当中的不足。

第三，提振埃及工业的发展。埃及的工业发展模式相对单一，以油气资源出口制造为主，制造业部门相对薄弱，而中国制造业产能的转移可以为埃及打造坚实的工业基础。中国不仅在资金方面可以对埃及进行大量的支持，在技术方面也可以为埃及工业发展带来诸多助力。除此之外，随着我国发展阶段的不同，在新发展格局下我国需要对外输出大量的工业产能，如钢铁、有色金属、建材等，其中如钢铁、化工、汽车、轻纺等，均符合埃及的比较优势，也有助于解决埃及就业问题，帮助埃及打造工业生产力的基本物质及人力资源条件。但是，目前我国与埃及工业产能合作处于较低水平，一方面，埃及国内存在投资环境、政治环境、社会环境以及投资政策等方面不太利于国际资本进入的因素，导致我国的企业难以进入埃及市场进行投资；另一方面，我国企业"走出去"的时间较短，对埃及的了解不足，难以通过合理的产业规划及风险防范在埃及获得较高的利润，这也阻挡了我国企业与埃及合作的步伐。

第四，中埃关系重塑埃及工业发展策略。中国政府与发展中国家的合作秉承"南南合作"的理念，其中互利发展、合作共赢原则更加强调双方共同发展的原则，不附加任何政治条件，重视合作项目对当地经济发展的促进作用。一方面，中国与埃及在经济合作的过程中，更加侧重于"授人以渔"，即更加重视培育埃及自身工业化的生产能力。比如，在油气产业投资中，中资企业与西方国家偏重上游和资源开发领域不同，中资企业更加重视上、下游产业链的综合建设，特别是油气行业当中侧重于制造业的油气加工产业的建设，可带动相关制造业产业的发展，切实提高了埃及作为资源国的工业化发展水平。另一方面，中埃全方位的友好关系促进了埃及工业的可持续发展。

四　埃及工业化进程的启示与发展前景

（一）埃及工业化进程的启示

20 世纪末到 21 世纪初，埃及虽然宏观经济增长率可观，但是其推动因素并非传统的制造业领域，而是源自世界范围内石化能源价格的提升。为此，这一时期外国投资进入油气和金融等非劳动密集型产业，但并未解决高速增长的失业问题。在新自由主义政策指导下的"小政府大社会"工业发展模式被宣告失败，经济与失业率同时快速增长，意味着两极分化的快速加深，造成了埃及社会对政府的强烈不满，也最终导致 2011 年初的"阿拉伯之春"的民众抗议示威运动。在 2013 年塞西领导的埃及军方夺取了政权，从而采取"大政府大社会"的国家治理模式，并通过一系列政策挽救埃及的工业发展。这一系列政策包括先后颁布的"2020 年工业发展战略"和"埃及 2030 年愿景"，力图从四个方面促进埃及的工业发展进程：兴建工业园区、扶持中小企业和非正式部门、指导国内企业发展出口导向型产业以及推出"职业技术教育"计划。但是，政府的粗犷的管理模式，导致大战略难以落地的情况时有发生，但总体来说埃及正在逐步返回工业发展的良性轨道。

（二）中国助力埃及工业发展

埃及在农业和资源领域有一定的竞争力，中国在制造业和基础设施建设领域具有较强的比较优势，两者可在这些领域加强合作。比如，埃及在蔬菜、水果等农产品方面具有一定的比较优势，其为沙特阿拉伯、俄罗斯等国家的水果供给国，而我国在水果、蔬菜品质及口味上希望具有更为多元的选择，埃及优质的水果、蔬菜则可以满足我国现阶段的需求。中国具有规模庞大的消费市场，埃及具有高品质的农产品，以优质农产品为代表的农业合作成为两国产业发展的重要内容。

目前，埃及正在进行历史上前所未有的改革和建设，政府正积极推动公共消费，这便需要吸引更多的国际投资进入基础设施建设等公共部门，而中国在基础设施领域拥有世界一流的水平，中埃两国在基础设施、航天科技、能源电力、铁路交通等领域的合作空间十分广阔，大有可为。现在埃及新首都的建设以及苏伊士运河走廊开发等项目都如火如荼地进行，两国在经济贸易领域的合作机会比较多，未来中埃在工业废气治理、太阳能发电等领域都会有较为广阔的合作前景。

五 案例分析

（一）中埃·泰达苏伊士经贸合作区

中埃·泰达苏伊士经贸合作区（以下简称"合作区"）始建于2008年，是中国政府批准的第二批国家级境外经贸合作区。合作区位于埃及苏伊士省苏赫奈泉港，距离首都开罗120多公里。由于合作区位于"一带一路"和"苏伊士运河走廊经济带"交汇点上，地理位置优越，距埃及第三大港口因苏哈纳港仅2公里，而且陆路交通便捷，距离新首都仅60公里，是埃及目前唯一完成全方位配套、可以让企业直接入驻的工业园区，备受中埃政府关注。

1994年时任总统穆巴拉克到访我国，见到我国经济特区发展状况，希望借鉴我国经济特区经验，为此邀请我国企业建立了中埃苏伊士经济特区，此后逐步发展成为中埃·泰达苏伊士经贸合作区。1996~1997年，两国领导人互访并对经济特区相关事宜签署协议，并于1998年委托天津泰达投资控股有限公司进行经济特区的建设工作。在最初几年的合作中，双方遇到了诸多困难，但随着两国领导人持续的关注及政策的倾斜，中方持续加大与埃方的合作力度，并于2004年8月投资了第一个生产型项目——"白玫瑰苏伊士针织成衣项目"。此后，我国"走出去"政策在非洲走实走深，商务部鼓励并支持了一系列企业赴境外参与经贸合作区的项目，天津泰达公司便为其中一员。截至2008年，天津泰达公司、天津开发区苏伊士国际合作有限公司与埃及埃中合营公司合资成立了埃及泰达投资公司，并于同年10月成立中非泰达投资股份有限公司，合作区正式成立，并进入大规模建设开发阶段。2009年，苏伊士合作区被我国授予国家级境外经贸合作区的称号，2016年习近平主席出访埃及时，与埃及总统塞西共同为合作区的扩展区揭牌，标志着中埃苏伊士经贸合作区的建设跨入崭新阶段。

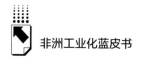

（二）自贸区发展新阶段与发展路径

1. 自贸区发展新阶段

埃及政府于2015年提出"苏伊士运河走廊开发计划"，该计划包括修建一大批港口、机场、公路等基础设施在内的"苏伊士运河走廊经济带"，该计划成功实施将每年为埃及带来上千亿美元的收入，将会为埃及的国家发展带来崭新的活力。特别是自我国提出"一带一路"倡议以来，我国基于"苏伊士运河走廊开发计划"制定了符合埃及国家发展需求的"一带一路"发展合作计划，并于2016年签署了"一带一路"建设谅解备忘录，象征着两国合作进入深度合作阶段。同年中埃共同发表了《中华人民共和国和阿拉伯埃及共和国关于加强两国全面战略伙伴关系的五年实施纲要》，纲要指出，中方愿继续鼓励和支持中方企业在合作区以及埃及境内投资建厂，中方愿与埃方一道合作共赢，共同建立中埃两国的"命运共同体"。此外，我国继续承诺持续推动那些有技术、有实力的中国企业到合作区投资建厂，鼓励我国有实力的金融机构为合作区内的企业提供金融服务，并为合作区内的埃方工作人员提供职业技能培训和发展规划咨询。而埃及政府则承诺将为合作区提供具有竞争力的政策支持，在税收、公共服务、外国人员服务等方面做出力所能及的安排。

2018年8月，巨石埃及公司年产20万吨玻璃纤维生产基地提前4年完成建设，并在泰达合作区全面投产。作为我国最大的海外玻璃纤维生产基地，成为非洲唯一的玻璃纤维生产基地，不仅凭一己之力填补非洲大陆玻璃纤维工业的空白，还使埃及一跃成为世界第五大玻璃纤维生产国。2019年两国签署《关于共同推动中埃·泰达苏伊士经贸合作区加快发展谅解备忘录》，标志着合作区成为中国境外经贸合作区中首批升级试点项目，并将通过优化营商环境、加快产业聚集、拓展园区功能、推动双区联动等六个方面的主要工作，加快推进合作区在规模扩大、高质量发展、创新科技等方面的发展。2019年5月，埃及苏伊士运河经济区管理总局批复在泰达合作区扩展区建立以进出口贸易为主导的物流保税项目，以该项目为标志，合作区成为埃及唯一可以参与国际物流保税的中资企业。

2. 自贸区发展新路径

第一，以绿色发展观为核心的绿色发展模式。秉承习近平主席的绿色发展观，合作区在招商引资过程当中，优先引进那些低碳环保、"环境友好型"的企业，不仅要保量，更要保质；特别是合作区根据埃及的地理环境，使用符合当地地貌的新能源装置，如合作区在园区内的主干道上全部安装了使用以"风能+太阳能"为核心装置的路灯，极大地杜绝了传统油气发电的浪费及污染，使合作区成为埃及第一座大规模使用绿色能源路灯的园区。

第二，发展阶段规划清晰。合作区设置具有十分清晰的发展规划路线，其中规划园区总面积为7.34平方公里，起步区为1.34平方公里，累计投资约1.42亿美元，目前已开发完成，并已初具产业规模，经济效益不断增长；扩展区总面积6平方公里，计划开发投资2.3亿美元，累计实际投资7170万美元。截至2020年6月，扩展区已完成一期2平方公里的基础设施建设，各类配套设施运行良好，并成功吸引了包括大运摩托、厦门延江等大型项目在内的15家企业入驻扩展区内，吸引协议投资超过2亿美元。这些项目正逐步吸引上下游配套企业入驻，推动扩展区产业聚集不断加快，大大促进了中埃两国经贸合作。

第三，符合国家禀赋条件的发展战略。园区以苏伊士地区地理优势为依据，开展了符合地理区位条件的产业发展模式，以建材、电工电气、化工、金属加工、纺织、工程机械六大产业为基础，将合作区建设成为以工业发展为基础，涵盖商业、住宅、物流、金融等领域的多元化现代化的工业新城。合作区经贸合作平台作用优势明显，配套齐全、环境优美、功能完善，拥有建有标准厂房的小企业孵化园，包括志高空调、维柯家具等20余家中小企业入驻，已经成为中国小企业"走出去"发展的孵化器和生长地；建有包括员工公寓、四星级酒店、咨询服务平台在内的综合配套服务中心，可为入区企业提供日常生活及企业活动所需的"一站式、一条龙"服务，包括银行、保险、职业培训、法律咨询等，一次性解决入驻企业在埃及已经面临或即将面临的所有问题；此外，为了符合海外利益保护的国家要求，园区还配

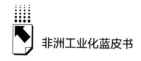
备了专业安保团队，与当地政府军及私人安保公司等建立了安防小组，共同保障园区安全。目前，合作区起步区内建设的四星级酒店和 TEDA Fun Valley，已成为周边居民休闲度假的新的目的地。

（三）自贸区建设对埃及工业化发展的影响

第一，促进配套产业的发展，形成完整的产业链。合作区内形成了以制造装备、轻工纺织、家用电器等为主的工业发展集群，不仅解决了当地的就业问题，维持了当地的社会稳定；而且极大地提升了当地的工业水平，完备了上下游产业链，为埃及出口创汇做出极大的贡献。不仅如此，自贸区通过中埃双方的共同努力将工业资源集中于此，不仅在政策上大力扶持，而且为国外企业提供了赴埃投资的平台，吸引了诸多有实力的企业入驻园区，为产业链的发展提供了动能。此外，为了达到规模效应，合作区将埃及所需的相关产业的产业链汇聚于此，相关企业既可以享受埃及政府土地、税收等优惠政策，又可以在摊薄基础设施成本的同时提高抗风险能力，是埃及政府改变以出口资源产品为主导的产业结构、成为北非乃至阿拉伯地区工业桥头堡的强大动力。

第二，促进基础设施的完善，为工业化提供发展基础。基础设施是工业发展的基石。产业园的建设，为当地带来了大量先进的基础设施，为当地工业化提供了硬件基础，并以基础设施作为龙头工程带动经济发展，且相关实践为当地工业化提供经验教训。合作区在工业产能合作方面具有十分巨大的影响力，吸引了大批各行业的龙头企业入驻园区，以大运摩托为代表的乘用车制造业产业集群，以山东如意为代表的纺织服装产业集群，以泰山石膏、巨石下游为代表的新型建材产业集群，以中远海运为代表的现代物流产业集群正在迅速形成，这些产业集群正逐步吸引上下游配套企业入驻，大大促进了中埃两国产能合作。

第三，提供大量就业岗位，带动人力资源发展。作为"一带一路"的重要节点，中埃泰达合作区能为埃及创造大量的就业岗位，其中，部分为高端制造业。埃及民众也能够参与这一项目建设，从而提高自己的福利水平，促进埃及当地发展模式的转变，由"输血"变为"造血"型发展。目前合作区经过 10 余年的不断发展，已经成为中埃两国经济发展合作的重要平台，这其中直接解决约 4000 人就业，产业带动 3 万余人就业，不仅为埃及带来了巨大的经济效益，而且维系了地区的和平与稳定，被埃及政府誉为"梦想开始的地方"。在培养人才和履行社会责任方面，合作区定期举办各类培训，并且组织埃方优秀员工、管理者来华参观学习，为讲好中国故事提供了良好的基础。如今，泰达合作区已成为埃及政府和员工了解中国先进经验和中国文化的重要平台。

（四）自贸区投资的相关启示

中埃·泰达苏伊士经贸合作区将我国自贸区发展经验与埃及当地实践相结合，发展出"泰达模式·海外版"。该模式将中国经验嵌入合作发展实践，不仅契合了双方的国家发展战略，而且带动企业的在地化、改善了当地的民生环境、促进了双方的文化交流，让中国企业"抱团出海"有效应对海外投资风险。实践证明，"泰达模式"是境外经贸合作区目前探索出的持续发展的有效解决方案，将会更有效地推动中国企业"走出去"，促进境外合作区的健康发展，在我国的"一带一路"建设和国际经贸合作中发挥积极作用。

第一，中国经验"借船出海"。首先，中埃·泰达苏伊士经贸合作区将中国发展经验贯彻在合作区的发展建设中，集中力量办大事，先把园区发展起来再吸引企业投资，缩短区域开发周期。其次，将我国绿色发展的理念传播至非洲，谨记绿色发展宗旨，以绿色为发展底色。开发绿色能源、绿色交通基础设施、绿色投资、绿色金融等多个绿色发展领域。以绿色发展为导向的园区发展模式，将我国新发展格局下的新发展经验应用到园区的建设中，真正做到绿色发展、生态宜居。最后，园区设计理念上坚持以人为本的综合发展模式，考虑到员工生活及工作所需，建成融公寓、餐厅、体育馆、健身房、员工俱乐部、图书馆、游乐园等设施为一体的综合园区，可满足大众日常消费，形成闭环管理。

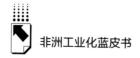

第二，中埃合作在地化。中埃·泰达苏伊士经贸合作区在运营过程中，严格遵守当地的劳动法和安全标准，中国境外经贸合作区应该要求入驻公司为当地雇员提供社会和健康保险并确保工作安全。积极促进企业从设备采购到人员等全方位的本土化，逐步提高企业员工乃至管理层的所在国人员占比，企业管理制度结合当地特色实现创造性转化、创新性发展。采取选派当地员工前往中国学习、开设技能培训中心等措施提高当地员工素质，为企业运营进一步本土化打下人才基础。此外，自贸区的建设不应只关注所在的城市，还在周边通过与临近城市协调发展，统一区域规划，建立涵盖周边大片区域的综合自贸区。合理发挥整个综合发展区域内各部分的比较优势，建立自贸区类似"卫星城"功能的临近功能区，最大限度地提高全区域发展水平。

第三，"一带一路"倡议助力合作区发展。一方面，作为"一带一路"倡议在非洲的重点项目，中埃·泰达苏伊士经贸合作区在大力推动当地工业发展的同时帮助解决工业人才的需求和能力建设问题。因此，两国政府积极响应"未来非洲—中非职业教育合作计划"，开展"非洲留学生就业直通车"活动的号召；继续同非洲国家合作设立"鲁班工坊"等职业培训机构，为当地培育企业人才。另一方面，"一带一路"资金融通趋势，使其成为撬动共建自贸区基础设施建设、实现产能合作的资金杠杆。融资难仍是中资企业走向阿拉伯国家的重要问题，我国金融机构应适当向那些利润可观并具有可持续性的中小企业倾斜，同时加强与多边国际金融机构的合作，降低融资风险。

参考文献

李芳慧：《埃及油气工业的发展简史》，《西安石油大学学报》（社会科学版）2022年第5期。

陈霖、马欣：《埃及汽车市场分析及合作建议》，《国际经济合作》2011年第9期。

《埃及制造业发展战略与中埃产能合作》，《西亚非洲》2020年第3期。

杨光：《埃及的人口、失业与工业化》，《西亚非洲》2015 年第 6 期。

唐宝才：《中国与埃及建交的历史意义与深远影响——纪念中非开启外交关系 65 周年》，《西亚非洲》2021 年第 2 期。

马霞、宋彩岑：《中国埃及苏伊士经贸合作区："一带一路"上的新绿洲》，《西亚非洲》2016 年第 2 期。

肖天祎：《"中埃合作之城"》，《光明日报》2018 年 8 月 5 日。

王林聪：《中国与埃及经贸关系简析》，《阿拉伯世界研究》2006 年第 1 期。

丁悦：《我国境外经济贸易合作区高质量发展对策思考》，《青海社会科学》2019 年第 4 期。

佘莉：《中埃苏伊士经贸合作区：背景、成效、发展机遇》，《国际经济合作》2018 年第 7 期。

B.4
2021年埃塞俄比亚工业发展形势及展望[*]

韦晓慧[**]

摘　要： 本文着重探讨埃塞俄比亚的工业化发展形势。一是从劳动力资源、经济发展情况和经济结构转型等方面分析了埃塞俄比亚工业化基础；二是具体分析了埃塞俄比亚的工业发展形势，埃塞俄比亚工业发展规划稳步推进，但仍处于工业发展转型初期；三是从新冠肺炎疫情冲击和国际严峻形势探究制约埃塞俄比亚工业发展的因素，同时良好的中埃关系是其加快工业发展进程的契机；四是提出利用埃塞俄比亚比较优势融入农产品加工的全球价值链、充分发挥经济特区的产业集聚效应、自身努力的同时借助伙伴国力量提高人力资本和劳动生产率等对策建议以加快埃塞俄比亚工业发展进程；五是以东方工业园为例进行案例研究。

关键词： 埃塞俄比亚　工业发展　工业进程

一　工业发展基础

（一）劳动力资源丰富

埃塞俄比亚是非洲人口第二大国。据国际劳工组织数据可知，2021年，

---

[*] 本文系广州市哲学社会科学发展"十四五"规划2021年度共建课题"'双循环'新格局背景下广州打造中非合作桥头堡研究"（编号：2021GZGJ05）的阶段性成果。本文未标注来源的数据均来自中国驻埃塞俄比亚大使馆经商处。

[**] 韦晓慧，经济学博士，广东外语外贸大学国际经济贸易研究中心讲师。

埃塞俄比亚人口约为1.18亿人，在2021年东非各国人口总数中所占的比重超过1/4，预计2025年埃塞俄比亚人口将达到1.30亿人，2010~2025年人口年均增长率为2.65%。同时据联合国预计，到2050年，埃塞俄比亚作为人口增长最快的大国之一，人口将增长到1.9亿人。首都亚的斯亚贝巴为人口最密集城市，人口基数大，劳动力丰富。在总人口中，劳动力后备力量充足。据国际劳工组织数据可知，2010~2025年埃塞俄比亚0~14岁人口占总人口的比重远高于世界平均水平，同时这种比重的差距也没有明显缩小的趋势。2019年埃塞俄比亚0~14岁人口占总人口的比重高达40.34%，同期世界平均水平仅为25.61%。2019年埃塞俄比亚男性劳动参与率为85.75%，比上年减少了0.30个百分点；女性劳动参与率为73.44%，比上年增长了12.20个百分点，15岁以上人口就业率为77.89%，比上年增长了5.60个百分点。埃塞俄比亚劳动力储备良好，未来劳动力供给良好（见图1）。

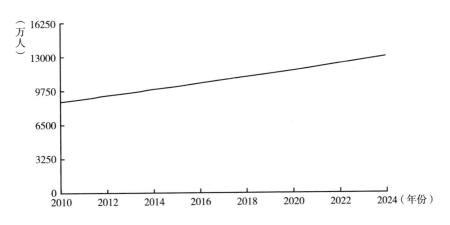

图1 2010~2024年埃塞俄比亚人口

注：2020年之后为预测值。
资料来源：国际劳工组织。

（二）经济发展情况

埃塞俄比亚是具有3000多年历史的文明古国和非洲第二大人口大国。

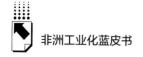

1. 经济增长

据联合国贸易和发展会议数据库数据，2019 年埃塞俄比亚人均国内生产总值增长率为 5.74%。目前，埃塞俄比亚已取代肯尼亚成为东非第一大经济体。尽管受疫情冲击，2020 年埃塞俄比亚经济增长率依旧高达 8.30%。同时国际货币基金组织预测埃塞俄比亚未来五年的发展前景光明。在其最新的全球预测中，埃塞俄比亚的人均国内生产总值将在 2022 年以每年 6.20% 的速度增长，仅排在印度和缅甸之后。

2. 产业结构

由表 1 可知，在埃塞俄比亚的产业结构中农业长期占据重要地位，农业是国民经济和出口创汇的支柱，2000 年农业产值约占 GDP 的 47.76%，之后随着工业化的发展，农业产值占 GDP 的比重有所下降，2018 年占比为 32.85%。目前埃塞俄比亚工业、制造业发展水平仍很低，由表 1 可知埃塞俄比亚制造业产值占 GDP 的比重由 2000 年的 5.83% 缓慢上升到 2018 年的 6.13%。自 2010 年开始，埃塞俄比亚通过实施两个五年"增长和转型计划"（GTP-I），工业发展取得了一定进展，由表 1 可知，工业产值占 GDP 的比重由 2000 年的 12.44% 上升到 2018 年的 28.70%。自 2000 年以来埃塞俄比亚服务业产值占 GDP 的比重基本都在 38% 以上，服务业产值中的一半是由酒店业、运输业等服务行业贡献的，埃塞俄比亚是非洲十大旅游国之一，这主要受到国家城市化进程的推动。

表 1 埃塞俄比亚产业结构（2000~2018 年）

单位：%

产 业	2000 年	2005 年	2010 年	2015 年	2016 年	2017 年	2018 年
农 业	47.76	45.19	45.32	38.76	37.17	35.94	32.85
工 业	12.44	13.08	10.38	17.52	23.49	25.09	28.70
制造业	5.83	5.12	4.19	4.74	6.1	6.58	6.13
服务业	39.79	41.73	44.29	43.72	39.34	38.98	38.46

资料来源：联合国贸易和发展会议数据库。

3. 制度环境

世界治理指数（Worldwide Governance Indicators，WGI）是由世界银行、自然资源治理研究所、布鲁金斯学会等机构联合执行的数据调查项目，涵盖了214个国家（地区）的数据样本，该数据包含六个主指标，分别是话语权和责任、政治稳定性和不存在暴力、政府效率、规制质量、法治、腐败控制，用以衡量每个国家（地区）综合治理质量水平。每个指标的取值范围界定为-2.5~2.5，其中-2.5为最差，2.5为最佳。由表2可知，直到2019年，埃塞俄比亚世界治理指数各指标数据仍都为负数，公共制度指标不佳。埃塞俄比亚制度建设和政府治理方面的滞后状况对其经济转型的实现必然形成不同程度的阻碍力量。

表2　埃塞俄比亚公共制度指标

类别	数值（-2.5~2.5）		
	2000年	2010年	2019年
话语权和责任	-1.03	-1.34	-1.05
政治稳定性和不存在暴力	-0.94	-1.64	-1.28
政府效率	-0.90	-0.43	-0.63
规制质量	-1.14	-0.87	-0.89
法治	-0.93	-0.80	-0.47
腐败控制	-0.45	-0.69	-0.41

资料来源：世界治理指数数据库。

（三）经济结构持续转型

埃塞俄比亚政府第二阶段的"增长和转型计划"（GTPII）持续到2020年，该计划旨在通过公共投资继续扩大基础设施建设，并将埃塞俄比亚打造为制造业中心。第二阶段"增长和转型计划"的目标是国内生产总值年均增长11%，工业部门扩张20%，创造更多的就业机会，到2025年使埃塞俄比亚达到中低收入水平。2019年8月，埃塞俄比亚政府发布《本土改革议

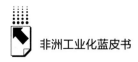

程：发挥埃塞俄比亚经济的潜力》，其核心目标是从公共部门推动转型到私营部门主导的增长。埃塞俄比亚政府认为，对基础设施和教育的投资为向私人部门引导的增长转型奠定了良好的基础；要想从过去的投资中获得回报，就需要进行改革，改革措施包括解决外汇短缺问题、改善商业环境，从而促进投资和加快经济转型。建筑业和服务业是埃塞俄比亚主要的经济增长部门，农业和制造业对增长的贡献较低。尽管经济增长迅速，但埃塞俄比亚2019年的人均年收入仅为850美元，仍是非洲最贫穷的国家之一。从"增长和转型计划"到"本土改革议程"，埃塞俄比亚的经济发展道路由梅莱斯总理支持的国家主导的经济发展道路转型为阿比总理力推的私营部门主导的经济发展道路，但实现结构转型和生产性增长是共识。

二 工业发展进程分析

（一）工业发展规划稳步推进

埃塞俄比亚"增长和转型计划"提出将"经济特区"作为实现工业发展的重要途径，并对纺织服装、皮革加工、农产品加工、建材、化工、制药和金属制品等大中型制造业"经济特区"的设立做了具体规定。为了加快本国制造业发展，埃塞俄比亚建设了一系列的"经济特区"（见表3）。Bole Lemi工业区成立于2012年，是由埃塞俄比亚政府首个运营的"经济特区"，一期占地156公顷，二期占地186公顷。地理位置优越，距离首都亚的斯亚贝巴仅10公里，直通首都国际机场以及亚的斯亚贝巴—吉布提高速公路，产业定位于纺织服装、工程车辆、建材、采矿设备、化学制品、物流等行业，已吸引中国尼顿制衣和乔治鞋业集团、印度阿仕顿服饰和维斯提斯服饰等12家国际纺织和服装、制鞋生产企业到园区内投资。东方工业园是埃塞俄比亚首个私营"经济特区"，成立于2007年，占地200公顷，由中国江苏其元集团全资所有。

表3 埃塞俄比亚"经济特区"情况

位置	名称	开发股东	主导产业
亚的斯亚贝巴	Bole Lemi 工业区	埃塞政府、世界银行	纺织服装、工程车辆、建材、采矿设备、化学制品、物流等
都克姆	东方工业园	中国江苏其元集团	农产品加工、建材、皮革加工、纺织服装、汽车配件等
亚的斯亚贝巴	Kilinto 工业区	埃塞政府、世界银行	农产品加工、食品、饮料、制药等
亚的斯亚贝巴	埃中东莞国际轻工业园	中国华坚集团	混合用途、皮革加工、制鞋、纺织和服装
芬芬	Sendafa 工业区	土耳其 Akgün 集团	纺织和服装、仓储和物流等
德雷达瓦	—	埃塞政府、中国企业	纺织、水泥生产、纺织和服装、消费品、仓储和物流等
阿瓦萨	—	埃塞政府、中国企业	农产品加工、纺织和服装生产
孔博勒查	—	埃塞政府、中国企业	消费品、皮革和皮革制品、纺织和服装生产、仓储等
阿卡基卡里提区	—	埃塞政府	纺织和服装、皮革制品、农产品加工等

资料来源：IPRCC, UNDP, "If Africa builds nests, will the birds come?", Working Paper Series。

（二）工业发展仍处于初级阶段

埃塞俄比亚是非洲经济发展最快的国家之一，曾连续十余年保持两位数的经济增长，同时仍是联合国界定的最不发达国家，正处于工业发展转型初期。本报告采用本系列蓝皮书第一册《非洲工业化进程报告（2021）》B2 部分的非洲工业化指数的构建方法，根据 2000～2020 年世界银行数据，计算出埃塞俄比亚 2000～2020 年工业化指数，可以看出埃塞俄比亚工业化指数不高，基本都排在非洲 54 个国家中的最后五位，2020 年埃塞俄比亚工业化指数仅为 0.1425，相比于 2000 年的 0.0908，进展不快（见图2），仍处于初级阶段。

现代工业和现代服务业的兴起是非洲各国实现经济转型的关键。制造业增加值占国内生产总值的比重是度量工业化和生产多样化的一个重要指标，

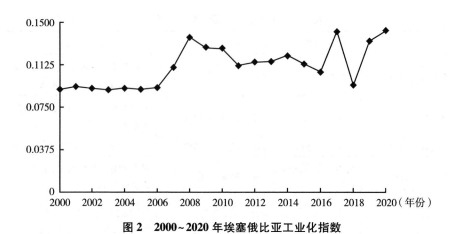

图 2 2000~2020 年埃塞俄比亚工业化指数

但是近年来埃塞俄比亚制造业增加值占国内生产总值的比重并未有较大的变化，发展水平严重滞后，埃塞俄比亚制造业基础薄弱，制造业生产体系不完善。埃塞俄比亚的工业化水平滞后，制造业发展面临诸多结构性制约因素，其中最关键的制约因素是中间投入品工业的缺乏或不完善（见表4），整体来说，埃塞俄比亚制造业仍处在起步阶段，并不具备较强的国际竞争力。

表 4 埃塞俄比亚制造业部门发展的主要制约因素

制造业部门	企业	投入品工业	土地	融资	企业家才能	劳动者技能	商贸物流
服装	大型企业	重要	关键	关键	重要	重要	—
	小型企业	重要	—	—	重要	—	关键
皮革制品	大型企业	关键	关键	关键	重要	—	—
	小型企业	关键	—	—	重要	—	重要
木制品	大型企业	关键	重要	重要	重要	重要	—
	小型企业	关键	重要	重要	重要	重要	—
金融制品	大型企业	关键	重要	重要	重要	重要	—
	小型企业	关键	重要	重要	重要	重要	—
农业综合经营	大型企业	关键	关键	关键	重要	—	—
	小型企业	关键	关键	重要	—	—	—

资料来源：Hinh T. D., Dinh, Vincent Palmada, Vandana Chandra and France Cossar, Light Manufacturing in Africa：Targeted Policies to Enhance Private Investment and Create Jobs, World Bank, 2012, p.9。

为了改变其制造业落后的状况，增强经济发展动力，提高多样化水平，埃塞俄比亚"第二个五年计划"重点发展工业部门中的七大制造业领域，并积极鼓励外国投资者的参与。受此激励，近年来，埃塞俄比亚制造业外国直接投资出现了上升势头，但是这与真正实现埃塞俄比亚经济多样化所需的投资规模相比还有很大差距。同时埃塞俄比亚基础设施薄弱造成的高成本抵消了劳动力成本优势，也削弱了劳动密集型制造业对外国直接投资的吸引力。

三 埃塞俄比亚工业发展进程的制约因素和发展契机

（一）新冠肺炎疫情冲击

新冠肺炎疫情冲击全球价值链和供应链，将对埃塞俄比亚的经济转型产生长期影响。

第一，埃塞俄比亚的制造业发展因全球供应链的中断而承压。新冠肺炎疫情导致全球供应链中断，非洲承受供给和需求两侧的压力，创收能力下降。埃塞俄比亚的纺织和服装业受到中国供应短缺以及欧洲和北美需求放缓的影响，消费者对服装的需求下降以及高收入国家零售店的关闭对埃塞俄比亚服装和纺织品的生产商造成了重大打击。各个细分行业和领域受到的影响略有不同，随着发达国家逐渐解除封锁，专注于生产和销售体育用品的公司正在反弹，但生产正装的企业仍然低迷。新冠肺炎疫情加剧了保护主义，加快了全球价值链重组的趋势，疫情造成的不确定性导致外国公司大量减少投资，推迟和取消计划投资和新的投资项目。2020 年埃塞俄比亚的外国直接投资下降 20%，至国内生产总值的 2.2%。对许多跨国公司而言，新冠肺炎疫情促使其缩短供应商和客户之间的距离，以便发展与维持更可持续和更有复原力的生产网络。外国直接投资流入的减少将给埃塞俄比亚的结构转型和青年就业带来不利影响。

第二，新冠肺炎疫情造成的全球经济下行影响埃塞俄比亚政府的财政收入，压缩了政府增加长期公共开支和用于应对新冠肺炎疫情的现有开支的空

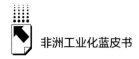

间。由于美国和欧洲受新冠肺炎疫情影响较大，经济下行将对其对外援助产生影响。在难民危机的背景下，欧盟已将援助重点转移到应对移民和难民问题，但新冠肺炎疫情使西方援助国更加关注本国利益，而不是国际发展合作。在此情况下，作为美国和欧洲对外援助的重点国家之一，埃塞俄比亚获得的对外援助额必然会大幅缩减。

第三，新冠肺炎疫情对弱势群体的健康和就业造成影响。受新冠肺炎疫情影响最大的人群和经济部门包括：城市非正规部门（制造业、建筑业、贸易、零售业、酒店业和旅游业）、中小微企业的雇员；已下岗或有失业危险的工业园区职工；卫生系统一线工作人员；在城市非正规部门和工业园区就业的妇女；来自贫困、粮食无保障家庭的学龄儿童，易受伤害的儿童和青少年（如城市街头儿童）；弱势群体，特别是城市非正规住区和贫民窟的弱势群体和具有特殊脆弱性的群体（艾滋病病毒感染者、残疾人）、老年人、无家可归者等；境内流离失所者、难民、重新安置者和回返移民。据非洲开发银行统计，埃塞俄比亚的贫困率预计从 2016 年的 23.5% 下降到 2020 年底的 19%，但疫情导致的失业估计多达 250 万人，将严重阻碍减贫工作。

（二）军事冲突久拖不决

内战给埃塞俄比亚乃至非洲之角都带来了严重的负面影响。对埃塞俄比亚而言，一方面，内战与新冠肺炎疫情相互叠加，使此前高速发展的经济遭受重大打击，进而导致其财政与债务压力不断加大，外资吸引力下降；另一方面，持续的内战不仅导致大量人员伤亡，而且造成难民数量激增，带来了严重的人道主义危机，如提格雷地区 600 万人中有 500 万人需要紧急援助，其中 35 万人处于饥饿状态。对埃塞俄比亚邻国而言，埃塞俄比亚内战加剧了非洲之角地区政治安全形势的不稳定性、不确定性，导致埃塞俄比亚、厄立特里亚、苏丹和索马里等国之间的关系更加复杂化，并使复兴大坝问题更加难以解决。

（三）中埃关系良好，提供契机

建交以来，中埃两国政府签署的重要协定和议定书包括：《中华人民共和国和埃塞俄比亚建交联合公报》《中华人民共和国政府和埃塞俄比亚人民民主共和国政府文化协定》《中华人民共和国政府和埃塞俄比亚联邦民主共和国政府关于鼓励和相互保护投资协定》《中华人民共和国政府和埃塞俄比亚联邦民主共和国政府科学技术合作协定》《中华人民共和国和埃塞俄比亚联邦民主共和国引渡条约》《中华人民共和国和埃塞俄比亚联邦民主共和国关于民事和商事司法协助的条约》《中华人民共和国政府和埃塞俄比亚联邦民主共和国政府关于经贸合作区的协定》《中华人民共和国政府和埃塞俄比亚联邦民主共和国政府关于互免持外交、公务护照人员签证的协定》《中华人民共和国政府和埃塞俄比亚联邦民主共和国政府关于共同推进丝绸之路经济带和21世纪海上丝绸之路建设的谅解备忘录》《中华人民共和国政府与埃塞俄比亚联邦民主共和国政府关于共同推进"一带一路"建设的合作规划》。长期以来，中国与埃塞俄比亚两国关系健康、持续发展。埃塞俄比亚正处于工业化转型初期，基础设施建设需求大，吸引了很多国家的投资目光。中国是埃塞俄比亚第一大贸易伙伴、第一大投资来源国和第一大工程承包方，良好的中埃关系为埃塞俄比亚加快工业化发展提供了契机。

四 加快埃塞俄比亚工业发展的政策建议

（一）利用埃比较优势融入农产品加工的全球价值链

与拥有劳动力比较优势、发展轻工产品（如服装、鞋类和玩具）等亚洲发展型国家相比，埃塞俄比亚在农产品和畜牧业上占据优势，在国际市场上享有较高的质量信誉（特别是咖啡和皮革制品）。目前埃塞俄比亚的出口以低附加值的农产品和原材料为主。释放埃塞俄比亚的发展潜力向更高附加值的农产品加工业进行升级，将为埃塞俄比亚创造更多的就业机会，并能促进出口和增加外汇收入。在全球价值链的背景下，农产品加工业前景看好，因为主要的农产品公司越来越多地参与原料采购和可持续发展，这为埃塞俄比亚接受垂直型外国直接投资创造了机会。如果埃塞俄比亚能吸引到全球农

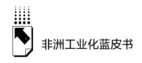
业食品的领先公司不仅从埃塞俄比亚采购原料，并在埃塞俄比亚加工其产品，将能带来更多的就业岗位，以及重要的技术和知识外溢效应。

（二）充分发挥经济特区的产业集聚效应

第一，完善配套服务体系是推动产业集聚的关键要素。经贸合作区等"经济特区"建立目的在于为东道国承接国际产业转移提供载体，也为中国企业对埃塞俄比亚投资提供一个平台，完备的产业配套是有利于释放范围经济，也可以降低企业的隐形成本，提高抵御风险的能力。像苏伊士经贸合作区通过泰达与埃方合作，配套银行、保险等机构，提供"一站式"服务，近年吸引中方企业持续入驻，这些做法值得借鉴。第二，要强化政府为主体的导向、服务和保障功能。建立"经济特区"的初衷是推动产业以集聚的形式发展壮大，但开发商和东道国的动机往往是不同的。比如，开发商担心埃塞俄比亚政策的不确定性，担心基础设施不能按时到位等；埃塞俄比亚担心引进的投资方是否能符合本国的长远利益和发展需要，能不能形成对本国制造业发展的带动和辐射效应？这些问题的解决都依赖于双方的协调沟通，特别地，埃塞俄比亚明确的规划和政策引导是必要的。第三，建立适度多元化的本土制造业体系，是持续发展的保证。目前，非洲国家纷纷效仿中国，向中国取经并将中国"经济特区"的模式移植到非洲；另外，随着中国经济快速发展，资源要素和人口环境约束的问题日益凸显，在国外建立产业园区也已成为中国企业"走出去"的大趋势。中国和埃塞俄比亚合作拥有极其广阔的市场前景，因此中国对其投资要根据东道国制造业的产业集聚状况，在一些制造业配套产业链上下游定向发力，根据园区企业自身条件和埃塞俄比亚禀赋优势，将中方产能"本土化"，打造有特色的支柱产业、特色产业，才能获得持续的发展能力，共同提升在制造业价值链上的位置。

（三）在自身努力的同时借助伙伴国力量提高人力资本和劳动生产率

人力资本素质对于提高投资效率具有正相关性。这是因为发明、创造、推广、筹资融资、组织生产、训练工人、市场营销等，全都来自人力资本的发挥。因此，相比起物质资本，人力资本对于工业化的促进作用更具有持续性。为此，埃塞俄比亚政府需要加强对人力资本的投资，改进各层次教育和技术培训的课程设置，以适应劳动力市场的就业需求，并鼓励私营部门提供更多的在职培训，支持高校和科研院所开展更多的应用研究和开发活动。同时作为中国在非洲最重要的战略伙伴之一，埃塞俄比亚在经济发展上的成功对中国"一带一路"倡议的落实有着极为重要的意义。埃塞俄比亚的成功将会对中国经验的推广有极大的示范效应。因此埃塞俄比亚可以通过中国国内或非洲当地高校，对其工人进行在职 MBA 培训，提高其人力资本和劳动生产率，帮助他们了解投资所在国乃至整个非洲大陆的商业、政治环境，提高语言与商务沟通能力，并拓展他们的人际关系网。此外，从更长远的角度考虑，埃塞俄比亚有必要呼吁中国在本国高校开设更多有关非洲政治经济以及历史文化方面的课程，鼓励和资助两国年轻学生到彼此国交流学习和实践实习，从而为双方长远的经贸发展储备人才。

五　案例研究

以东方工业园为例，中国投资企业主营纺织服装、钢铁、冶金、机电、建材等传统产业，已逐步形成了农产品加工产业园、纺织服装产业园、建筑机械产业园、建材产业园和冶金钢铁产业园，依靠产业集群，形成了较为完整的产业链。东方工业园先后吸引了中国纺织服装类企业如东方纺织和印染公司、悦城实业私营有限公司和林德服装有限公司等入园投产；中国建筑建材企业如汉盛金枫达公司、中舜水泥制造有限公司等入园投产；中国鞋业企业如辉煌实业有限公司和华坚国际鞋城（埃塞）有限公司入园投产；中国汽车企业如油德卡零配件制造有限公司、扬帆汽车有限公司和野马汽车制造有限公司等入园投产；其他还有如 ETG 食品加工有限公司、埃塞俄比亚塑料回收制品有限公司、长城包装制造有限公司等入园投产。从中国的角度来说，东方工业园作为中国企业对埃塞俄比亚投资的重要载体之一，主要承接的是中国发展较为成熟、产能过剩的产业，如水泥、钢材、机电、纺织服装

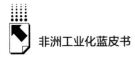

业等，以实现中国的产业结构调整与升级，同时有效规避贸易壁垒，减少贸易摩擦。从东道国角度来说，不同于以能源和自然资源为主要导向的传统的合作区，埃塞俄比亚东方工业园定位于"市场导向型"，依托于埃塞俄比亚国内的生产条件与消费特性，将东道国作为生产基地以及主要的消费市场，有效促进埃塞俄比亚工业发展。

B.5
2021年尼日利亚工业发展形势及展望*

课题组**

摘　要: 工业在尼日利亚占有非常重要的地位。近年来,尼日利亚无论工业增加值,还是工业发展指数方面都呈现了上下波动态势。2018年,中国与尼日利亚签署共建"一带一路"谅解备忘录,这使得中尼之间在推进各自经济建设的过程中呈现明显的互补态势。针对其在工业发展形势上存在的产业发展失衡、生产加工能力低下、管理技术能力欠缺和国际贸易不平衡等方面问题,中国对尼的直接投资在创造就业、促进产业结构优化、转移技术和管理能力、增加出口创汇等方面均起到了良好的带动作用。其中,广东新南方集团参与投资建设的尼日利亚广东经济贸易合作区在探索经济合作新模式、建设法治化营商环境方面拥有自己的特色。

关键词: 工业发展　产业结构优化　中非合作　尼日利亚

一　尼日利亚的工业发展历程

从表1可以看出,尼日利亚在2021年工业增加值为89.25亿美元,比

　*　本文未标注来源的数据均来自中国驻尼日利亚大使馆经商处。
　**　课题组:曾驭然,经济学博士,广东外语外贸大学商学院副教授,研究方向为创业创新;李赞、薛淑君、陈佩瑶、王志艳均系广东外语外贸大学MBA在读学生;王璐,管理学博士,广东金融学院国际教育学院讲师,研究方向为跨文化管理;庄金娜、王念超、温璐嘉、冯慧琳、阿克叶德力·塔尔特铺别克、玛迪娜·拜山汗、尼孜热木·艾克拜尔均系广东外语外贸大学商学院本科生。

上年减少了 0.42 亿美元。自 2010 年到 2021 年，平均工业增加值为 92.10 亿美元，平均占 GDP 的 25.37%，平均年增长率为 1.16%。由此可见，工业在尼日利亚极其重要。

表 1　2010~2021 年尼日利亚工业增加值

单位：亿美元，%

年份	工业增加值	工业增加值占 GDP 的百分比	工业增加值年增长率
2010	82.91	25.32	5.23
2011	89.87	28.28	8.39
2012	92.05	27.08	2.43
2013	94.04	25.74	2.16
2014	100.40	24.64	6.76
2015	98.14	20.16	-2.24
2016	89.46	18.17	-8.85
2017	91.38	22.32	2.15
2018	93.09	25.73	1.87
2019	95.24	27.38	2.31
2020	89.67	28.22	-5.85
2021	89.25	31.41	-0.5

注：美元为 2015 年不变价。工业增加值包括采矿业、制造业、建筑业、电力、水和天然气行业中的增加值。

资料来源：世界银行。

图 1 显示，尼日利亚的工业增加值，在上述十年间呈现先增长后下降再增长再下降的趋势，其中，2014 年达到 100.40 亿美元的最高值。

1. 尼日利亚主要工业

尼日利亚重要的经济发展支撑行业是石油和天然气、农业、制造业以及通信业。

首先，尼日利亚富足的自然资源起到了至关重要的作用。具体表现为石油和天然气产业在经济发展中处于主导地位，产值约为 GDP 的 7%。自 20 世纪 70 年代以来，尼日利亚充分利用自身优势进行资源开发，使出口石油

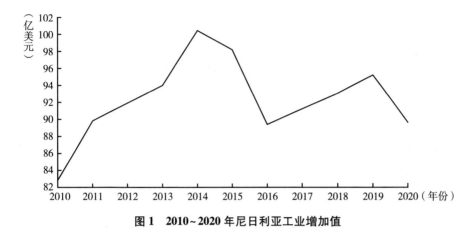

图1　2010～2020年尼日利亚工业增加值

资料来源：世界银行。

业务逐渐成为当地主要的经济收入来源，在国家总收入中占比高达85%。同时，国内生产总值的20%～30%来源于石油工业。

其次，尼日利亚有许多农产品产量处于世界领先地位，比如，棉花和花生产量都曾排名世界第一。尼日利亚总面积约为92万平方千米，拥有耕地面积30万平方千米，即耕地面积占全国总面积的比重高达1/3左右。自1980年以来，尼日利亚约有70%的人口从事农业生产，农业产值占全国GDP的比重为40%。水稻、小麦、玉米、高粱是尼日利亚重要的粮食作物。

再次，制造业发展在政府的积极整顿下也逐年向好，该部门的产能利用率从20世纪90年代的平均35%增长到过去五年的平均54%。在同一时期，制造业对国民生产总值的贡献也稳步增长到年均9%。从1976年到2021年，尼日利亚工业增加值占GDP比重平均值大于农业和制造业的增加值占比。拉各斯（Lagos）是尼日利亚旧都和最大港市，它和周边地区拥有尼日利亚60%的工业活动。尼日利亚其他重要的工业中心还有卡诺、阿坝、伊巴丹和卡杜纳。其中，最重要的制造业产品包括饮料、水泥、加工食品、纺织品和洗涤剂。

最后，尼日利亚的通信行业发展速度非常快，最大的电信运营商MTN在当地业务覆盖广泛，并且在拉各斯等7个城市率先推出5G网络服务，这项部署将会进一步推动尼日利亚经济发展。宽带服务的推出有助于解决该国面临的部分社会、经济挑战，包括经济增长、创造就业机会、税基的快速扩张、数字素养和教育的提高。该服务还将通过技术来解决身份管理和安全挑战的问题，并促进普惠金融。尼日利亚总统穆罕默德·布哈里于2019年11月宣布了国家数字经济政策和战略，该战略确定了8个优先事项，包括发展技能坚实的基础设施、服务基础设施、数字服务开发和推广、软件基础设施、数字社会和新兴技术以及本地内容推广和采用等。

2. 尼日利亚工业发展形势分析

工业发展形势阶段系列指标主要反映地区工业发展形势的进程及其所处的发展阶段，包括人均国内生产总值、人均制造业净产值、人均制造产品出口额、农业总产值占GDP的比重、农业就业人数占总就业人数的比重和城市化率。本部分通过探究工业发展指数的各项子指标以更加细致地分析影响尼日利亚工业化指数变化的因素。

本报告采用本系列蓝皮书第一册《非洲工业化进程报告（2021）》B2部分的非洲工业化指数的构建方法，根据2000~2020年世界银行数据，计算出尼日利亚2000~2020年工业化指数，详见表2。

表2　2000~2020年尼日利亚工业化指数

年份	工业化指数（排名）	年份	工业化指数（排名）
2000	0.1161（28）	2011	0.1317（29）
2001	0.1249（25）	2012	0.1407（29）
2002	0.1387（22）	2013	0.1540（21）
2003	0.1311（24）	2014	0.1728（18）
2004	0.1239（26）	2015	0.1592（20）
2005	0.1223（26）	2016	0.1433（26）
2006	0.1216（25）	2017	0.1501（21）
2007	0.1238（26）	2018	0.1610（20）
2008	0.1284（29）	2019	0.1936（14）
2009	0.1592（27）	2020	0.2058（15）
2010	0.1410（26）		

资料来源：根据世界银行数据进行计算。

　　表2为2000~2020年的尼日利亚工业化指数，及其在非洲54个国家中的具体名次。总体来看，尼日利亚工业化水平在非洲地区整体呈现先降后升又下降的趋势，但整体基本稳定在20~26名，这说明了尼日利亚工业化水平相对来说比较均衡，工业化结构稳定，并具有一定的抗风险能力。从2020年新冠肺炎疫情暴发前后对比来看，其工业化进程受到疫情的一些影响，但依旧能够平稳前行，这也再次印证了尼日利亚工业体系的稳健性。

　　尼日利亚是一个以石油出口为经济支柱的国家，并于20世纪70年代起成为非洲最大的产油国，其天然气、煤炭产量也均位列非洲第一，是一个当之无愧的资源出口型国家。随着自然资源不断被发现，尼日利亚资源出口大幅提升，也带动了其工业发展。目前油气行业仍然是尼日利亚的支柱产业，其国内有18条正在运行的输油管道。近年来，石油和天然气出口额占尼日利亚出口总额的90%以上，占综合预算收入的70%以上。尽管石油行业产值在尼日利亚GDP中所占比重不足15%，但石油销售带来的资金流入极大振兴了尼日利亚国内的消费需求，从而推动了其经济增长。到2020年，尼日利亚石油平均日产量约180万桶，成为全球第11大产油国，石油产业产值占尼日利亚国内生产总值的比重只有9%，石油产业出口额却占其出口总额的90%左右。

　　表3展示了尼日利亚工业化指数部分重要指标的数值。第一，从人均GDP方面来看，尼日利亚人均GDP总体处于中游偏上的位置。近20年来，尼日利亚人均GDP有着十分明显的变化，由2000年的567.93美元一路上涨至2016年的2175.10美元，但2017年稍微降至1968.56美元，其中一部分原因是尼日利亚的人口众多，拉低了其平均值，2018年又上升，即使在2020年新冠肺炎疫情暴发的时候，其人均GDP依然达到2097.09美元，总体趋势平稳。

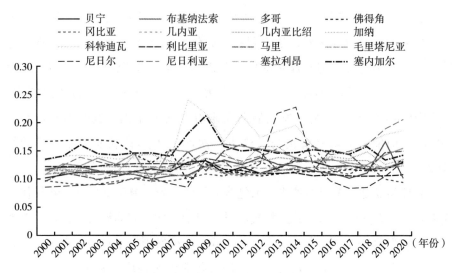

图2 西非国家历年工业化指数变化

资料来源：世界银行。

表3 2000~2020年尼日利亚工业化指数分指标数据（部分）

年份	GDPp. c.（美元）	MVAp. c.（美元）	MXp. c.（美元）	AVAsh（%）	UPsh（%）	HMVAsh（%）	ImWMVA（%）
2000	567. 93	79. 13	0. 36	21. 36	34. 84	0	0. 15
2005	1268. 38	127. 61	7. 51	26. 09	39. 07	0	0. 23
2010	2292. 45	150. 22	35. 43	23. 89	43. 48	0. 26	0. 23
2015	2730. 43	257. 44	17. 88	20. 63	47. 84	1. 06	0. 38
2016	2175. 10	188. 87	2. 03	20. 98	48. 68	0. 02	0. 29
2017	1968. 56	172. 09	5. 03	20. 85	49. 52	0. 06	0. 25
2018	2032. 73	196. 14	11. 13	21. 20	50. 34	0. 10	0. 27
2019	2229. 86	256. 93	33. 44	21. 91	51. 16	0. 17	0. 37
2020	2097. 09	265. 64	13. 58	24. 14	51. 96	0. 35	0. 41

注：表中数据为实际值。

资料来源：世界银行。

第二，如图3所示，从人均制造业增加值来看，由于尼日利亚是非洲人口大国，人口达到2亿，因此，在人均制造业增加值上并不占优势。同时尼日利亚制造业由于受基础设备等因素的制约，发展缓慢，制造业发展水平低，所以大部分的工业制成品需要从其他国家进口。尼日利亚的工业产出量超过农业，这表明尼日利亚相比其他的西非国家，如科特迪瓦、塞内加尔、加纳等，具有一定的工业基础。尼日利亚秉承的工业体系与其他国家并不相同，尼日利亚是以石油为主，其他三个国家是以食品加工为主。尼日利亚在能源消耗方面排名第一，这从另一方面证明了该国的工业发展实力。然而，尼日利亚由于人口众多，凡是涉及人均或者单位的能耗、电耗均不占优势。值得一提的是，尼日利亚作为矿产及石油资源类型的国家，拥有较好的资源禀赋，但是这类资源开采型生产部分属于矿物开采，归入采矿业，仅加工、提炼的部分归为制造业，而尼日利亚对于矿产的加工涉及不多，在2017年，尼日利亚矿业产值仅占该国GDP的0.5%。由此可见，工业化的发展需更多地体现在技术的应用上，仅停留在简单开采方面并不能获得高指数。此外，由于非洲工业化指数更多地体现在人均层面，因此，像尼日利亚这样的人口大国虽然有总量不错的制造业，却没能在指标上排第一位。

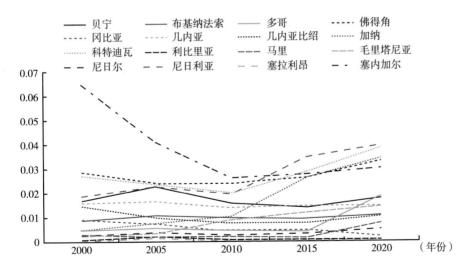

图3　西非国家主要年份 MVAp. c. 变化

资料来源：世界银行。

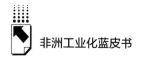

第三，就人均制造产品出口额而言，尼日利亚的数据排在整个非洲大陆中上游水平。其工业出口商品集中于资源密集型产品和初级工业品，具体包括石油和天然气、服装和纺织品等。除此之外，尼日利亚人均制造业出口在2010年达到顶峰 35.43 美元。

第四，如图 4 和图 5 所示，就西非国家而言，资源型国家的发展状况相对较好，部分产业分布相对均衡，而以农产品加工为主要经济来源的国家在本项指标中所占比例较高。根据图 4、图 5 可以看出，基于 20 世纪 70 年代前原为农业国的良好基础，尼日利亚农业生产值保持稳定，其中 2021 年农业总产值占 GDP 比重为 23.36%。因此虽然尼日利亚在制造业指标上相对落后，在农业指标方面却是最好的。

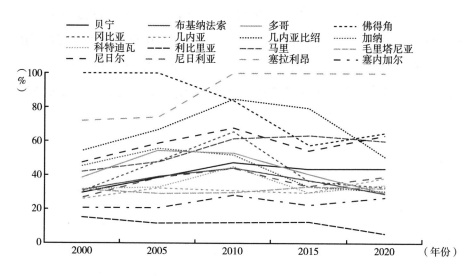

图 4　2000~2020 年西非国家农业总产值占 GDP 的比重

资料来源：世界银行。

如图 6 所示，尼日利亚城市化率正在逐年加快。从 2000 年的 38.84% 到2021 年的 52.75%，这项比例明显高于非洲地区的其他国家。这得益于工业发展形势的本质是在城市建立工厂，将更多的农业人口转化为工人，从而提高了城市就业率，促进城市工业发展。尼日利亚的城市化进程给该国带来了

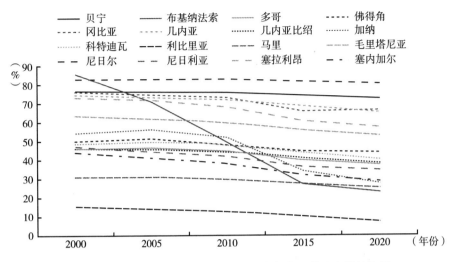

图5 2000~2020年西非国家农业就业人数占总就业人数的比重

资料来源：世界银行。

巨大的影响和变化，高度聚集的城市群已成为尼日利亚国民经济的主要推动力和主要财富来源。

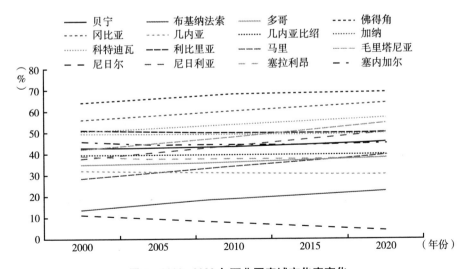

图6 2000~2020年西非国家城市化率变化

资料来源：世界银行。

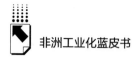

从高端制造业产值占制造业增加值比例和制造业增加值占世界总制造业增加值的比例来看，在西非国家中，尼日利亚的世界制造业增加值影响指数和世界制造业出口影响指数的排名均为第一，在制造业总产出方面也是排名第一，且在制造业出口方面仍然排名第一。

二　尼日利亚工业发展存在的问题与影响因素

（一）尼日利亚工业发展存在的问题

1. 产业发展失衡

尼日利亚在 20 世纪 60 年代已经取得了政治上的独立，但其产业结构仍然延续了殖民统治时期的方式，即以能源和矿产作为国家的支柱产业。虽然石油的收入让尼日利亚在世界富有国家中排名第 13 位，成为西非地区强国和新兴工业化国家，但是政府越来越依赖石油出口也带来了诸多隐患。例如，在国际油价波动面前，尼日利亚经济变得非常脆弱。另外，石油以外的其他产业受到严重忽视，导致经济结构发展失衡。石油收入在政府总收入中的比重保持在 60% 以上，导致其他产业发展相对较弱、产业结构严重失衡。数据表明，2020 年，石油收入占尼日利亚外汇收入的 1/3，石油出口额约占其出口总额的 90%，2021 年尽管有所下降，但对于长期高度依赖石油产业的尼日利亚来说，要做到平衡产业结构仍然任重道远。不过，信息通信产业和农业产值的增长一定程度上有利于尼日利亚产业多元化发展。

2. 生产加工能力低下

尼日利亚有"非洲能源老大"之称，是非洲能源和矿产资源大国，石油出口、天然气储量位列非洲第一，待开发的矿产资源有 34 种。除石油、天然气外，尼日利亚已大量开采的有煤、锡、铌、石灰石、铁矿石和黄金。尼日利亚还有稀有金属、各种宝石及各种工业原料，如重晶石、石膏、瓷土、大理石等尚待开发。虽然尼日利亚资源丰富，但尼日利亚加工能力低下，产品往往无法满足自身需求，而需要大量依靠进口。

3.管理技术能力欠缺

尼日利亚的年轻劳动力十分充足，但受教育程度普遍偏低，全国拥有大学 128 所，普通高中 14555 所，大多数学校面临经费不足、年久失修等问题，全国文盲率近 40%，高素质劳动力稀缺，普通劳动力需要通过长期的专业培训后方可满足各类工作岗位的需求。教育落后，员工素质、技能水平相对较低，技能人才瓶颈等问题十分突出，对企业效率产生影响，同时使高技术产业投资受到局限。

教育落后使得尼日利亚缺乏相应的管理和技术人才，造成对外国技术、专家过度依赖，加上本土的技术能力十分有限，仅当有足够的外汇可以利用且能留住高薪的外籍人士时，高成本的工厂才得以运行，但这种发展模式不具可持续性。

4.国际贸易不平衡

尼日利亚是世贸组织的正式成员国、非洲联盟组织成员、西非国家经济共同体成员。从贸易结构来看，尼日利亚的出口贸易结构缺乏多样性，原油出口一家独大，占其出口总额的 81%，总的燃料出口占其商品出口的 95%。贸易结构缺乏多样性，因此导致国家财政收入不稳定。2001~2014 年，由于国际原油价格持续下跌，尼日利亚出口收入锐减，带来政府财政状况恶化、货币大幅贬值、外汇储备缩减、外债增加等一系列负面影响。加上新冠肺炎疫情引起的全球经济衰退，2021 年第三季度尼日利亚贸易逆差达 3 万亿奈拉。

（二）尼日利亚工业发展影响因素

1.内部影响因素

（1）营商环境有待改善

从图 7、图 8 的 CPI 清廉指数和 CPIA 商业监管环境评级可知，尼日利亚政治总体环境稳定，但是政府行政机构办事效率低下。

为提高本国对外国投资者的吸引力，近年来，尼日利亚在强化投资者保护的同时，还在减少企业注册所需时间、升级进出口电子系统以及启动电子

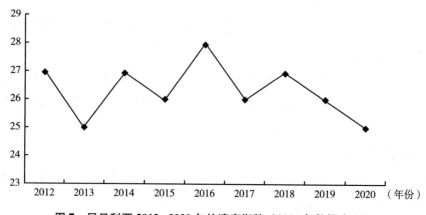

图7 尼日利亚2012~2020年的清廉指数（2021年数据为24）

资料来源：Corruption Perceptions Index。

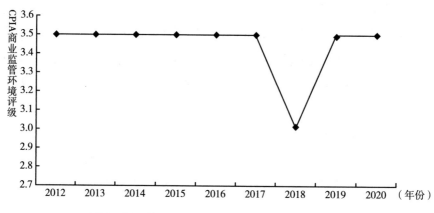

图8 尼日利亚2012~2020年的商业监管环境评级

注：1=低，6=高。
资料来源：世界银行。

支付等领域的大力改革，营商环境有了明显改善。在世界银行公布的《2020年营商环境报告》中，尼日利亚营商环境的排名较上年提升了15位，成为排名上升最快的撒哈拉以南非洲经济体之一。近年来，尼日利亚吸引的外国直接投资总体保持平稳，联合利华、壳牌、埃克森-美孚等跨国公司均已在尼日利亚设立了分支机构。

（2）社会安全形势严峻

近年来，尼日利亚政局总体保持稳定，从军政府专政向民选政府执政的转型过程比较平稳。总统从南部信奉基督教和北部信仰伊斯兰教的两大主要党派中轮流产生，政权更迭也相对和平。由于尼日利亚政府对恐怖活动采取严厉打击的高压政策，国内安全形势整体上有了明显改观，但仍然存在一些影响政局的不稳定因素。在经济增速明显放缓或者面临重大选举的时候，尼日利亚各种社会力量之间的博弈会不断显现，一旦政府管控不力，就有可能趋于激化，对社会稳定造成冲击，这给中国对尼日利亚的投资带来威胁和隐患。

（3）基础设施水平有待提高

尼日利亚的基础设施与其"非洲巨人"的称号不相符，各类基础设施还有待改善。尼日利亚的铁路、公路和码头等交通基础设施较差。参考世界经济论坛《2019年全球竞争力报告》中的排名，从交通基础设施分项来看，尼日利亚全球排名第130位，处在倒数之列；尼日利亚现建有公路19.44万公里，承担着全国90%以上的客货运输重担。

尼日利亚的电力系统非常薄弱，多数发电设备陈旧，缺乏应有的维护和保养，对天然气发电的依赖程度过高，供气状况波动对发电量经常产生显著影响。

尼日利亚通信设施比较薄弱但发展迅速，用户数虽然已超1.5亿户，3G、4G网络普及率稳步增长至2022年6月的44.32%。[①]

2. 外部影响因素

（1）国际环境良好，近年来接受援助较多

据尼日利亚国家统计局数据，2017年该国吸引外资122.29亿美元，同比增长13.87%。其中，证券投资73.29亿美元，占59.93%；直接投资9.82亿美元，占8.03%；其他投资39.18亿美元，占32.04%。尼日利亚的主要援助国和国际组织为美国、英国、加拿大、联合国、欧盟和世界银行等。外国投资领域主要是石油、银行、制造业和建筑业。2019年，尼日利

---

① DataSparkle，《尼日利亚国家宽带计划（2020~2025）》。

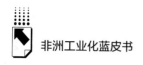

亚共吸引外国投资 146 亿美元。

（2）工业 4.0 及数字经济的影响

受疫情等多重因素影响，尼日利亚 2020 年 GDP 同比下滑 1.92%，2021 年 GDP 则实现了 3.6% 较大幅度增长①，这在一定程度上受益于工业 4.0 及数字经济在尼日利亚的发展。虽然尼日利亚互联网基础设施建设不完善，但人口红利已经使得其成为非洲国家网民、移动用户人口数量最多的国家，数字经济无疑具有巨大的市场潜力和发展空间。数据显示，2020 年第四季度信息通信产业增长了 14.7%，是同期所有产业中增速最高的，这在一定程度上促进了尼日利亚向经济多元化发展，有利于减少国家财政收入对石油产业的高度依赖。

3. 疫情的影响

（1）尼日利亚受本国疫情的影响

受新冠肺炎疫情及国际油价暴跌影响，尼日利亚外汇流入从 2020 年 3 月的 129 亿美元降至 4 月的 97 亿美元，环比下降 25%。2020 年 6 月，尼日利亚外汇储备降至 360 亿美元，较 2019 年高点下降 20%，总债务上升至 795 亿美元，较 2019 年底上升 4.4%，其中外债为 277 亿美元。同时，受货币贬值及经济增长放缓的影响，尼日利亚通胀形势异常严峻，2020 年第二季度达到 12.56%，实际存款利率为负。从 2020 年 4 月开始，尼日利亚经济活动指数、采购经理人指数、就业指数等多项指标跌破"荣枯线"，已连续三个月在 50 以下。另外，关于尼日利亚青年失业问题，2020 年 3 月官方数据显示，29.7% 的青年失业，另有 25.7% 的青年就业不足，综合这二者，55.4% 的青年没有稳定工作。②

此外，当地跨境经贸活动受疫情影响较大。进口货物清关时间延长，尼日利亚阿帕帕港入港等候时间长达 50 天，非防疫物资等紧急物品进口受限。2020 年 3 月底，国际航班暂停后，跨国商务人员流动停止，导致纺织品、

---

① 世界银行。
② 尼日利亚统计局：《2020 年青年失业率 53.4%》。

电子产品、食品等价格上涨；同时跨国劳务人员无法返尼，耽误国内项目工期。并且，由于各州限制货车运送货物，物流紧缺导致大量农产品无法出口。随着新冠肺炎疫情不断反复，从 2020 年 4 月开始，尼日利亚对很多国家的贸易额大幅减少。IMF 为此把尼日利亚经济增长率预测从 2.5% 下调至2%。IMF 认为，尼日利亚需要进行一次重大的改革，以减少脆弱性，包括不断扩大的经常账户和预算赤字，这些赤字会危及经济。

（2）尼日利亚受国际疫情的影响

受疫情反复影响，尼日利亚对经济的担忧在加剧。这些担忧主要包括：需求减少、出口放缓、供应链中断，产生涓滴效应。商品价格下跌，对主要出口商品的国家产生消极影响。此外，还有疫情可能带来的间接影响，例如公司由于收入不足而增加的破产风险等。

新冠肺炎疫情暴发导致经济活动和旅游停滞，原油的需求大幅下滑，供应急剧过剩，致使石油价格暴跌。除了中国原油需求下降外，欧洲炼油利润率降低也抑制了采购。而尼日利亚 90% 的出口依赖于原油，经济面临巨大风险。伦敦经济学家 John Ashbourne 说，"油价每下降 10 美元，尼日利亚每月出口收入损失约 5 亿美元"。[①]

全球抗疫形势扰乱了供应链，尼日利亚汽车零部件和机械经销商协会外贸和投资委员会秘书长奥科耶爵士表示，新冠病毒的影响对市场是毁灭性的。他说："我们身处国际市场之中，疫情已经对我们的业务产生了巨大的影响。外国人不再来经商了。部分零部件由于没有供应而价格涨到三倍！"他说："我认为不会有替代品，因为中国工厂尚未充分开工。"[②]

（3）中国对尼日利亚疫情援助

在尼日利亚新冠肺炎疫情无法得到有效控制、亟须国际社会援助的形势下，中国向其伸出援助之手。中国铁建在中国驻尼日利亚大使馆的指导下，由所属单位中国土木牵头，前往尼日利亚开展疫情防控相关工作，大大缓解

---

① 《新冠病毒疫情对非洲经济八大影响》，新浪财经，2020 年 3 月 18 日。
② 《新冠病毒疫情对非洲经济八大影响》，新浪财经，2020 年 3 月 18 日。

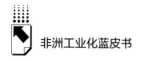
了当地医疗用品紧缺的局面。

除了派出医护人员组成的工作小组，中国铁建在非企业也纷纷加入抗疫行动中来。中国铁建在做好自身防疫的同时，协助当地建设了两处方舱医院，同时积极参加使馆组织召开的网络抗疫会，共享抗疫信息，携手尼日利亚政府共同抗击"疫情"。

尼日利亚驻华大使巴巴·艾哈迈德·吉达表示："中国驻外使领馆、中资企业和民间机构也积极行动。这是患难见真情的体现。"吉达还说，在这次抗击疫情的救助行动当中，中国给予包括尼日利亚在内的非洲国家，以及世界其他国家极大的支持与帮助，这不仅仅指抗疫物资上的援助，更重要的是中国政府积极主动与全球同行分享了防疫经验和信息。

三 中国对尼日利亚直接投资情况分析

图9表示中国对尼日利亚承包工程新签合同额2008～2020年的变化，根据趋势线可看出呈现明显增长趋势。

中国企业在尼日利亚开展业务的领域主要涉及石油开采、自贸区经营、水电站开发、农业、通信、纺织、食品以及车辆组装等。

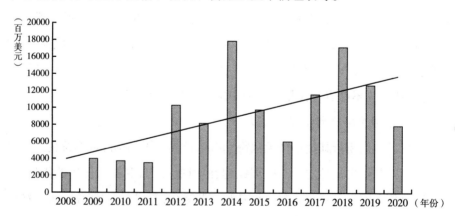

图9 中国对尼日利亚承包工程新签合同额（2008～2020年）

资料来源：2020年度中国对外承包工程统计公报。

1.中国对尼日利亚投资方式

从投资合作环境角度看，尼日利亚是非洲的第一人口大国，也是非洲最大的经济体。尼日利亚的市场庞大、自然资源丰富、政局基本保持稳定、法律制度较为健全。

近年来，中国和尼日利亚双向投资发展迅速。中国投资领域主要集中在服务业、通信、石油行业和制造业。

中国在尼日利亚设立了两个合作区，分别是莱基自贸区和奥贡—广东自贸区（也即文后的"尼日利亚广东经济贸易合作区"），经中尼双方共同努力，两个自贸区已初具规模，现有从业人员近5000人，间接创造就业岗位万余个，主要行业包括建材、陶瓷、家具、五金、医药、电子等。截至2020年第一季度，两自贸区累计投资额已超8.5亿美元。

2.中国对尼直接投资对尼日利亚工业发展形势的影响

（1）增加资本形成和积累，促进工业发展

近年来，尼日利亚的商业银行基本以20%~30%甚至更高的利率提供贷款，且贷款期限较短，一般不超过360天。在尼日利亚，银行贷款条件使当地融资成本高，贷款相对困难。中国对尼的投资增加了尼日利亚当地的资金来源，为尼日利亚的发展提供了资金，弥补了尼日利亚国内资本投资的不足，提高了外国公司资本投资的比例。其中"一带一路"项目作为尼日利亚资金融通的重要支撑，提供亚洲基础设施投资银行、丝路基金、中非发展基金、中非产能合作基金与非洲中小企业发展专项贷款等融资平台，为化解尼日利亚交通基础设施建设赤字提供了帮助。

中国对尼直接投资加快了尼日利亚的工业发展进程，并为经济和工业发展提供了必要的财政支持。大量的投资对尼日利亚资本在国内的流动起到了促进作用，并增加了投资的市场需求。同时中国对尼日利亚工业方面的直接投资，进一步带动工程承包业务，间接刺激尼日利亚的消费市场，资本流入市场的速度加快，所增加资本量带动产值增长，进一步促进资本积累，形成良序循环发展。

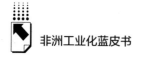

（2）创造工作岗位，提高劳动者素质

中国企业进入尼日利亚市场后，为当地提供了大量的工作岗位，在很大程度上增加了国内就业机会，尤其是工业制造产业，对劳动资源的需求更大。此外，中国企业投资对尼日利亚劳动力素质的提高也起到了重要作用。中国企业对尼日利亚派遣各类资深劳务人员，对在尼职员进行高等技能培训，教授铁路、填海造地、高架桥、能源循环利用等关键技术知识，有效提高劳动力核心技术水平，充分利用当地原有资源，在保证有效提高资源利用率的同时，又能促进劳动力素质的提升。不仅如此，中国公司在管理尼日利亚工人方面也相对先进，其规范的培训和管理无疑对提高尼日利亚员工的素质具有积极意义。

（3）提升生产技术能力

中国对尼日利亚直接投资的作用不仅为尼日利亚工业化提供了资金，更重要的是带来了先进技术，有助于消除工业化过程中的技术约束。伴随中国先进技术的引入，尼日利亚产业结构也在不断调整和升级，逐渐从传统的劳动密集型向技术和知识密集型转变，这深刻影响并促进了尼日利亚的工业发展和经济发展。

与外国资本合作生产、合资技术许可、合资技术投资和独资技术许可在尼日利亚技术贸易总额中的比例逐年增加。其中许多公司使用母公司的先进技术，而使用本地公司技术的相对较少。可以看出，大多数中国企业的技术填补了尼日利亚国内技术的空白。技术进步是工业化的源泉，其发展将有力地推动尼日利亚工业化的步伐。据相关经济部门统计，中国帮助尼日利亚缩短了技术进步的路程。

中国通过设备投资和技术转让，将先进技术优势、雄厚资金优势、高效管理经验和科技研发优势与尼日利亚当地自然资源、人力资源和市场规模优势紧密结合，有效促进了区域创新水平的提升，特别是尼日利亚国内市场，产生了明显的技术溢出效应，加速了产业技术升级，直接推动了尼日利亚的技术进步。

（4）调整产业结构，促进产业多元化发展

2019年，尼日利亚第一、二、三产业结构约为26∶20∶54。尼日利亚的第二、三产业发展相对滞后，尤其第三产业距离发达国家近80%的GDP占比仍有较大差距，且尼日利亚第三产业中多为传统服务业，现代服务业占比低，投资力度不足，总体发展水平较低。

中国对尼日利亚的投资主要集中在第二和第三产业，这促进了尼日利亚的工业发展进程和产业结构调整。中国对尼第二产业的直接投资，特别是在制造业的大量投资，以及随后的技术、管理和信息等生产要素投入，使得尼日利亚制造业的水平无论在数量上还是质量上都有了很大提高，同时也增强了国内竞争力，优化了国内产业结构，促进生产要素的合理流动和技术水平的提高，从而促进尼日利亚的工业发展进程和产业结构的多样化。

随着经济发展水平的提高，地区间产业联系日益密切。中国在尼日利亚的投资中重视产业结构优化的空间效应，引导区域间全方位合作，提高投资与产业结构的互补性，促进区域产业分工与合作。

（5）优化尼日利亚外贸结构

中国对尼日利亚的直接投资一部分是石油开采领域，如中油国际、中石化国际石油勘探、中海油等大型国有企业，主要投资尼日利亚的能源领域，这类投资使得中国不断增加对尼日利亚的进口。少数大型国有企业和大量的中小企业则投资于尼日利亚的贸易、批发和零售、制造业和其他服务业部门，这极大地刺激了尼日利亚的消费市场，促进了尼日利亚的经济结构调整，实现国民经济由过分单一依赖石油向多元化发展转变，成为尼日利亚吸引外资、加速国家工业化进程的重要助力。

过去，经济特区及自贸区在尼日利亚未取得预期效果，尼日利亚有33个经济特区及自贸区，仅15个较为活跃，政府并未充分支持经济特区发展，政策的任意性、社会不稳定、利润无法汇出等问题使投资者望而却步。

自2006年中非合作论坛开始，中国总结改革开放以来开发区建设和发展的模式和经验，并充分考虑了尼日利亚国内的经济和产业发展水平，与尼日利

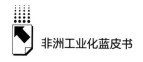

合作建设中尼经贸合作区，目前已建有莱基自由贸易区和奥贡—广东自由贸易区。

四 尼日利亚工业发展的启示与前景

（一）尼日利亚工业发展的启示

1. 加大推动外国投资的进入

尼日利亚政府对吸引外资流入在政策上一直采取积极鼓励的态度。近年来，尼日利亚政府认识到外资的流入对本国经济发展发挥了巨大的作用，因而对外资殷切盼望，积极鼓励在经济相对落后的地区设立公司，支持在尼日利亚的研究与发展，并颁布一系列投资鼓励政策。

根据尼日利亚投资促进委员会文件中《2007 年投资鼓励政策》，外国机构在尼日利亚进行投资时可以享受多种优惠政策，比如，①在尼投资基础设施的企业，其投资金额的 20% 免于征税。②从事劳动密集型的企业可以享受多种优惠政策等。

同时，尼日利亚面对外国投资放开的投资领域较广，总体限制较少。例如，在投资领域，外国投资者在尼日利亚被要求禁止的投资领域是武器、军火和麻醉药品的生产与贸易，以及为军队、警察和海关人员等提供生产服装，其余领域均可以进行投资。此外，尼日利亚除油气以外的其他投资领域对外资持股没有限制，最高可拥有 100% 的股权。为吸引外资进入，尼日利亚政府早在 1971 年便颁布了"工业发展法令"，目前尼日利亚政府已授予农业、矿业、制造业、化工、制药、印刷、机械、通信、旅游、房地产、基础设施等领域的 69 个细分产业/产品先锋地位，但符合条件的企业必须向尼日利亚投资促进委员会提出申请，才能获得该优惠政策。

2. 继续优化营商环境

尼日利亚市场对外开放程度相对较高，准入门槛较低，政策较为宽松，对外国投资较为友好。布哈里政府自 2015 年当政以来持续发力改善营商环境。2016年7月，尼日利亚政府专门成立以副总统奥辛巴乔为主席的"商业环境理事会"，负责统筹各部门推进改革措施，改善营商环境。布哈里政府还加大了反腐败力度，例如，通过公开办理施工许可证的费用和流程、提供信用评级服务、开通网上支付联邦赋税等举措，提高了政府事务管理的社会透明度，这使尼日利亚成为世界银行全球营商环境便利度排名增长最快的经济体之一。从世界银行《2017年营商环境报告》中排名第169位，飙升到《2020年营商环境报告》中排名第131位，成为营商环境改善最显著的10个经济体之一。

尼日利亚不断改善营商环境：缩短了公司注册所需的时间，同时改进在线平台，该项改革适用于卡诺和拉各斯地区；取消了拉各斯地区对于仓库基建的费用要求；降低了办理施工许可证成本；通电方面，尼日利亚允许专业工程师对新的电力连接情况进行检查，进一步确保电力的稳定连接，该项改革在卡诺和拉各斯地区适用；在跨境贸易方面，尼日利亚在卡诺和拉各斯地区，通过进一步升级其电子系统和推出电子支付费用来缩短进出口时间。上述举措使得该国营商环境多方面明显提升，未来有望得到进一步的优化。

3. 缩小劳动力市场两极分化

世界银行报告《为尼日利亚提供更多、更富有成效的工作：工作和工人概况》指出，尼日利亚的劳动力市场两极分化严重，需要加速结构转型以显著增加生产就业机会。世界银行首席经济学家凯瑟琳在该报告中说："尼日利亚正在面临真正的挑战——为就业市场的许多新进入者创造足够好的就业机会，而拥有可靠的数据为更好地了解这一现象起到至关重要的作用。"

报告揭示了尼日利亚北部和尼日利亚南部之间的鸿沟，前者教育普及率低，年轻人就业不足率高，后者就业和收入机会相对集中。东北部2/3的人口从事农业，而东南部从事农业者不到1/5。尽管尼日利亚一半的劳动人口从事小农耕作，但2021年农业产值仅占GDP的23.36%。此外，从事农业工作的人中有一半属于最贫穷的40%人口，相比之下，只有

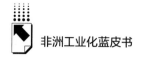

17%的人口为工薪阶层。该报告计算出，考虑到该国人口的快速增长，需要增加4000万~5000万个就业岗位才能满足其人口的就业需求。就业机会的转变需要平衡和包容，以解决劳动力市场中的性别差距和青年失业等问题。

提高就业率并不是减少贫困的灵丹妙药。尽管大多数人从事低生产率、低收入的工作，但他们当中大多数人都是有工作的，这些工作让他们能够消费自己生产出来的产品或者依靠销售产品来获得微薄的利润。因此，提高尼日利亚就业机会质量是非常重要的，是该国人口能够达到中等收入水平的关键要素。

4. 加强预防和惩治腐败的能力

尼日利亚从1999年开始实行选举民主政体，但是政府的腐败行为一直没有得到明显的改善，由于腐败问题不息，种族和宗教冲突问题日益严重，使得原本可以过上富裕生活的人民变得更加艰辛，并且社会经济发展也受到很大的影响。石油工业给尼日利亚政府贡献了巨大的收入，同时也为许多商人和官员行贿受贿打开了大门。由于腐败问题层出不穷，政府在卫生、教育、民政、交通等领域的投资越来越少，腐败问题也以更隐蔽的方式影响着国民经济。2015年5月，布哈里击败当时的古德勒克·乔纳森担任总统，重要的原因之一是尼日利亚选民认为布哈里是"廉洁"的，并认为他有能力解决尼日利亚的腐败问题。

布哈里上任后采取的第一项反腐败措施是根据1999年尼日利亚宪法第61（1）和（2）条的要求，通过引入单一国库账户（TSA）政策，增加联邦政府在联邦账户中的收入，尽管该政策在各联邦机构中执行情况参差不齐，但它仍然是最突出和最有效的反腐败措施之一，因为该政策是通过阻断收入不明的资金流动，从而在很大程度上限制了非法获取政府资金的渠道。除了实行单一国库账户外，生物识别验证号（BVN）和"检举"政策也逐渐严厉执行起来，这将政府的收入和支出置于仔细审查之下。反腐机构EFCC和ICPC也变得活跃起来，开展一系列调查后逮捕和起诉涉嫌腐败的政客。与此同时，政府也开始大幅度削减数百万美元的"选区发展基金"，这些钱大都是国会议员们例行从国家年度预算中提取出来作为选举费用使用的。在当时的国际社会上，各界人士对于布哈里政府主导的反腐败斗争给予了高度的认可和赞赏。

尼日利亚政府的反腐败行动近年来取得了不错的进展，腐败状况明显得到抑制。但腐败作为一个突出的社会问题，其存在与政治、经济、社会环境密切相关，所以，预防和惩治腐败仍将是尼日利亚政府今后较长时期内的工作重点。

5. 加快调整产业结构，向多元化方向发展

尼日利亚国家统计局数据显示，尼日利亚经济在 2016 年经历了长达一年的负增长，国内生产总值下降了 1.5%，而在前一年尼日利亚经济实现了 2.8% 的增长。根据尼日利亚国家统计局的分析，尼日利亚的经济状况萎缩主要是由以下几个因素造成的：外汇收入的不断下降、国内持续的武装战斗以及南部石油产区管道的摧毁。尼日利亚经济中 70% 的财政收入和 90% 的出口收入都依赖于石油美元，在 2016 年上半年，尼日利亚惨遭武装分子对主要石油产区的袭击并摧毁了关键的石油开采设备，这使得尼日利亚在 2016 年的石油产量下降到 20 年以来的最低水平，再加上全球市场的石油价格持续走低，尼日利亚经济进入技术性衰退。高度依赖石油产业导致尼日利亚陷入经济衰退的困境，经济多元化将成为尼日利亚摆脱经济颓势的长久之策。

布哈里政府上台后，提出去石油经济单一化，发展经济多元化，将农业和固体矿产业作为未来经济发展重点。2017 年 4 月，布哈里总统宣布启动尼日利亚经济复苏和发展计划（ERGP），旨在实现稳定的宏观经济环境和恢复经济增长。这项计划的具体措施包括发展农业建设和促进粮食自给自足；增加发电量并且大力发展炼油工业，力争成为成品油净出口国；改善铁路、公路和港口等交通基础设施；促进工业发展，尤其是通过支持中小型制造企业来振兴尼日利亚工业；创造更多的就业机会，并着力培养青年劳动力的技能，以实现降低失业率、提高人民生活水平的目标。整体而言，该计划目标远大，但具体实施情况及成效还有待观察。

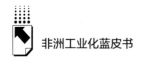

6. 坚持奉行全方位、多元化的外交政策

尼日利亚坚持奉行全方位、多元化的外交政策。积极维护非洲国家之间的团结，促进非洲各地区之间的合作，推动西非地区经济一体化的发展。

尼日利亚一直以来积极参加各项国际活动，包括联合国和非洲地区组织的维和行动等，积极倡导南南合作、南北对话，发展和发展中国家的关系。尼日利亚是联合国、不结盟运动、77 国集团、15 国集团、非盟、西非国家经济共同体和石油输出国组织等成员国，现为非洲气候变化国家元首和政府首脑委员会成员国。截至目前，尼日利亚已与 100 多个国家建立了和平友好的外交关系。

（二）尼日利亚工业发展的前景

1. 新兴产业的飞速发展

（1）第三产业的快速发展正在帮助整个国家逐渐摆脱对于石油的依赖

尼日利亚通信电信、数字化信息、影视等新兴服务业正处在快速发展的阶段。信息通信行业为尼日利亚的 GDP 增长做出巨大贡献。通信行业已经从 20 世纪 90 年代的 3000 多条线路和仅有一家电信运营商迅速发展成为一个蓬勃发展的行业，拥有 2.4 亿移动线路用户和十几家电信运营商。

（2）数字经济是"新石油"和命脉

尼日利亚政府已明确将本国数字经济发展目标确定为大数据信息发展，这不仅可以创造数万个就业岗位和商业机会，还能提高人民生活水平。为了适应数字经济的快速发展，尼日利亚在基础设施建设、数字金融和电子支付等方面不断做出努力。尼日利亚宣布 2020 年在信息和通信技术领域启动四个国家项目，大力建设 4G 和 5G 网络，目标是在五年内将互联网普及率提高至 70%。

（3）"尼莱坞"的影响力与市场正日益壮大

"尼莱坞"也成为尼日利亚电影产业的代名词。早在 2009 年，据联合国教科文组织的数据，尼日利亚的电影产量已经超过好莱坞，仅屈居于印度孟买的宝莱坞。根据联合国教科文组织 2014 年的统计数据，尼日利亚的尼莱坞正式超过印度宝莱坞成为世界上最大的电影出产国，全年产量高达

1844部。据国际货币基金组织（IMF）报告，尼日利亚的电影产业总值占本国 GDP 的 1.4%，每年创造出 70 亿美元（约合人民币 450 亿元）的产值。

2. 中尼共建"一带一路"的前景

多年以来，尼日利亚都是中国在非洲第一大工程承包市场、第二大出口市场以及第三大贸易伙伴和主要投资目的地。尼日利亚是中国在非洲的重要合作伙伴，战略伙伴关系不断深化，并为"一带一路"建设在尼提供了重大的发展机遇。

（1）"一带一路"在尼日利亚得到高度的认可

近年来，在两国元首的关心和亲自参与下，中尼政治互信不断加深，为中尼共建"一带一路"奠定了坚实的政治基础。2018 年 9 月，在中非合作论坛北京峰会上，习近平主席会见了布哈里总统，中尼双方共同签署了"一带一路"建设合作谅解备忘录，为推进"一带一路"提供了重要的政治保障。在尼日利亚，"一带一路"建设受到了政府、企业、智库和学术界等一致好评，这主要是因为中尼务实合作成果为尼日利亚的经济建设改善发挥了至关重要的作用，尽管尼日利亚普通民众对"一带一路"了解不多，但实实在在的合作成果（如铁路、轻轨等）极大地便利了他们的生活和工作，因此，他们对与中国的"一带一路"合作抱有很高的热情和期望。

（2）尼日利亚的发展规划与"一带一路"契合度高

从尼日利亚的发展重点和中国的产业优势来看，两者不仅契合度高，而且具有很强的可行性。2017 年 4 月，尼日利亚发布了《2017～2020 年经济复苏与增长计划》，为其近中期经济社会发展制订了全面规划，涉及农业与食品安全、交通基础设施、工业化、能源和投资等重要领域。2020 年新年伊始，布哈里总统在致尼日利亚人民的信中再次强调，基础设施、电力和安全等关系国家利益的领域是政府的优先事项，上述领域与"一带一路"建设"五通"中的"设施联通"密切相关，而中国凭借在基础设施建设中具有的独特技术和资金优势，为"一带一路"建设与尼日利亚发展规划对接创造了有利条件。

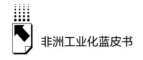

（3）尼日利亚与中国的人文交流日益丰富

在文化方面，中尼两国在文学、影视、传统文化等领域都有交流。尼日利亚文学在非洲独树一帜，其"非洲现代文学之父"阿契贝、非洲首位诺贝尔文学奖获得者索因卡等作家的作品在中国风靡一时。在学术方面，2019年中国非洲研究院的成立，为中尼两国学术交流提供了更广阔的平台，中国研究中心、尼古绍研究所、阿布贾大学、拉各斯大学等智库和高校的专家学者纷纷来华交流。在人员往来方面，拉各斯、卡诺和阿布贾等地约有6.5万名华人，不少尼日利亚商人在中国广州、义乌等地从事经贸活动，人员往来的增多有助于促进双方的相互了解，进一步促进了人文交流的长久发展。

3. 尼日利亚对外国投资的行业鼓励政策

尼日利亚政府已授予69个细分产业/产品的先锋地位，包括农业、矿业、制造业等领域，并向投资先锋产业的企业提供免税待遇，投资先锋产业的企业有权享受5年的免税期，而处于经济劣势地区的企业则有权享受7年的免税期。

从事研发的企业享受税收优惠。如果研发项目在尼日利亚本土开展，且与企业业务关联度较大，该项目12%的研发费用将免于征税；如果采用尼日利亚本土原材料进行研发，这一比例将提高至14%；如果企业从事长期的研发，其投入的费用将作为资本开支免于征税。

从事基础设施建设投资的企业享受税收优惠。如果企业投资政府承建的基础设施，包括道路、水和电力等领域，该企业投资费用的20%可免于征税。

从事劳动力密集型的企业享受税收优惠。对雇用1000人或以上的企业给予15%的税收减免；对雇用200人或以上的企业给予7%的税收减免；对雇用100人或以上的企业给予6%的税收减免。

从事进出口的企业税收优惠。在保税区内的制造型企业，用于再出口的进口原材料和中间产品可以免征关税；企业进口原材料生产后再出口，可以享受60%的退税；出口创汇企业可以凭相关证件享受出口补贴。另外，政府设立出口发展基金，为私营出口企业提供初期费用支持。

企业的补贴优惠。在尼日利亚经营的制造企业不得获得超过其可评估利润75%的年度补贴，其他企业不得超过66%，但涉及农业相关的企业不受本条例的约束。如果租赁资产用于农业相关领域，企业将获得100%的投资补贴。如果租赁资产是农业机械或设备，企业可获得额外10%的投资补贴。在企业内部建立培训的企业可以享受5年2%的税收减免。

制造型企业的再投资补贴优惠。如果制造型企业投资扩大再生产，包括扩大生产能力、改进生产设备以及产品的多样性，企业可以获得再投资补贴。

本地增加值的税收优惠。对从事本地生产（不仅仅是进口用于组装的零部件）的企业，可以享受5年10%的税收优惠。

本地原材料使用的税收优惠。达到本地原材料使用最低标准的企业可以享受5年20%的税收优惠。农业方面，本地原材料使用量的最低水平为70%；工业方面，本地原材料使用量的最低水平为60%；化工方面，本地原材料使用量的最低水平为60%；石油方面，本地原材料使用量的最低水平是70%。

区域鼓励的优惠政策。在经济相对落后地区投资的企业，可享受7年免税和资本折旧补贴。当地政府鼓励投资的主要地区是首都阿布贾和第一大城市拉各斯，以及三角洲产油区等。此外，投资于尼日利亚政府批准成立的自由贸易区或出口加工区还可以享受特殊的优惠政策。

五 案例研究——广东新南方集团投资建设尼日利亚广东经济贸易合作区[①]

（一）合作区缘起

尼日利亚广东经济贸易合作区（以下简称"合作区"）位于尼日利亚

---

① 本节内容部分来自对新南方集团孙建雄高级顾问的走访。

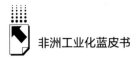

奥贡州，是中国首批 8 个获得中国政府批准的境外经济贸易合作区之一，亦是我国首批落户非洲的国家级对外经济贸易合作区、广东省实施"走出去"战略的重要平台和对外经济的重点项目。

1. 项目背景

2013 年 9 月，习近平主席在哈萨克斯坦纳扎尔巴耶夫大学演讲时倡议，用创新的合作模式，共同建设丝绸之路经济带。同年 10 月，习近平主席访问印尼期间，又提出构建 21 世纪海上丝绸之路的战略构想。2015 年 9 月，国家主席习近平在纽约会见尼日利亚总统布哈里，布哈里总统表示尼日利亚政府将继续致力于推进尼中关系全面发展。2016 年 4 月，国家主席习近平同尼日利亚总统布哈里举行会谈，两国元首决定，共同推动中尼战略伙伴关系迈上新台阶，给两国人民带来更多福祉。

2. 项目历程

合作区总体规划面积为 100 平方公里，合作期为 99 年。2008 年 1 月，尼日利亚奥贡州政府签发了奥贡广东合作区首期 20 平方公里的土地证，启动区面积 2.24 平方公里。2008 年 2 月，时任尼日利亚总统亚拉杜瓦对合作区颁发批准令，2008 年 6 月，与尼日利亚出口加工区管理局签署"尼日利亚广东经济贸易合作区管理协议"，以法律形式明确了尼联邦政府给予合作区及入园企业的优惠政策。2008 年 9 月，中国国家发改委正式批准该合作区项目。

2011 年 3 月，尼日利亚联邦政府特别批准颁布《尼日利亚广东经济贸易合作区运营法规》，该法规指导、规范着合作区内各项管理业务及企业运营的程序。2016 年 6 月底，广东新南方集团正式接管合作区，2018 年合作区投资约 1 亿元人民币修建 Lusada-Igbesa 以及连接到合作区的 10.5 公里双向四车道高速公路。此外，中国土木建设集团承建的连接 Atan 和 Agbara 的道路已经在施工。一旦上述两条道路按时完工，从合作区到拉各斯的时间将缩短至一个小时左右。截至 2018 年 2 月 10 日，启动区内的 2.24 平方公里已被中资企业、印度和黎嫩企业租赁完毕。

3. 项目定位

合作区位于尼日利亚奥贡州，紧靠尼日利亚经济中心拉各斯，距离西非第一大港阿帕帕港50公里，直线距离30公里，相距拉各斯 IKEJA 国际机场55公里，直线距离30公里，该合作区承接拉各斯经济贸易圈，发挥奥贡州资源（地缘、土地、劳动力等）优势，借鉴中国特别是广东20年开发区的经验，形成以制造业为主，集物流、研发、会展、生活等于一体的城市综合体，其产业定位以轻工、家具、建材、五金、木材加工等行业为龙头，以原材料加工为主体，工程、营销和贸易并进发展。

合作区内已实现"五通一平"（"五通一平"包括通路、通电、通气、通水、通信和土地平整），并提供一站式服务，包括统一印制、签发入区企业注册证书和营业执照；办理进口集装箱手续，协助园区企业开通在尼银行账户业务等服务。

在合作区内，尼日利亚派驻园区政府部门包括尼日利亚出口加工区管理局、海关、移民局、国安局、警署。此外，区内已建立完善的安全保卫机制，建立了由3名中国退伍军人担任安保队长、150多名当地保安人员的安保队伍。安保队伍执行24小时轮班制，负责合作区安全保卫工作，并设置特勤中队处理合作区内的突发事件。

（二）合作区的优势和特色

合作区的优势源自它全方位的制度创新和先行先放的巨大活力，在构建开放型经济新体制、探索经济合作新模式、建设法治化营商环境等方面，争当"一带一路"政策的践行者和创新发展的先行者。

目前在合作区注册公司，企业注册门槛低（100万美元）且无须实缴资本、无外籍员工工作配额限制，合作区还可提供一条龙环评及建设许可办理服务，这是奥贡广东合作区另一个可观的红利。

在税收方面，尼现行纳税、关税及外汇管制等法律规定不适用于区内企业；投资者在合作区内经营，不需要交纳任何尼联邦、州政府和地方政府的税收（见表4）。

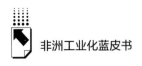

表4　合作区内税收优惠情况

合作区内企业按照尼日利亚政府针对合作区颁布的法案实施：

A、免进口关税	B、免征收 VAT（增值税）	C、免征收企业所得税	D、免征收各级地方政府的各项税费

合作区外企业税收情况：

A、进口关税	B、VAT（增值税）	C、企业所得税	D、各级地方政府的各项税费：
			资本收益税、扣缴税、教育税、印花税
5%～35%	5%	30%	

资料来源：世界银行。

在市场准入方面，加工制造的产品达到35%的附加值要求，只需要按照原材料进口税率完税，就可以进入尼日利亚当地市场；加工制造的产品可自由销售到尼日利亚境外的任何一个国家，且进入欧美市场不受配额限制。

同时，合作区入驻企业享受便捷进出口服务，免办进出口许可证，进口清关和出口保税畅通便捷。

（三）合作区对尼日利亚工业发展的贡献

合作区作为一个良好的产能转移平台，截至2019年11月，已入区的注册企业有60余家，运营企业34家，在建企业10家。

在有代表性的企业当中，旺康陶瓷目前是尼日利亚乃至非洲最大的陶瓷生产企业，日产瓷砖120000平方米；和旺包装，日产纸箱数量达到60万个，其目前是尼日利亚最大的纸箱厂；中国玻璃，2019年12月开始投产，年产量达15万吨，作为西非最大的玻璃生产企业，可以满足尼日利亚及周边国家发展建设对玻璃的需求。

（四）合作区展望

合作区的战略定位是打造一座集研发、制造、商贸、物流、房地产开发、医疗、酒店餐饮和金融服务业于一体的宜居工业化新城。在秉承高效益、生态型、可持续和高品质的基础上，将合作区打造成一座工业新城：合作区靠近奥贡州的方向将以加工制造为主，集中布局适于非洲和尼日利亚当地市场的加工制造企业；靠近拉各斯的方向将以高端地产、休闲度假、大型购物中心为主。

参考文献

曹亮、崔森、胡鹏、赵凯、刘阿睢、杨奇荻、戴平云：《尼日利亚矿产资源开发现状及投资环境》，《地质通报》2022年第1期。

曹伟：《外商直接投资对中国经济增长影响的实证分析》，《世界经济研究》2009年第8期。

甘湘武、贺鉴：《中国与尼日利亚双边投资关系研究》，《湘潭大学学报》2010年第5期。

高秋婧：《中国与尼日利亚铁路基础设施合作研究》，浙江师范大学硕士学位论文，2020。

黄子桐：《中国与尼日利亚贸易合作的竞争性与互补性研究》，《中国经贸导刊》（理论版）2017年第17期。

焦悦、黄清、费小吉、罗琼、安红周：《国外稻谷生产加工现状》，《粮油食品科技》2022年第2期。

赖四清：《莱基自贸区：尼日利亚工业化进程伙伴》，《中国投资》（中英文）2019年第10期。

李慧勤、贺鉴：《论中国对尼日利亚的能源外交》，《湘潭大学学报》2012年第4期。

李京晓：《中国企业对外直接投资的母国宏观经济效应研究》，《南开大学学报》2013年第9期。

孟广文、王春智、杜明明、王继光、赵钏、鲁笑男、王红梅：《尼日利亚奥贡广东自贸区发展历程与产业聚集研究》，《地理科学》2018年第5期。

乔龙、任天舒、王国梁：《尼日利亚共和国投资环境分析》，《对外经贸》2019年第4期。

沈春华：《国际金融危机对中国经济影响的统计测度研究》，《湖南大学学报》2012年第4期。

宋微：《国际社会对非洲的援助》，载张宏明、安春英主编《非洲黄皮书：非洲发展

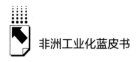

报告 No.23（2020~2021）》，社会科学文献出版社，2021。

田士达：《经济多元化政策成效初显——尼日利亚非石油行业表现良好》，《经济参考报》2021 年 2 月 23 日。

王严：《中国与尼日利亚交通设施合作现状与未来》，《非洲研究》2019 年第 2 卷。

王津港、李水凤：《外国直接投资对中国经济影响的计量分析》，《云南财贸学院学报》（社会科学版）2011 年第 7 期。

王锦：《撒哈拉以南非洲人口红利研究及国别案例分析》，云南大学硕士学位论文，2019。

王晓红：《中国对非洲投资：重点、难点及对策——对尼日利亚、加纳、冈比亚、埃及的调研》，《全球化》2019 年第 2 期。

王益帆、李婧、彭鹏：《浅谈外资对中国经济的影响》，《时代金融》2012 年第 7 期。

王永中、万军：《尼日利亚经济发展与中尼经贸合作》，《海外投资与出口信贷》2020 年第 1 期。

张忠祥、陶陶：《中非合作论坛 20 年：回顾与展望》，《西亚非洲》2020 年第 6 期。

B.6

2021年刚果（金）工业发展形势及展望*

陈震红　王　欢　董俊武**

摘　要： 刚果民主共和国国土辽阔、资源丰富，但总体工业发展水平较低、资源开发率和利用率不高、加工业落后、产品附加值较低，同时由于过度依赖资源部门，工业发展中存在结构偏差等问题。回首过去，刚果（金）的工业发展水平总体呈上升趋势，但增幅较小，速度缓慢，且在中非八国和非洲地区的排名靠后。究其原因，刚果（金）基础设施薄弱，产业配套不足，国内政局动荡，矿业政策变化不定，影响了刚果（金）工业发展进程。展望未来，刚果（金）应转变农业发展方式，加快农业现代化建设，立足资源禀赋，正确认识资源带来的双重影响，引导和促进产业健康发展，同时应打造良好的营商环境，提升投资吸引力。最后，本文通过多个案例展现了中资企业在刚果（金）的投资与合作，以及履行社会责任的情况，并为中资企业如何促进刚果（金）矿业工程、贸易与环境的协同发展提供了思路。

关键词： 工业发展形势　矿产资源　中资企业　刚果（金）

---

* 本文系教育部人文社会科学研究一般项目（编号：19YA630014）与广东省哲学社会科学规划一般项目（编号：GD22CGL43）的阶段性成果。本文未标注来源的数据均来自中国驻刚果（金）大使馆经商处。

** 陈震红，教授，广东外语外贸大学商学院，研究方向为创业管理与决策行为；王欢，广东外语外贸大学商学院研究生；董俊武，教授，广东外语外贸大学商学院，研究方向为企业战略与创新。

一 刚果（金）主要产业与工业发展情况

（一）刚果（金）的重点/特色产业

1.矿业

矿业是刚果（金）经济的重要支柱。全国拥有储量十分可观的铜、钴、锌等金属以及工业钻石。其中，作为世界上最大的钴矿产地和最重要的钴生产国之一，刚果（金）钴的储量和产量分别占全球的51%和68%。此外，刚果（金）的煤、天然气和石油资源也十分丰富，尤其是沿海盆地、中央盆地、坦噶尼喀湖盆地、基伍湖等地区。刚果（金）是一个很有资源开发潜力的国家（见表1）。近年来，刚果（金）吸引了众多矿业公司的强烈关注和布局，如嘉能可、欧亚资源、艾芬豪等国际矿业公司，以及中色集团、洛阳钼业、紫金矿业等中资企业。

表1 2015~2019年刚果（金）部分矿产品产量

年份	2015	2016	2017	2018	2019
铜(吨)	1039007	1023687	1141376	1239058.72	1420386
钴(吨)	83529	68822	90319	111713.20	77964
黄金(公斤)	31878	30178	31592	36776.93	34657
原油(千桶)	8247	8063	9125	8393	8162

资料来源：刚果（金）中央银行、矿业部等。

刚果（金）是非洲重要的矿产国家之一，拥有良好的矿床和勘探前景，对外国矿业公司来说有着巨大的吸引力。近年来，刚果（金）发生的政治动荡对外国矿业公司在刚的投资产生了很大的影响，但刚果（金）的矿产勘探和开发工作仍在继续。根据标普数据，刚果（金）在2020年勘查项目中投入的资金总额为1.405亿美元，占到了全球总勘查经费的1.69%，位列世界第十二、非洲第一。2006~2020年，刚果（金）矿产勘查活动数量总体上有所增长，但波动幅度较大。勘查总额从 2006 年的 1.3 亿美元提升到 2012 年的 3.89 亿美元，随后由于受到国际大环境的冲击而逐步减少，到 2018 年开始回升，由 2016 年的最低点 1.51 亿美元上升至 2.68 亿美元。但是，受新冠肺炎疫情的影响，2020 年勘查经费总额跌至十年以来的最低水平，为 1.405 亿美元，但在勘查领域的投资仍然是非洲最高的。

2. 加工业

刚果（金）的加工业主要包括食品、纺织、制鞋、化学、制药、电器、汽车装配、木材加工和建材等（见表2）。刚果（金）森林覆盖率达 53%，森林面积占整个非洲的 47%、世界的 7%，目前可供采伐的林地约 8000 万公顷，已开发的不到 30%。木材加工和出口是刚果（金）重要的产业。据统计，2007 年刚果（金）木材出口量约为 28 万立方米，其中原木 21 万立方米、加工木 7 万立方米，出口量居前 10 位的国家全是欧洲国家，中国排在第 12 位。2008 年受金融危机影响，刚果（金）木材出口量减少了 34%。

表 2   2015~2019 年刚果（金）主要加工业产品产量

年份	2015	2016	2017	2018	2019
小麦粉（万吨）	20.27	23.99	24.06	21.31	20.33
酒精饮料（亿升）	4.849	4.678	4.464	4.249	4.340
充气饮料（亿升）	2.223	2.132	2.131	2.087	2.884
水泥（万吨）	39.87	25.32	89.95	104.83	138.21
电（百万千瓦时）	8930	8891	9410	10561	8619
原木（立方米）	250515	1524694	110168	196220	248068
锯木（立方米）	43070	43974	24682	28338	39971

资料来源：刚果（金）中央银行。

3. 农业

刚果（金）拥有优越的地理和自然条件，资源丰富。该国领土被赤道横跨而过，气候特点是北部为热带雨林，南部为热带草原。气候炎热潮湿，全年平均温度为 27.8℃。位于境内的刚果河是世界第二大河，与众多支流一起蜿蜒穿过该国，形成肥沃的平原。由于有利的气候条件和肥沃的土壤，许多珍贵的热带植物在刚果（金）生长，这里被称为"世界上最适合种植各种植物的地方"。刚果（金）的潜在可耕地面积为 1.2 亿公顷，占全国土地总面积的 58.2%，仅次于巴西。

在刚果（金），土地制度保障了农民对土地的权利。土地是国家财产，酋长是土地的合法监护人。酋长负责分配农民耕种的土地，而农民有永久使用土地的权利，并代代相传。目前 69.6% 的人口居住在农村，粮食种植以家庭型传统农业为主（80%）。全国 600 万农户耕地总面积为 600 万~900 万公顷，平均每户占地 1~1.5 公顷。刚果（金）农业总体水平低下的最主要原因是农业生产方式落后。

近年来，刚果（金）还出现了少量使用先进生产技术的现代化农场，饲养大量牲畜，种植粮食。新开发的农工产业园亦使用现代化生产技术，并投入各类农产品加工设备，逐步发展农业机械化。2018 年，农业产值在 GDP 中占 44%。其中以玉米、稻米、木薯、豆类为主，咖啡、棕榈、棉花、可可、橡胶、烟草等是其重要的经济作物（见表 3）。

表 3　2015~2019 年刚果（金）主要经济作物出口量

单位：吨

年份	2015	2016	2017	2018	2019
咖　啡	18116	11413	13263	11744	13828
可　可	11081	15422	7511	15474	26408
橡　胶	1346	1324	1293	14914	12910
棕榈油	13424	13339	4744	5415	0

资料来源：刚果（金）中央银行。

刚果（金）土地资源丰富，发展农业得天独厚，但农业发展速度较慢，粮食产量长期无法满足内需，谷物自给率仅为 80%。制约刚果（金）发展农业的主要因素有：基础设施建设滞后，长期以来，农民一直都面临着"卖粮难"的困扰，较难实现发展规模化的农业生产；对农产品的有效需求严重缺乏，谷物、蔬菜等是当地居民日常生活中的奢侈品。

刚果（金）国内存在巨大的贫富差距，少部分人拥有大部分的财产，而大部分人都是赤贫。有能力消费的人很少，有需要但无力购买的人群占多数，导致对农产品的有效需求不足；在农业生产的各个方面，技术都比较落后，包括育种、土壤改良、作物保护、灌溉排水、收获、储存、加工和销售等。农村的农业投资也很少，农民缺少优良的种子、化肥、农药等，农户组织程度低下、社会化服务发展落后。刚果（金）的农村组织非常薄弱，大部分农民以包产单干的形式开展农业生产活动。有些地方即便成立了农民协会或是合作社，但大多也只存在于表面。种种原因导致农民得不到所需要的技术服务、专业技能培训和资金。

（二）刚果（金）工业发展情况

本节采用本系列蓝皮书第一册《非洲工业化进程报告（2021）》B2 部分的非洲工业化指数的构建方法，根据 2000～2020 年世界银行数据，计算出刚果（金）2000～2020 年工业化指数（见表4）。

表4　2000～2020 年刚果（金）的工业化指数

年份	工业化指数（排名）	年份	工业化指数（排名）
2000	0.1061（36）	2011	0.1140（42）
2001	0.1232（26）	2012	0.1159（43）
2002	0.1242（26）	2013	0.1208（40）
2003	0.1162（30）	2014	0.1240（38）
2004	0.1135（31）	2015	0.1273（38）
2005	0.1078（39）	2016	0.1313（34）
2006	0.1060（39）	2017	0.1395（30）
2007	0.1098（39）	2018	0.1388（31）
2008	0.1061（43）	2019	0.1767（21）
2009	0.1326（36）	2020	0.1724（21）
2010	0.1170（38）		

资料来源：根据世界银行数据进行测算。

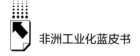

　　表4为2000~2020年刚果（金）的工业化指数，以及其在非洲54个国家中的具体名次。总体来看，刚果（金）的工业化指数并不高，平均工业发展指数为0.1249。2000年，由于内战和地区冲突的影响，工业发展指数仅为0.1061；2001~2004年，在临时过渡政府的经济政策调整下，工业化指数有了小幅度提升；然而在之后的4年中，工业化指数都处于低迷期；令人惊讶的是，在2009年，刚果（金）的工业化指数达到自2000年以来10年的最高值，为0.1326，这可能是稳健的经济政策以及国家计划成效的爆发点；2010年，工业化指数骤跌，降到了0.1170；但总的来看，2010~2020年，刚果（金）的工业化指数稳步上升，并在2019年达到了另一个小高峰，为0.1767，这说明刚果（金）政府提出来的国家"现代化革命"战略和建成新兴国家的战略目标有了初步成效。然而，受到新冠肺炎疫情的冲击，2020年的工业化指数稍有下降，但整体排名稳定。

　　图1显示了2000~2020年中非地区八国的工业化指数变化情况。可以发现，在2000~2013年，刚果（金）、喀麦隆、刚果（布）、乍得以及圣美多和普林西比这几个国家的工业化指数相差并不大，但自2013年后，刚果（布）、圣美多和普林西比便有了较大幅度的变动。尽管刚果（金）的工业发展指数整体呈上升趋势，但是增幅相对较小，因此在中非八国中的排名依旧靠后。

　　从人均GDP来看，由于国际石油价格的大幅上升，刚果（金）2000年的人均GDP达到405.22美元。然而石油价格上涨带来的繁荣并不是可持续的，到了2005年，刚果（金）的人均GDP下降至218.39美元。2010年，受到全球金融危机的影响，尽管政府实行了稳健的经济政策，宏观经济有了恢复性的增长，但刚果（金）的人均GDP并没有较大的起色，为334.02美元。之后，政府提出了新的国家战略，并确立了三大重点发展领域，刚果（金）的人均GDP开始稳步上升，2015年人均GDP为497.31美元，2020年人均GDP为543.95美元（见表5）。

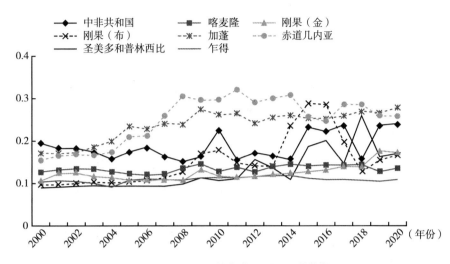

图1 2000~2020年中非八国工业化指数

资料来源：世界银行。

表5 2000~2020年刚果（金）的工业化指数分指标情况（部分）

年份	GDPp. c.（美元）	MVAp. c.（美元）	AVAsh（%）	EAsh（%）	UPsh（%）	MVAsh（%）	ImWMVA（%）
2000	405. 22	40. 15	31. 97	73. 15	35. 12	9. 91	0. 03
2005	218. 39	35. 82	21. 58	71. 87	37. 48	16. 40	0. 03
2010	334. 02	54. 18	21. 43	70. 02	40. 01	16. 22	0. 03
2015	497. 31	85. 18	18. 37	66. 98	42. 74	17. 13	0. 05
2016	471. 32	86. 08	18. 60	66. 69	43. 31	18. 26	0. 06
2017	467. 07	91. 02	19. 70	66. 33	43. 88	19. 49	0. 06
2018	557. 06	103. 06	19. 18	65. 80	44. 46	18. 50	0. 06
2019	580. 72	116. 20	19. 97	65. 43	45. 05	20. 01	0. 07
2020	543. 95	103. 30	20. 88	65. 43	45. 64	18. 99	0. 07

资料来源：世界银行。

从人均制造业增加值来看，2000~2020年，刚果（金）的制造业不断缓慢发展，人均制造业净产值从2010年开始有了上升的趋势。从制造业增加值占国内生产总值的比重来看，2000年刚果（金）约为9.91%，到了

2005年增长到16.40%。此后增长几近停滞。从世界制造业增加值影响力来看，刚果（金）在世界制造业出口方面的竞争力非常小，2000~2010年仅占到0.03%。2015年之后，刚果（金）的全球影响力开始有了小幅度的提升，这说明刚果（金）的制造业整体水平有了提升。由此可见，刚果（金）在制造业方面存在一定的发展基础和优势，然而作为一个资源大国，刚果（金）在制造业上可以有更大的发展空间。

从农业总产值占GDP的比重来看，2000年，刚果（金）为31.97%，差不多占到GDP的1/3。随后，下降到2005年的21.58%，再到2018年的19.18%。可见随着经济的发展，农业对国内生产总值的贡献有所变化。从农业就业人数占总就业人数的比重来看，农业就业人数缓慢下降，从2000年的73.15%到2020年的65.43%。然而，刚果（金）近2/3的就业人口仅创造出约1/3甚至更低的产值，由此可以看出农业存在生产效率低下、生产方式不合理等问题。

从城市化率来看，刚果（金）的城市化率逐年上升，2000年为35.12%，2020年为45.64%，整体来看发展速度较为缓慢，处于非洲的中游位置。究其原因，一方面，刚果（金）效率低下的农业生产把大部分的就业人口困在农村为了养家糊口而进行农业生产；另一方面，城市基础建设发展缓慢，没有大量具有吸引力的就业机会，使得农业人口难以进入城市就业转化为工人来推动工业发展。

二 刚果（金）工业发展存在的问题与影响因素

（一）工业发展存在的问题

1.资源的开发和利用率低

在矿石能源方面，刚果（金）石油部在2016年10月透露了相关的已探明储量：海上石油储量为3150.66万桶，陆地上有2000万桶，海上天然气储量为200亿立方米，陆地上有100亿立方米。此外，刚果（金）与卢旺达接壤的基伍湖深水区也蕴藏着大量的天然气。大约有 600 亿立方米的天然气溶解在基伍湖水中，其中可开发的量达 500 亿立方米。但是，刚果（金）对其拥有的化石能源的有效开发利用还十分不足。刚果（金）还拥有丰富的清洁能源，尤其是水力资源。刚果河主要流经刚果（金），年平均径流量为 4.1 万立方米/秒，在季节性的丰枯期内，其径流量比率低于 2∶1，最大最小流量比率低于 4∶1，在全球各主要河流中流量变化最小，技术上可开发利用的水电为 1.5 亿千瓦，拥有世界上最丰富的水电资源。此外，刚果（金）生物质资源较为丰富，太阳能、风能、地热、生物能资源尚未得到开发利用。刚果（金）的矿产资源也十分丰富，但是产品附加值较低。

2. 加工业落后，产品附加值低

刚果盆地的热带雨林中有十分丰富的森林资源，且一半以上都位于刚果（金）境内，刚果（金）国土面积的 54% 是被森林覆盖的。然而，据统计，45% 的热带木材未经劈削就出口了，55% 的热带木材最多也只是进行了基础的锯和砍的加工。把非洲、亚洲和拉丁美洲的热带木材出口值进行比较，非洲有 10%～15% 都是初加工木材，只有 1% 的深加工木材和接近 4% 的锯木出口。此外，非洲仅分别有 4% 和 32% 的原始锯木、切木和贴面板材得到进一步加工，而亚洲为 80% 和 20%，拉美为 93% 和 94%。更值得一提的是，刚果（金）的许多木材资源都被自然地消耗掉了，每年木材的自然消耗量和每年中国对木材的需求量是一致的。另外，一些珍稀的木材，如红木、紫檀等都是按重量进行标价的，出口的价格非常低。

3. 过度依赖资源部门

矿产资源的开发与加工是促进刚果（金）经济发展的主要动力，推动着刚果（金）的经济增长、产业结构演进和城镇化进程。但是这同时也带来了工业发展进程中的结构性偏差及其与城镇化之间的偏差、收入差距扩大等问题。

由于依靠矿业资源开发，资源型区域很可能会遭受与矿业相关的政策和价格的冲击，进而造成经济的不稳定。尽管矿产资源的销售常常为本地经济

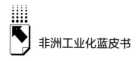

带来短期总量的增加，但事实上，仍然只有少数生产者和消费者能够从这些资源中获得利益，那些没有参加生产的居民无法享受到同样的利益。资源产业作为一种关联度较弱的产业，对其他产业的发展没有太大的推动作用，很难促进相关产业的发展，也很难提高居民的实际收入。

此外，刚果（金）虽得益于矿产资源的大规模开发，但也出现了较为严重的工业发展进程中的结构偏差问题。工业发展过程中的结构偏差主要体现为工业占比较高时，工业发展水平和质量较低；工业占比较高，第三产业占比和人均 GDP 水平与同类型地区相比较低；工业内部资源产业占比高，而技术含量相对较高、能够带来规模报酬递增的制造业中却存在被进一步抑制的倾向等。刚果（金）工业内部制造业占比较低，资源部门占比较高。通常来看，随着工业的发展，制造业的占比会不断提高，而资源产业所占比重是不断降低的。刚果（金）的工业尽管是经济发展的主要力量，但其中矿业资源的开采所占比重很高，而决定工业发展进程的制造业部门占比较低，导致较低的工业发展质量。同时，由于矿业开采自身的特征，其对城镇化的需求相对较弱，使得其较难拉动城镇化的发展。城镇化发展的动力不足、发展速度慢、质量不高，城镇职能不足，对工业的推动和支持能力也相对薄弱，导致工业化和城镇化的偏差现象。

（二）影响因素

1. 基础设施薄弱

基础设施薄弱，产业配套不足，建设和生产经营成本高，是制约刚果（金）经济发展的重要因素。国际发展研究机构的一项调查显示，非洲国家投资环境软硬件不足是制约中国企业赴非投资的重要因素。非洲大部分国家都存在工业基础薄弱、机器设备依赖进口、生产材料价格高昂的情况，刚果（金）也是如此。物流不畅、运输成本高，导致产品竞争力下降，困扰企业长远发展。电力、公路、桥梁、通信等基础设施建设还很薄弱，尤其是电力，关系到企业的生产效率和收益。虽然人力成本相对较低，但物流运输成本要比中国国内高出很多。

（1）公路

刚果（金）全国公路总长 15.2 万公里（3126 公里为沥青路），其中，国家级公路 5.8 万公里（路况较好的路段仅占总里程的 23%），乡村公路 8.7 万公里，还有大约 7400 公里的市政道路。因为常年受到战乱的摧残，加上缺少保养，绝大多数道路的状况较差。目前国家级公路中，只有 1.8% 的沥青路面，大多数农村道路已经名存实亡。近几年，刚果（金）在国家重建进程中，改造和修建了数千公里的公路，使首都金沙萨的市政道路和一些国道得到了改善。但是总体来说，公路运输仍然非常落后。刚果（金）每年用于现有道路维护及新建道路所需费用达 10 亿美元，其中 20% 为道路维护费，而政府无力承担如此巨大的费用。

（2）铁路

刚果（金）的铁路运输网络长达 5000 多公里，大多数都是在殖民时期建成的。原有 4 条铁路线均为单行线，技术标准不统一。由于年久失修，大多数路段已经无法通行，还在运行路段的运力也是十分有限的。一些路段的路基已经遭到严重破坏，有些轨道甚至被尘土覆盖，列车运行速度十分缓慢，而且经常出现故障，不能确保准时到达。

（3）空运

刚果（金）共有 270 个机场。其中，101 个机场向大众开放，164 个为私人使用，5 个为军用。空运在刚果（金）的国内运输体系中占据着举足轻重的位置，因为国内大多数省会城市之间没有公路、铁路或水路相连，只能依靠航空。但是，由于缺少维修和更新，几乎所有的飞机和航空基础设施都已经严重老化。并且，国内航班的服务质量、正点率和安全性都很差，设备有待更新，服务质量亦有待改善。由国外大型航空公司经营的国际航班，在安全和服务质量方面都相对有保证。

（4）水运

刚果（金）境内河流全长 2.3 万公里，含 1.6 万公里的通航河道，40 个码头。刚果河和开塞河是其主要的航道，其运输能力通常在 150～400 吨，仅有 2785 公里的航道可允许通航 800～1000 吨位的船舶。金沙萨至基桑加

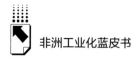

尼 1734 公里河段（中游）每年可运输约 49 万吨的货物，是最主要的航道。内陆地区以内河运输为主，沿海地区居民也以内河水上交通为主。金沙萨市与刚果（布）首都布拉柴维尔市隔刚果河相望，两岸人员往来、货物运输主要通过轮渡和快艇实现。每天有多班轮渡往返，也可包租快艇随时出发，单程仅需 10~15 分钟。

刚果（金）仅有的一条出海直航航线，是从刚果河下游的马塔迪顺流而下至大西洋，主要港口包括马塔迪港、博马港、巴纳纳港。其中马塔迪、博马为内河港，仅有巴纳纳港为海港。目前，刚果（金）海上运输路线基本上可通往世界各地，但并无定期的远洋直航班轮，远洋海运货物进出通常都要经过刚果（布）的黑角港或其他邻近国家的港口进行分驳中转（万吨级以上船舶难以进入马塔迪港或博马港，只能在刚果河水深季节进入）。马塔迪港和金沙萨之间有约 350 公里的距离，因为这段距离刚果河不能航行，所以货物只能靠公路或铁路来运输。

刚果（金）政府于 2018 年 3 月与迪拜环球港务集团签署了建设巴纳纳深水港的合同，合同金额超过 10 亿美元，环球港务负责项目融资。项目一共分为四期完成，迪拜环球港务将与刚方政府成立合资公司，负责建设部分的招标及建设完成后的运营工作。

（5）电力

刚果（金）拥有丰富的水能资源，约有 10 万兆瓦的水电潜能，占全球水电总量的 13%。其中，英加大坝附近聚集了 4.4 万兆瓦，剩余 5.6 万兆瓦的水力发电潜能分布在另外 80 个可建设电站的区域，装机容量大约为 2516 兆瓦，占全球总量的 2.5%。英加水力发电工程是刚果（金）目前最大的水力发电工程，英加 I 期有 6 个发电机组，装机容量为 351 兆瓦，英加 II 期有 8 个发电机组，装机容量为 1424 兆瓦。英加水电站现在仅能利用其 40% 的装机容量。但是，由于发展落后、基础建设和维护经费不足，全国的通电率仅为 6%，远低于撒哈拉以南非洲 24.6% 的平均通电率。

刚果（金）全国共拥有 83 座发电站，其中包括 59 座水电站和 24 座火电站。总装机容量 2635 兆瓦，现在的发电量为 1854 兆瓦。在这些发电项目中，96%的发电量来自国家电力公司（SNEL），98.7%的电力来自水力发电，2018年发电量90亿千瓦时左右，现阶段的电力主要来自英加水电站。

近年来，刚果（金）国家电网建设也取得较大发展。根据刚果（金）国家电力公司的最新数据统计，刚果（金）年发电量从2015年的90亿千瓦时提升至2018年的102亿千瓦时，高压输电线路共6768公里，高压变电所达52座，中压线路及低压线路分别达到4424公里和13470公里。用电客户从2015年的622210个增加到2019年的960047个。

目前，刚果（金）国内各地仍存在不同程度的电力供应不足的问题，特别是在加丹加地区和金沙萨地区，电力供需矛盾尤其严重，电力缺口分别为750兆瓦和450兆瓦，这些地区经济和工业发展受到严重制约。为尽快缓解这一状况，刚果（金）政府在世界银行等金融机构帮助下积极筹集资金，加紧英加Ⅲ期（4500兆瓦）、宗果Ⅱ期（150兆瓦）、卡棠德（64兆瓦）和卡波博拉（10.5兆瓦）等水电站的建设。近年来，刚果（金）政府实施了一系列与经济发展和基础设施建设相关的行动，导致对电力需求的迅速增长，而国内的电力供给显然无法满足需要。刚果（金）政府虽然采取了从邻近国家输入电力等手段，但仍然不能满足国内生产和生活所需的基本用电，导致经常性大面积断电，用户往往依赖柴油发电机独立发电。在刚果（金）东南部加丹加省，近年来由于矿业冶炼企业数量和生产规模的持续增加，而相关的电力基础设施却没有得到相应的提升，矿区的供电量严重不足（仅能满足设计能力的40%左右），并且时常发生不规律的停电，严重影响了企业的正常生产。尽管各企业尝试用柴油发电或者从赞比亚输入电能来解决"电荒"，但这也导致生产成本的大幅上涨。部分企业也试图采用自建和合建水电站等方式寻找解决途径，但是在短期内不能彻底改变整个矿区电力短缺的状况。目前，部分中国企业想要在该地区发展太阳能，但因其高昂的成本，目前尚未取得实质性的进展。

（6）数字基础设施

截至2019年上半年，刚果（金）移动电话用户约3504万人，移动用户渗透率达 39.7%。但大部分偏远区域尚无电信网络覆盖，电信市场未来发展潜力较大。然而刚果（金）的运营商尚未提供固定电话服务。在互联网方面，服务商约有 50 家，但由于各种原因，刚果（金）国内尚无真正意义上的宽带上网服务，普通用户只能以手机方式访问互联网。网络服务以大城市为主，其价格因运营商、相关设备和网络带宽的不同而有很大差别。2018~2019 年，主要网络运营商均已部署 4G 网络，面向个人用户推出 4G 无线数据业务，套餐价格一般在 20~100 美元/月，网络服务质量较往年已有一定改善，上网资费有所下降。

2. 矿业政策变化不定

矿业是刚果（金）的支柱产业，矿业政策的走向对刚果（金）矿业的发展，以及在刚投资矿业的外资企业的发展都影响重大。

刚果（金）于 2018 年 6 月执行了新《矿业法》，对矿权取得、矿产冶炼及开发、下游分包、股权分红和转让、税基、税率、外汇等方面进行了更加严格的规定。与 2002 年颁布的《矿业法》相比较而言：①新《矿业法》废除了最初政府关于在十年之内保护矿业公司免遭新法律影响的条款；②新增了超额利润、战略资源税、转股溢价税、签字费、入场费等；③大幅度提高了金、钴、铜等多种金属的特许使用费；④国家无偿拥有的且不可稀释的股份从 5% 提高到 10%，并且采矿权每续期一次就增加 5%；⑤新成立的矿业公司必须由本国人持股至少 10%；⑥矿业分包活动只能由刚果（金）人控股（50% 以上）的公司承接；⑦对股权转让方式、出口回款比例、折旧方式等内容作了更加严格的规定。新矿法会进一步推高刚果（金）本就过高的矿业税费成本，对外国公司的投资产生负面影响。

2021 年，刚果（金）政府对华刚矿业和洛阳钼业两家中资矿企发起审查，一是重新审查前总统卡比拉与华刚矿业签署的矿业合作协议，二是重新核查洛阳钼业 TFM 矿产储量，三是除了对两个矿企的合同进行审查之外，刚果（金）南基伍省政府还在 8 月 20 日宣布，暂时停止 6 家中国矿业公司在该省的运营，直到另有通告为止。这一举动在国际上引起了广泛的关注，从整体上来看，刚果（金）政府此次的审查不是专为中方企业而设的，其主要的目的是通过再次谈判为本国争取更多的利益。尽管中刚矿业合作的整体格局在短期内不大可能受到严重冲击，但是中刚矿业合作或将在下列方面发生一些新的变化。第一，矿业合作的门槛预计会继续提高。受到民族主义情绪高涨和财政压力加大的双重影响，刚果（金）政府和国有矿业公司Gecamines 对于矿业领域合作的态度正不断变得强势。第二，在矿业方面，来自西方国家的竞争压力将继续加大。一方面，西方国家表现出"重返刚果（金）"的战略意图，意在加深同刚果（金）的矿业合作。另一方面，西方国家也开始以各种手段介入中刚矿业合作。第三，为了满足矿业生产的需要，基建方面的投入将继续增加。在电力方面，刚果（金）的国内电力供应一直无法满足矿业的生产需求。就物流而言，刚果（金）的港口、铁路、公路设施都十分落后，缺少运营和维护，因此面临着不同程度的运力短缺。未来随着刚果（金）矿业产能持续扩大，物流运输将成为矿业发展的关键瓶颈。

三　中国在刚果（金）投资及对其工业发展的影响

（一）双边协定

中国和刚果（金）政府曾在 1973 年、1988 年和 1999 年 3 次签署双边贸易协定。按照现行协定，双边贸易可以兑换货币支付，并相互给予最惠国待遇。1984 年，双方政府签署了有关成立经济、贸易、技术合作混合的委员会协定，至今已召开了 8 次会议。2011 年 8 月 11 日，两国政府在金沙萨签署《双边投资促进和保护协定》，双方履行国内法律程序，该协定于 2016 年 11 月 17 日起生效。

2007 年和 2014 年，双方政府先后签署了四份有关中方给予原产于刚果（金）部分输华产品零关税待遇的换文。根据第四次换文规定，自 2015 年起享受零关税待遇的原产于刚果（金）的输华商品范围扩大至 97%。

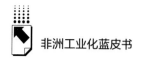

（二）双边贸易

近几年，刚果（金）的国内形势逐渐趋于稳定，中刚双边贸易总体呈增长势态。中国向刚果（金）出口的商品主要包括机电产品、高新技术产品、纺织品、钢材、汽车和鞋类产品等。

（三）中国对刚投资

20世纪80年代，中资企业开始对刚果（金）进行投资。90年代以后，随着刚果（金）政局不断波动，中资企业纷纷撤出，在刚果（金）的投资合作业务也陷入停滞。2000年以后，在刚果（金）政局逐渐稳定的情况下，中资企业又开始进入刚果（金）市场，中刚投资合作的发展势头迅速又全面。目前，中资企业在刚果（金）的投资合作领域以矿产品加工和资源合作、电信、农业为主，并逐渐扩展到其他领域。

中国企业对非投资广泛分布在几乎所有非洲国家。由于非洲各国在自然禀赋、经济条件、营商环境、对华关系等方面存在较大差异，中国企业对不同国家的投资也具有不同特点。而刚果（金）则是中国投资的较为集中的能矿出口国家。中国企业在刚果（金）的投资规模也在持续增长，工程承包金额和劳务输入人数居非洲各国前列。

（四）经济援助

自1972年11月24日中刚两国关系正常化以来，中国政府在农业、医疗卫生及基础设施等方面给予刚果（金）政府力所能及的经济援助，建设了政府综合办公楼、人民宫、体育场、医院、小学、农业合作等项目。近年来，双方在人力资源培训方面亦取得良好成果，推进了刚果（金）经济社会的发展，得到刚果（金）政府和人民的赞誉。

近年实施的援刚果（金）项目有：刚果（金）中部非洲国家文化艺术中心项目、卢本巴希综合医院项目、万村通项目、农业示范中心技术合作项目、中刚友谊医院第六期技术合作项目、第18批医疗队合作、

"人民宫+体育场"第十一期技术合作和旱作物示范第六期技术合作项目等。

（五）对工业发展的影响

中刚经济互补性强，合作领域宽泛。截至目前，两国在矿业、农业、建筑业等领域的合作已取得一定成果，这些成果也对刚果（金）的工业发展产生了一定的影响。

1. 华刚矿业——在刚果（金）的一揽子合作模式

华刚矿业是由中国中铁、中国电建组成的中方企业集团与刚果（金）国家矿业总公司按照"资源、资金与经济增长一揽子合作模式"在刚果（金）共同发起设立的国际矿业公司。华刚矿业钴铜矿位于刚果（金）卢阿拉巴省科卢韦齐市，由6个矿段组成，矿区面积11.5平方公里，是世界级特大钴铜矿山。华刚项目一期于2013年启动，2016年投产；二期预计2022年建成投产。这种中刚一揽子合作的主要特点是由中方负责融资、开展基础设施建设，并与刚方共同开发矿产资源。目前，中刚一揽子合作已完成包括基础设施建设、矿业和水利资源开发等各类投资43亿美元，有力地推动了刚果（金）经济社会发展和民生改善，得到刚果（金）社会各界的高度赞赏。

2. 华友钴业——产学研结合提升当地农业现代化

华友刚果（金）现代化农业示范园区由浙江华友钴业投资800万美元建成，位于刚果（金）上加丹加省的卢本巴希市郊。华友钴业携手中国的浙江大学、刚果（金）的卢本巴希大学共同开发此项目。该项目于2012年正式投入运营，如今已经成为中国在非农业技术示范推广和农业教育实践培训的重要基地，促进了当地农业技术水平的提升。园区包括粮食大田区、蔬菜区、畜牧区和农产品加工生产区，并建成了规模化的玻璃温室大棚、连栋大棚、普通大棚、养猪场、养鸡场、农机站等，运用太阳能灌溉系统，完善了园区水利设施。规模化种植/养殖、良种选育和现代农业技术的应用，使得当地的玉米单产翻了一番，肉鸡和蛋鸡也形成了大规模的饲养模式。园区

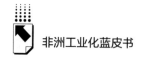

的农技试验中心是卢本巴希大学农学院学生的教学实践基地，为当地的农业科技人员提供了良好的研究环境，并为当地培养了一大批农业技术人才。这种产学研结合的模式，契合当地提升农业生产技术水平、推动农业现代化的迫切需求。

3. 紫金矿业——世界级铜矿卡莫阿—卡库拉建成投产

2021 年 5 月，紫金矿业集团股份有限公司（简称"紫金矿业"）位于刚果（金）的卡莫阿—卡库拉铜矿一期第一系列 380 吨的选矿系统开始投入试验，并正式开始生产铜精矿。紫金矿业享有卡莫阿—卡库拉铜矿的最大权益，合计约 45%。卡莫阿—卡库拉铜矿项目由紫金矿业、艾芬豪矿业、晶河全球及刚果（金）政府合资持有。此外，紫金矿业还拥有艾芬豪矿业13.69%的股权，是该公司的第二大股东。

卡莫阿—卡库拉铜矿一期的设计生产能力为 760 万吨/年，分两个阶段，每批每年生产 380 万吨。一批投产后，预计年产铜金属约 20 万吨。项目第二批的施工进度很快，预计到 2022 年的第三季度建成并投入使用。紫金矿业正在与合作伙伴探讨扩建项目，扩建后的产能将由每年 760 万吨提升到每年 1140 万吨；后期逐步扩大产能，最终年处理能力可达 1900 万吨，峰值时可年产铜金属 80 万吨。

总体来说，中方投资对刚果（金）工业发展的影响可归纳为以下几点。第一，中国在刚果（金）的投资推动了相关产业链的发展。近年来，中国民营企业将部分劳动密集型生产环节转移到刚果（金），并逐渐带动相关产业链的发展，培育了当地一大批上下游企业。这些投资对于刚果（金）具有明显的技术溢出效应，尤其是制造业企业向当地进行的技术转移，对东道国的工业发展起到了积极作用。

第二，促进了就业，同时提升了劳动力素养和技术水平。中国现已成为推动刚果（金）创造就业的重要贡献者。中国企业在当地用工属地化率高达 89%，约有 2/3 的中国企业为非洲劳动者提供了技术培训和指导，同时，中国企业在非洲投资还显著提高了当地居民的收入水平。

第三，提升了基础设施建设水平。基础设施落后是阻碍刚果（金）工业发展的最主要原因之一，而基础设施合作一直是中刚经贸投资合作的重点领域。

第四，带动了刚果（金）园区管理水平的提升。除了交通、电力、通信等公共基础设施，工业园区建设是能够为刚果（金）工业发展提供最直接帮助的合作方向。中国企业将园区作为对刚投资的重要载体，结合不同园区的特色来打造上下游产业链，从而带动当地工业发展。

四　刚果（金）工业发展的启示与前景

总体上，刚果（金）目前还属于欠发达地区，工业发展水平落后，工业发展速度也较缓慢。刚果（金）要进一步突破经济社会发展障碍，加快推进工业建设，尽快拉近与非洲其他国家和地区在工业上的差距。在未来，刚果（金）应该在完善自身基础设施和配套设施建设的基础上，改善营商环境，抓住全球化和承接国外产业转移的机遇，以战略平台和重大举措为抓手，着力打造转型升级大环境。

（一）转变农业发展方式，加快农业现代化建设

农业对国民经济和农村减贫有重要影响，它是经济增长、就业创造和外汇产生的基础，同时也是一个国家粮食保障的来源，而工业发展的最大潜能也在于农业。刚果（金）因此必须制定发展农业、粮食生产和其他自然资源的计划，加速建立现代化的农业生产方式。

保护农业发展基础性资源、加强农业科研、推广先进的耕作技术，因地制宜地使用有机肥和加强综合虫害管理，以保护和发展土地生产力，同时保证环境的可持续性利用。大力推进农业基础设施的建设，发展高效的灌溉系统，在旱季，鼓励农民使用辅助灌溉，以提高作物的密度和产量。强化农业生产和农用林地项目，使农业部门成为一个多元化、可持续的收入来源。采取有效的措施，以保证在具有竞争性的市场上，以合理公正的价格为农民提供生产投入。在面临分配制度私有化的情况下，为农户解决问题，建立和完

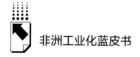

善市场机制，保证农产品的价格公平。同时，建立起适当的制度体系来保证农民可以及时获得贷款。

加强与中国在农业经验技能和农业人才方面的交流。中国是一个农业大国，目前，农业人口占总人口的比例仍然很高，积累了丰富的农业生产的经验。特别地，农业人力资源的能力建设在刚果（金）的发展中扮演着重要角色，农业人力资源的发展应占据优先地位。在后疫情阶段，可以邀请中国的农业专家到刚果（金）进行指导，中国也可以转移相关的农业技术给刚果（金），并建立一条从农产品种植向仓储物流、生产加工和国际贸易拓展的完整产业链。

（二）立足资源禀赋，促进工业发展

优势资源的整合有利于竞争力的形成，有利的资源是产业发展的基石。刚果（金）要积极推进产业转型升级，提高产业竞争力，构建符合刚资源禀赋和发展阶段的产业体系。依托大英加水电群，培育支柱产业集群，促进产业融合发展，进一步改善刚的投资环境，积极打造招商引资平台。矿产资源方面以世界市场需求为导向，不断延伸矿产资源的产业结构链，提高矿产品的附加值，实现矿产资源的最佳开发利用。

2018年10月16日，以三峡为主的中方联营体与西班牙联营体、刚果（金）政府签署了英加Ⅲ项目的"独家开发协议"，获得了英加Ⅲ期水电项目排他性的进行可行性研究的权利。据公开资料，英加水电项目共分为6期，建成之后预计总发电量将达到4000万千瓦，是三峡大坝工程规模的2倍，相当于20个大型核电站。作为世界上最大的水电站群，该项目群将成为非洲工业发展的电力源泉。其电量将远远大于刚果（金）境内目前的用电需求，电力将不仅满足当地需求，还将通过跨境电网通道向非洲大陆供电，满足非洲城市化、工业化的用电需求。同时，以英加水电项目的开发，带动刚果（金）本国的投资环境的改善，吸引更多的工业项目落地，以及更多的产业链配套企业，让整个产业链不断延伸，挖掘资源潜力，拓展更多的生产空间和领域。同时以大英加水电开发为契机，加快非洲区域一体化

发展。

此外，刚果（金）应依靠提升资源利用效率形成产业优势。发达经济体和新兴工业化国家，都非常注重资源的合理高效利用，在各自资源禀赋的基础上，以优先发展自身的优势为重点。澳大利亚与刚果（金）同属自身矿产资源丰富但自身消耗量并不大的国家。无论处于何种发展阶段，澳大利亚都将重点放在矿产勘探上，以提高矿产的总体开发和利用水平。勘探的经济效益是非常重要的问题。为了实现矿产储量的增加，刚果（金）需要更多地利用外国先进技术和知识经验，优化矿产资源的开发，吸引更多的资本进行长期发展，重点是发展出口型企业，提高国际竞争力，创造就业机会，并适当地放松对外资的管制。

（三）正确认识资源带来的双重影响，引导产业健康发展

矿业资源开发对刚果（金）经济发展具有双重影响，其对资源丰裕区域的经济增长、工业和城镇发展等具有数量上的推动作用。但其也存在负面影响，表现在矿业资源丰富区域的经济增长质量低，工业化、城镇化发展质量滞后，区域收入差距大等方面。

从产业演进的视角来看，矿产资源产业生产要素流向资源部门，限制了制造业的发展，从而使得工业发展的质量变得低下。要正确认识矿产资源的价值，逐步健全矿业政策，合理调节资源租赁收入在资源所有者、采矿权人和劳动者之间的分配，防止过高的、不合理的资源租金推动资源部门不健康发展，扩大非农就业，协调非农产值与非农就业之间、资源部门与制造业部门之间的关系。

伴随着对矿业资源的开发和利用，刚果（金）应在知识、技术以及管理层面同步创新，形成一种"学习型的资源型经济"，这些创新活动将使整个以自然资源为核心的产业链进入一种动态的"学习"过程，其过程不仅是简单的资本积累，更是劳动力技能提升、产业分工和专业化程度提升以及整个产业链的积累，使得整个产业链不断升级、人才和管理不断创新。同时，要重视教育和职业技术的发展，培养高质量的人才。

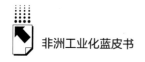

（四）打造良好的营商环境，提升投资吸引力

世界经济论坛《2019 年全球竞争力报告》显示，刚果（金）在全球最具竞争力的 141 个国家和地区中排第 139 位。据世界银行《2020 年营商环境》排名，在全球经济体中，刚果（金）营商环境排名第 183 位。2021 年 6 月，国家投资促进署（ANAPI）对改善营商环境的改革效果进行了评估，认为刚果（金）政府虽然推出了多项改革举措以改善营商环境，但是效果并不明显，刚果（金）在世界银行发布的《营商环境报告》中仍处于末位，主要原因是部分官员对改革有抵触情绪，改革措施与现行体制不相适应且缺乏有效沟通。

除了动向不定的产业政策外，不安定的环境如发展中国家政局不稳、政权更迭、宗教冲突和民族冲突接连不断，甚至爆发内战造成国家分裂，都给海外投资项目构成极大的威胁。刚果（金）当前存在的安全风险有三个方面：第一，社会治安不佳，经常发生入室抢劫、谋杀、游行示威等暴动；第二，地方武装冲突时有发生，刚果（金）东部地区的反政府武装和中部民间武装部队一直存在，并且为了达到某种政治目标，对境内的无辜平民发动攻击；第三，政府行政管理失控，造成了社会动荡，政权能否顺利交接是在刚中资企业和侨胞面临的首要问题。刚果（金）枪支泛滥，持枪抢劫时常发生，一旦爆发内战，地方政府必将失控。因此，刚果（金）想要留住或吸引更多的外来投资，势必要打造一个社会稳定、经济开放的营商环境。

五　案例分析

（一）投资与合作

1. 中国有色集团

2004 年，中国有色集团将其在赞比亚的业务优势延伸到刚果（金），先后建成了中色华鑫利卡西、马本德、中色潘达等湿法冶炼厂，在没有自产矿山的情况下，2018 年产铜达到 6.3 万吨，取得了较好的投资收益。中国有色集团还同时开发建设了迪兹瓦（Deziwa）铜钴矿8万吨电解铜项目，以及8000吨钴项目和卢阿拉巴11.8万吨粗铜火法冶炼项目。两个项目进展较为顺利，并于2020年投产。

2017年签约的迪兹瓦项目采用了类似BOT（build-operate-transfer，即建设—经营—转让）的模式，由中国有色集团与刚果（金）国家矿业总公司联合成立迪兹瓦矿业公司，中方承担开发、建设、投资，并负责之后一定时间内的运营，在收回投资后或规定年限到期后移交给刚方。中国有色集团通过整合旗下设计施工力量，以业主团队名义直接实施项目，从而避免了新矿业法对矿业承包商的限制，节省了税费，并极大地促进了内部协调，取得了较快的实施速度。

2020年1月，中国有色集团在刚果（金）投资兴建的迪兹瓦矿业和卢阿拉巴铜冶炼项目竣工投产。从2004年走进刚果（金）到2020年两个项目的建成，中国有色集团在刚果（金）形成了拥有矿山、湿法冶炼、火法冶炼的完整产业链。

在工程端，中国有色集团出资企业中色股份和中国十五冶在刚果（金）陆续参与了华刚矿业铜钴矿、中铁资源绿沙和MKM铜钴矿、欧亚资源RTR铜钴尾矿回收等大型矿业开发建设项目，在当地树立了品牌。

在贸易端，中国有色集团旗下贸易平台公司中色国贸承担了中国有色集团在刚果（金）各在建工程的设备采购和物流运输，以及各湿法冶炼厂的铜钴产品包销。此外，中色国贸也在筹备自建物流车队，从而解决物流瓶颈。

2. 中国中铁、中国电建与华刚矿业

中国中铁在2007年通过"资源换项目"进入刚果（金），与中国电力建设集团有限公司（简称"中国电建"）旗下的中国水电等企业合资成立了华刚矿业股份有限公司（简称"华刚矿业"），并开发科卢韦齐铜钴矿项目。

华刚铜钴矿于2015年建成投产，采用自主设计、自主管理，中国中铁旗下的中铁九局承担矿区土建工程，中铁七局承担道路施工和卢本巴希至科

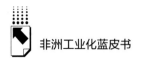

卢韦齐公路建设，合作方中国电建承担采矿剥离和后续的采矿承包。该项目还吸引了其他有实力的中资企业参与，例如，华北勘察设计院承担前期资源勘查，中国十五冶承担设备安装等。

中国中铁组建了矿业平台中铁资源，除华刚项目外，还在刚果（金）陆续自主开发了绿沙铜矿、MKM 铜矿和中铁刚果（金）国际湿法厂等项目。

在工程端，2021 年 10 月，在实施华刚项目的基础上，中铁资源集团中刚水电公司与刚果（金）水利能源与电力部在金沙萨签署"布桑加水电站输电特许权合同"，与刚合资共建卢亚阿巴河上的布桑加水电站，特许经营期限为 30 年。该水电站投入运营后将彻底解决矿山运营面临的缺电问题，并将为科卢韦齐城市及华刚二期工程提供用电保障。

在贸易端，华刚项目中，中铁资源和中国电建各自负责其份额内精矿和电解铜产品的出口和销售，中铁资源将贸易平台公司设立在香港，中国电建将贸易平台公司设立在新加坡。中国中铁借助自身工程优势，通过向刚方提供相关基础设施项目，与刚果（金）政府利益绑定，使华刚享受免税政策，并与当地政府维持了较为良好的关系，极大地规避了政策变动风险。通过实施一系列矿业项目，中铁九局、七局等施工单位也在当地矿建和基建市场树立了良好的企业形象。

3. 北方工业与万宝矿产

中国北方工业有限公司在兵器行业中是国际化经营的主力军，也是高质量共建"一带一路"的排头兵，是实施国家"走出去"战略的重要团队。成立 40 年以来，北方工业综合利用国际国内两个市场、两种资源，构建了遍布全球的海外经营网络，实现了从进出口贸易公司向贸易、产业和现代金融一体化运作大型跨国企业的转型。

北方工业旗下的万宝矿产有限公司是最早进入刚果（金）的中资矿业企业，早在 2003 年就在刚果（金）投资冶炼厂富利矿业，建成后出售给华友钴业。近年来，随着其在缅甸蒙育瓦两处铜矿 16 万吨产能的成功建成并投产，万宝矿产加快了海外铜矿投资步伐，在刚果（金）投资了卡莫亚铜钴矿和庞比铜钴矿项目。2020年9月，庞比铜钴矿项目第一批阴极铜下线，标志着该项目投料试车成功，进入试运行阶段。2020年11月，卡莫亚铜钴矿二期氧化矿工程成功产出第一批氢氧化钴产品，标志着该项目二期氧化矿铜钴生产体系正式全面投入使用。

在工程端，北方工业旗下的工程和装备制造板块与矿业业务实现了良好协同：北方国际公司为庞比项目的总承包方；北方爆破科技公司为矿山爆破分包，并在外部承揽了华刚矿业、中色迪兹瓦等当地其他中资矿山的民爆项目；北方重工制造的百吨矿用卡车大量进入刚果（金）露天采矿市场，除在万宝自有矿山使用外，还销售至中色迪兹瓦等矿山项目。目前，万宝矿产正在筹建设计研究院，计划加强内部研究力量，并逐步将外包的设计任务收回。

在贸易端，万宝矿产在上游资源上的突破带动了贸易业务的发展，根据其年度会议披露，该公司2018年自产铜18万吨，但贸易经营量达到50万吨。

（二）履行企业社会责任

1. 华友钴业：在遥远的非洲播撒丰收的种子

华友钴业从2003年开始涉足非洲，并于2008年加入华刚在刚果（金）的铜钴矿开发项目，随着项目的推进，华友钴业外派人员达到400多人，当地员工1700多人。刚果（金）作为联合国粮农组织所关注的"世界上最饥饿的国家"之一，尽管人均可耕地面积约1.7公顷，雨量充沛，但由于农业技术水平低，生产条件落后，各种农产品产量极低，当地70%的粮食依赖进口，粮食和蔬菜供应远远不能满足中方公司对食品的需要，甚至一度出现中国企业在当地市场采购食品引发食品短缺、价格骤涨的情况。同时，地方政府也想通过外界的援助，尽快提升当地的农业科技水平，尽早解决粮食安全问题。

2009年末，华友公司与浙江大学首次提出在非洲建立"浙大–华友非洲农业发展中心"。2011年1月，浙江大学在浙江省桐乡市与华友钴业签署合作协议：由华友钴业出资，并在刚果（金）政府的支持下，与浙江大学和

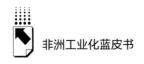

卢本巴希大学合作，于3~5年内建成华友-刚果（金）现代农业示范区，以促进当地农业发展，确保当地粮食和蔬菜的自给自足。

当时的卢本巴希大学农场因缺少资金、人才和技术，一直处于荒废状态。在合作的五年中，华友公司和浙江大学生态规划研究所的教授们数次亲临刚果（金）联合调查，共同决定农场的规划和配种等。最初，办公室、多媒体教室和实验中心都集中在一个约3300平方米的大院子里。后来，当地建设了第一个大型的规模化的家禽和家猪养殖场。园区的主体部分包括7个工业功能区和13个主要农业项目，于2012年9月建成，是刚果（金）第一个由大学与企业联合建设的现代农业园区。

研究和开发活动也在同时进行。浙江大学团队已经先后完成了"玉米和小麦的规模栽培技术"、"热带旱季蔬菜栽培技术"和"太阳能灌溉系统"等项目。这些项目旨在适应刚果（金）旱季和雨季分明、阳光充足的农业生产条件。同时，用浙江大学的技术栽培的300亩玉米每公顷可产约10吨玉米，几乎是当地玉米产量的两倍，本地化栽培的杂交水稻亩产量超过1000公斤，常规水稻亩产量超过800公斤，而本土化后种植的甜瓜在甜度和重量上增加了40%以上。园区还积极与当地农业部门、社区和大学合作，为当地农民组织了一系列实用技术培训，并免费提供种子、农药和农业教科材料，传播农业种植的新思想、新理念，共培训农民、农业技术人员和学生5000多人次。

2016年4月，中国农业部副部长屈东玉访问了位于意大利首都罗马的联合国粮农组织（FAO）总部，与FAO总干事和刚果（金）代表共同签署了三方合作文件。在此后两年内FAO将提供150万美元的技术援助资金，并通过浙大-华友非洲农业示范园区项目，为刚果（金）提供农业技术援助，以提高刚果（金）的粮食产量和粮食保障水平。

2. 华刚矿业：致力于建设促进可持续发展的项目

华刚矿业股份有限公司是中国中铁和中国电力建设等中国企业与刚果矿业公司合力组建起来的合资企业，积极参与了中刚资源财政化一揽子合作协议。协议规定，中方企业将负责融资和实施矿业开发项目，以及建设一些当地急需的基础设施项目。基础设施项目部分总投资达 30 亿美元，在刚果（金）11 个省的 22 个城市中共有 31 个项目正在实施。这些项目将对刚果（金）的基础设施建设产生积极影响，改善当地居民的生活条件，并推进当地旅游业的发展。

金沙萨是刚果（金）乃至非洲中南部人口最多的城市。自项目启动以来，华刚矿业在金沙萨共建成了 480 公里的道路工程和超过 10 万平方米的建筑物与构筑物，包括金沙萨中心医院和人民宫广场。卢当德里路的桥梁项目填补了当地桥梁钻孔施工技术的空白，被刚果（金）政府选为"五大项目"之一，并印在纪念刚果（金）国家独立 50 周年的 500 刚果法郎纪念币上。矿区所在的科卢韦齐市也因该矿区建设而改变，项目先后为其修建了架空供电线路，修复了市区和村庄道路，扩建了科卢韦齐市穆多西学院，更新了供水系统，建造社区候车大厅等。

华刚矿业已经培训了 970 多名职员，包括实验室技术人员、电工、设备制造者和机械师，为当地创造了上万个就业机会。自 2014 年以来，该公司引入一种星级制度，一年中连续两个月被评为"优秀"的员工可以晋升一颗星。迄今为止，共有 680 名员工接受了从一星到四星的考核，其中 7 人达到四星。

华刚矿业从项目一开始就制订了污染防治计划，并与主矿区的建设同步实施。计划中为环境保护拨款 6900 多万美元，投产后每年至少投资 100 万美元用于内部环境保护。该计划方案提供了一个环境友好的生产过程，建设了一个大型的尾矿储存设施，废弃物以环境友好的方式被集中回收。

3. 紫金矿业：开发与刚共赢的"紫金模式"

2014 年底，紫金矿业在卢阿拉巴省投资创办了穆索诺伊矿业。如今，穆索诺伊矿业不仅累计完成投资约 5.5 亿美元，打造了刚果（金）第四大矿产铜企业，还为当地创造 2400 余个直接就业岗位，依法缴纳各项税费共计约 4.7 亿美元，完成社会责任支出共计约 1300 万美元。

穆索诺伊矿业由紫金矿业和刚果（金）矿业总公司分别持股 72%、28%，是刚果（金）第四大矿产铜企业。因为从建设到运营的全过程均展

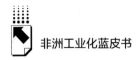

现出超高的效率，它被矿业总公司董事长 Albert Yuma 称赞为"中刚合资公司的典范"。从一期项目建设开始，紫金矿业就积极地把中国技术、中国标准、中国方案全方位引入施工现场。通过不断调整和优化生产工艺路线、设计及建设方案等，不仅成功地使工程总投资较原计划节省了约 50%，还将建设周期从 2.5 年压缩至 2 年，刷新了当时刚果（金）矿山建设投产的最短纪录。2018 年 3 月底，穆索诺伊二期项目动工建设。按照"安全—质量—速度—成本"的优先级控制思想，通过科学组织、精准调度、扭转关键，项目仅用 9 个月就完成建设并实现投料试车，再次"跑"出了中资企业在刚建设的新速度，也创下刚果（金）矿山建设难以企及的新纪录。

在项目建设规划时，紫金矿业便计划将穆索诺伊矿业打造为绿色矿山，这将开创刚果（金）的世纪先河。2018 年初，穆索诺伊全面启动对排土场和尾矿库的绿化美化工作。然而，在前期，由于土壤松软、土壤肥力差、不易蓄水、雨季容易被冲刷等问题，不论是人工播种草籽还是栽种植被，都遭遇"滑铁卢"，第一批的成活率连 10% 都不到。

面对困境，穆索诺伊不断开展自主试种试验，摸索出采取铺设腐殖土等方式，对边坡土质进行全面改造，再采用人工深度种植进行绿化。经过几年的努力，排土场和尾矿库边坡种植绿植总面积约 40 万平方米。与此同时，穆索诺伊还对厂区和生活区进行了全面绿化美化，当前可绿化面积覆盖率已超过 90%，占地面积大约 10 万平方米。在不断的努力下，这座曾经光秃秃的山峰披上了一层"绿色盔甲"，公司也受到当地居民的广泛称赞。

"绿色矿山"的建设，不仅要有绿树成荫，还要有绿色的开发和转型。穆索诺伊在 2018 年末开始了一项针对冶炼废气的特别行动，成功将 SO_2 和固体颗粒物指标，大幅降至约 250mg/立方米、58mg/立方米，远远优于刚果（金）和中国的外排标准。此外，穆索诺伊还坚持"以人为本"，大力推进疟疾防治工作。通过定期开展环境卫生消杀、发放灭蚊喷剂和蚊帐蚊香等，成功将以往年均超过 30% 的发病率大幅降低，有效确保了员工的生命健康安全。

自 2014 年底进入刚果（金）发展以来，紫金矿业通过旗下的穆索诺伊，始终秉承"开发矿业、造福社会"的初心与使命，积极自觉履行社会责任，相继通过捐赠、援建、慰问等多种形式，为区域基础设施建设和社会公益事业发展等贡献力量。据不完全统计，自2015年至今，穆索诺伊累计完成社会责任支出约1300万美元。实施项目包括无偿捐建市政供水井、无偿定期提供市政供水系统检修及维保服务等。此外，还依法缴纳各项税费共计约4.7亿美元，这也是当地所有矿企中上缴税费占比最高的。

为更好地助力社区建设与发展，穆索诺伊一方面大力推进"用工本土化"战略，为当地创造直接就业岗位近2400个，其中本土员工占比超过86%，本土基层及以上管理人员占比达到41.42%；另一方面，穆索诺伊在招聘时亦优先考虑社区适龄人员，在企业现有本土员工中，周边社区人员占比达到约50%。为进一步践行社会责任，更好地服务社区发展，2021年2月，穆索诺伊与矿区周边的8个社区签署了"2021~2025年社区项目任务书"，计划在五年内投资约440万美元建设20多个项目，包括培训学校、保健和健康中心、专业农场、农贸市场和市政供水设施。

（三）对中资企业在刚果（金）开展矿业、工程、贸易、环境协同可持续发展方向的思考

当前，中资企业在刚果（金）开展矿业、工程、贸易协同已经具备一定基础并有成功实践，然而依然面临矿业政策不稳定、基础设施薄弱、国际化人才匮乏等问题，中资企业集团一方面要整合内部资源，突出长处，补足短板；另一方面也要相互合作、优势互补。同时，还要注重与当地的友好合作和环境保护，共同促进中资企业在刚果（金）的可持续发展。

1.明确矿业、工程、贸易物流在产业链发展中的关系和作用，实现各产业端之间的有机结合

矿业、工程、贸易物流位于产业链的不同位置，具有协同效应和互补作用。

（1）矿业开发

矿业开发是带动矿业相关的工程、贸易业务的基础。刚果（金）矿业

资源丰富，开发潜力巨大。通过矿业开发可以获取长期、稳定的回报，并在长期经营中不断带动配套工程和贸易物流业务的发展，而矿业开发所形成的金属产品作为"硬通货"，可以作为"工程换资源"的对价，从而拓展矿源与工程业务范围。

（2）工程承包

工程承包业务本身在基础设施薄弱的刚果（金）拥有巨大市场潜力，可以平抑矿业周期性波动的影响，并对矿业具有促进作用，一方面可为矿业业务提供协同支持，增强矿业开发建设能力；另一方面可以通过"工程换资源"拓宽资源获取渠道，促进产能合作的运作。

（3）贸易物流

贸易物流是刚果（金）发展矿业和工程业务的有力支撑，并可以扩大刚果（金）的经营范围。刚果（金）基础设施薄弱，贸易物流是目前发展矿业和工程的瓶颈。强大的贸易物流网络，可以将工程和生产物资运进来，将矿产运出去，将解决在刚业务物流运输瓶颈。同时，以刚果（金）的铜矿项目为例，该项目具有品位高、规模小的特点，通过贸易物流也可以覆盖其他区域，串起零星分布的矿业产能，扩大商品经营的范围。

2.根据自身主业优势找准产业链定位，突出专业化经营，促进企业集团间业务协同和优势互补

中资企业在刚果（金）开展矿业、工程、贸易业务已经存在成功的协同案例，但近年来，随着各企业集团业务的发展，也存在企业盲目"跨界"经营误区、对自身定位不清晰、主业优势不突出等问题，特别是矿业、工程和贸易本身属于高度专业化行业，跨界经营存在极大风险。中资企业应当识别自身主业优势，促进相互合作，实现优势互补，共同培育中资企业供应链和产业链市场。

专业化经营还表现在对自身专业优势在不同国家经营环境中的转换和适应能力。国内的业务优势如果不经过转换，到国外反而可能会变为劣势。不论是矿业企业还是工程企业，进入一个全新市场时一定要充分了解市场情况，将本国优势转为所在国优势。

3. 以开放、包容的精神建设国际化的人才队伍，实现中方、国际、属地团队的一体化发展

业务的协同需要人的协同。由于中资企业在刚果（金）的业务不断发展，各企业也建立了自己的人力资源库，形成了人力资源积聚效应。然而，由于语言、文化和制度的差异与挑战，中资企业通常也面临国际人才的缺乏和中外团队的融合不足等情况。考虑到人才的培养周期以及在非洲不同国家情况的差异，企业依靠内部培训和市场招聘相结合的方式，在刚果（金）形成了一个不断成熟的矿业和工程中方人才市场，专业人才在不同企业之间的流动，促进了企业业务和管理能力的提升。

中资企业想要在刚果（金）建立长青基业，有必要以更加开放和宽容的态度打造"多国部队"和"本地团队"，并整合和发展中方、国际和属地三方的团队。这就要求企业适应当地条件、改革自身制度、提高用人能力，从而促进业务的提升和能力的可持续发展。

4. 强化内外部意识，履行公司社会责任，塑造公司形象

在激烈的国际竞争和东道国复杂的社会与经济环境下，中资企业应抛弃一切不合理、不正确的思想。重新审视责任理念，将社会责任实践提升到促进企业可持续发展的战略高度，并认识到在东道国切实履行社会责任对企业形象、获取资源等方面的重要作用。同时，必须拥有大局意识，所有中国企业履行社会责任的情况深深地关系到中国的形象和中非的关系。

另外，加强对社会责任的宣传也十分重要。许多在非洲的中资企业职员都位于技术或管理职位，但不能有效地宣传其所做的工作。大多当地的居民不了解中资企业所做的公益项目，甚至认为中资企业的慈善活动不透明。这不但没有实现预期的正面效应，甚至产生了一些负面影响。因此，中资企业不仅需要与当地政府合作，还需要加强与当地媒体和公众的关系，以改善其在当地的形象，建立一个负责任的企业形象。

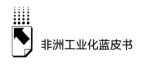

参考文献

李玲娥、周荣飞:《国外资源型经济可持续发展的做法及启示》,《经济纵横》2012年第 4 期。

刘源、沈子奕:《刚果(金)矿业政策动向及其影响分析》,《中国投资》(中英文)2021 年第 ZA 期。

卢宜冠、龚鹏辉、孙凯、任军平、何胜飞、张航、许康康、彭丽娜、贺福清:《刚果(金)矿产资源与矿业投资环境》,《地质通报》2022 年第 1 期。

农业部赴刚果(金)调研组、刘玉满、祝自冬:《刚果(金)的农业、农民及农业开发》,《中国农村经济》2009 年第 3 期。

景普秋、王清宪:《煤炭资源开发与区域经济发展中的"福"与"祸":基于山西的实证分析》,《中国工业经济》2008 年第 7 期。

宋卿:《中资企业在刚果(金)的社区贡献及相关风险分析》,《法语国家与地区研究》2018 年第 4 期。

汪峰:《中国与刚果(金)经贸合作现状及前景》,《国际资料信息》2012 年第 7 期。

杨海霞:《构建非洲清洁能源产业集群》,《中国投资》(中英文)2019 年第 Z2 期。

郑重:《资源有效利用与产业发展研究》,中国地质大学博士学位论文,2008。

B.7

2021年南非（共和国）工业发展
形势及展望*

刘 胜**

摘 要： 南非是非洲工业化水平最高的国家。相较于其他国家的动荡政治局势，南非国内环境相对稳定，法律制度完备，基础设施完善，拥有丰富的矿产和自然资源。南非拥有优越的地理位置，北面相接纳米比亚、津巴布韦和博茨瓦纳，东邻莫桑比克和斯威士兰，其他三面接壤印度洋和大西洋，是两大洋的海上运输要道，因此也是共建"一带一路"的重要支点。作为我国对非投资的主要目的地，我国企业对南非的工业化发展也产生了十分重要的影响。

关键词： 工业发展 工业形势 南非

一 南非主要工业产业与工业发展形势

（一）南非主要工业产业

南非的重点和特色工业产业包括制造业、矿业和通信网络业。2020年

---

* 本文未标注来源的数据均来自中国驻南非大使馆经商处。

** 刘胜，经济学博士，广东外语外贸大学国际经贸研究中心副教授，研究方向为发展经济学。

南非制造业增加值达到3393.6亿兰特，贡献了当年GDP的11.6%。作为本国最重要的产业，南非制造业涵盖了从轻工业到重工业的众多门类，其中钢铁与金属制品、机器和运输设备制造、化工、食品加工、纺织和服装是支柱产业，特别是金属冶炼和机械制造是南非最关键的制造业，对经济的贡献最大。近年来，南非的通信业也得到蓬勃发展，电脑和手机等通信产品需求日益快速增长，市场潜力不断扩大，但是运营、人力和物流等生产成本增长过快的问题也制约了南非的工业发展。南非的化学品部门是非洲最大的，尤其是煤炭合成与气体到液体转化技术，南非是全球该领域的领导者。目前，南非的工业与先进技术相结合，使得该国正转向技术密集型制造业，南非在能源和燃料、钢生产、深层采矿、电信和信息等领域研发的技术，处于世界领先地位，这使其慢慢成为技术服务出口国。依托于丰富的农业资源，南非农产品加工产业发展前景良好，主要盛产家禽、牛羊绒、水果以及玉米等，其中南非所种植的柑橘是世界著名果汁品牌的主要原料，品质优良。同时，南非还是全球第九大葡萄酒生产国，2020年共出口葡萄酒91亿兰特，较上一年增长7.7%。南非所培育的波尔山羊还是享誉全球的肉用山羊品种，产量居世界前列。

近年来，在纺织服装等轻工业的竞争力日益下降导致南非经济发展缓慢的情况下，南非开始大力发展汽车工业，并使其成长为至关重要的部门和主要的经济增长点。目前，南非已经成为全球主要的汽车整车和相关零部件的制造和进出口国，宝马、丰田、大众、戴姆勒-克莱斯勒、福特等全球众多知名汽车生产商都把南非作为主要的生产基地，伊丽莎白港也被誉为"非洲底特律"，国内约1/3的制造业附加值直接或间接来自汽车装配及零部件生产活动，汽车工业对南非GDP的贡献率为6.4%，汽车产品出口额在过去五年中增长超过45%。从产出情况来看，2018年，南非共出口新车351154辆，同比增长3.9%，尤其是在12月当月，同比增长达到56%；相较于出口市场的快速增长，南非国内的汽车市场有轻微的萎缩，当年南非共销售552190辆汽车，较上年下降1%。2019年，南非汽车销售额为6706.9亿兰特，同比增长0.64%。但是，随后开始的全球蔓延的新冠肺炎疫情对南非汽车制造业造成了比较严重的冲击。据南非全国汽车制造商协会统计，2020 年南非汽车销量共计 380449 辆，较上一年下降29.1%，汽车及零部件制造业产值占该国制造业总产值的 18.7%，占比也下降了 8.9 个百分点。

矿业也是南非国民经济的支柱产业之一，其产业增加值规模位居世界第五位，2020 年该产业的增加值占到南非 GDP 的 6.9%，共计 2014.5亿兰特。南非在国际上著名的大矿业公司有益格鲁黄金公司（Anglo Gold）、阿散蒂有限公司（Ashanti Ltd）、英美铂金有限公司（Anglo American Platinum Ltd.）、阿斯曼有限公司［Assmang（Pty）Ltd.］、德比尔斯公司（DeBeers）、金田有限公司（Gold Fields Ltd）等①，特别是拥有 Sibanye 这一全球排名前十的黄金生产商和全球最大的铂族金属供应商。

南非的矿业规模大、产量高主要得益于其丰富的矿产储备。目前，南非拥有超过 20 万亿兰特价值的自然资源，已经探明的矿产达 60 多种。丰富的自然资源和良好的辅助基础设施，使得南非的金属行业生产规模大且比较发达，年产值大约占整个制造业产值的 1/3。南非是非洲最大的钢生产国，粗钢产量占非洲大陆的一半以上。南非是世界上最大的黄金和铂金生产国之一，也是世界领先的基本金属和煤炭生产国。从矿业产业出口情况看，南非的铂金、黄金和煤炭产品的出口也排名全球前列。同时，南非在采矿设备和机械制造、选矿和开采技术、矿下通信和矿井安全保证、矿石冶炼和矿产品加工等方面具有较为领先的优势，使其深井开采类技术已实现了服务贸易出口，这使得南非的矿业公司达到了对欧美、拉美以及非洲其他国家市场扩张的目的。此外，为了提高矿产品出口的附加值和增加国家收入，南非政府还提供了优惠政策吸引外资和鼓励外商对出口前的矿产品和原材料进行深加工。

通信网络业是近年来南非发展比较快的产业之一。随着数字经济的普及

---

① 何金祥：《南非矿产工业的现状、挑战和前景》，《中国矿业》2019 年第 11 期。

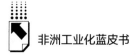

与影响，南非电信和信息技术产业发展势头良好，在全国范围内共有 500 万部固定电话、2900 万个移动电话用户和 2858 万个互联网用户，互联网普及率高达 52%，电信发展水平位居全球第 20 位。南非电信公司 TELKOM 已在约翰内斯堡和纽约两地上市，是当前非洲最大的电信公司，同样也是南非主要的固定线路通信经营商。其他主要的移动运营商还包括 Vodacom、MTN、Cell C、Virgin Mobile 和 8ta。南非通信网络业正在对外实现产业发展，DIDATA 和 DATATEC 是其两家最大的信息技术公司，通过发挥卫星直播和网络技术水平竞争力的优势，这两家公司的业务正在不断向英美等国拓展；同时，撒哈拉以南非洲地区几乎全部的卫星直播服务也被南非的米拉德国际控股公司所垄断，南非占据了有利的市场地位。最后，南非还是全球业务流程外包排名第一的目的地，为大型跨国公司和南非公司提供一流的呼叫中心、技术支持以及后台服务。

（二）南非工业发展形势

本报告采用本系列蓝皮书第一册《非洲工业化进程报告（2021）》B2 部分的非洲工业化指数的构建方法，根据 2000~2020 年世界银行数据，计算出南非 2000~2020 年工业化指数（见表 1）。可以看到，除了 2009 年、2016 年和 2017 年之外，2000~2020 年南非的工业化指数在整个非洲地区都是排名第一，特别是在 2007 年之前，该国工业化指数一直呈现波动上升的趋势。2007 年，南非的工业化指数达到历史最高点，为 0.5066，不过该年之后工业化指数呈现了一定程度的下降趋势。2020 年，南非的工业化指数为 0.3968，较上年有略微的上升。总体来说，这些变化趋势说明了南非作为非洲工业发展形势最好的国家，整体工业发展还是呈现缓慢向上的趋势，但是过去其工业结构变动性比较强，导致工业发展速度并不快，后期南非的工业发展虽然仍有较大的上升空间，但可能会出现较大的波动。

表1　2000~2020年南非的工业化指数

年份	工业化指数（排名）	年份	工业化指数（排名）
2000	0.3728（1）	2011	0.4187（1）
2001	0.3724（1）	2012	0.4217（1）
2002	0.3823（1）	2013	0.3918（1）
2003	0.4017（1）	2014	0.4008（1）
2004	0.4050（1）	2015	0.4172（1）
2005	0.3923（1）	2016	0.3866（2）
2006	0.3793（1）	2017	0.3846（2）
2007	0.5066（1）	2018	0.4481（1）
2008	0.4397（1）	2019	0.3949（1）
2009	0.4333（2）	2020	0.3968（1）
2010	0.4454（1）		

注：2009年、2016年和2017年，突尼斯（Tunisia）、博茨瓦纳（Botswana）和塞舌尔（Seychelles）分别排名第一，指数分别为0.4419、0.3974和0.4229。

同时本文列出了南非工业发展形势衡量的一些细分指标（见表2）。从表2可以看到，南非人均GDP较高但不稳定，2000年为3032.43美元，此后不断上升直至2010年的7328.62美元，2010~2015年又降到5734.63美元；2016年后开始又呈现不断上升趋势，但一直没有超过2010年的峰值；2020年受疫情影响，人均GDP又降至5655.87美元。从人均制造业增加值来看，南非在整个非洲大陆排名名列前茅，而且人均制造产品出口额也比较高，但是两者近10年来波动都比较大。南非农业总产值占GDP的比重相比其他非洲国家较低，这可以从城市化进程（UPsh）数据一直稳步上升得到证实，说明南非城市化进程一直在不断加深，农村劳动力涌向城市，自然就导致农业产值占比持续下降。从高端制造业增加值占制造业增加值比例与制造业增加值占世界总制造业增加值的比例来看，南非的高端制造业占比情况在非洲地区处于上游水平，不过南非制造业增加值占世界总制造业增加值的比例却在降低。

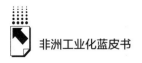

表2　2000~2020年南非工业化指数部分分指标数据

年份	GDPp. c.（美元）	MVAp. c.（美元）	MXp. c.（美元）	AVAsh（%）	UPsh（%）	HMVAsh（%）	ImWMVA（%）
2000	3032. 43	529. 86	359. 04	2. 99	56. 89	0	0. 39
2005	5383. 66	875. 29	610. 87	2. 39	59. 54	0	0. 54
2010	7328. 62	956. 61	867. 65	2. 39	62. 22	5. 1	0. 46
2015	5734. 63	689. 40	740. 06	2. 09	64. 83	7. 3	0. 31
2016	5272. 92	634. 13	688. 06	2. 22	65. 34	6. 7	0. 29
2017	6132. 48	736. 59	733. 98	2. 36	65. 85	5. 2	0. 32
2018	6374. 03	749. 28	758. 14	2. 18	66. 36	4. 8	0. 31
2019	6624. 76	816. 55	660. 60	1. 96	66. 86	3. 8	0. 34
2020	5655. 87	664. 20	555. 57	2. 53	67. 35	4. 6	0. 29

注：表中数据为实际值。
资料来源：世界银行。

二　南非工业发展存在的问题与影响因素

（一）南非工业发展的潜在优势

1. 年轻化的人口结构可为未来工业发展提供丰富的劳动力

根据世界银行的数据（见表3），2020年南非65岁及以上人口数量为326.76万人，占总人口的比例为6.00%，虽然较前几年占比有所提高，但是南非还是尚未步入老龄化社会。2020年，南非0～14岁人口比重为29.00%，虽然自2010年以来比重一直缓慢下降，但是总人数却每年都较上年有所增长，说明南非儿童的人数还是在缓慢增长，这对未来保持劳动人口数量的稳定是极有好处的。表3显示，南非15～64岁人口的比重从2010年的65.60%慢慢上升到2020年的66.00%，这表明南非具有十分充足且可持续增长的劳动力供给，在未来工业发展特别是劳动密集型制造业上具有巨大的"人口红利"。

表3 2010~2020年南非不同年龄段的人口占比情况

单位：%

年份	0~14岁	15~64岁	65岁及以上
2010	29.70	65.60	4.80
2011	29.60	65.60	4.80
2012	29.50	65.60	4.80
2013	29.40	65.70	4.90
2014	29.40	65.70	5.00
2015	29.30	65.70	5.00
2016	29.20	65.70	5.10
2017	29.20	65.60	5.20
2018	29.10	65.60	5.30
2019	29.00	65.60	5.40
2020	29.00	66.00	6.00

资料来源：世界银行。

2. 已经签订的自贸协议为工业发展扩大了海外市场

南非于1995年1月加入世界贸易组织（WTO），是创始成员国之一，并且一直积极参与双边经济合作、区域经济一体化、全球多边贸易谈判和绝大多数国际经济组织的活动（见表4）。其中，对南非影响比较大的协议有针对南部非洲14个国家的南部非洲关税同盟，以使得同盟内的成员国可以享有极其优惠的关税政策，还有近期非洲大陆自由贸易区协议的达成，更使得南非企业充分利用免税的优惠政策挖掘15亿人口的非洲大市场。其他比较重要的自贸协议还包括南部非洲共同体自贸区建设协议、与非洲其他国家签订的经济伙伴协定以及非洲增长与机遇法案。另外，南非也通过签署避免双重征税协定［目前已与全球77个国家（地区）签署了］、南非-欧盟自贸协定和普惠政策、南非-墨西哥双向免税协议以及与中国等国家签署双边投资协议等方式，积极与全球其他地区签订贸易投资协定。

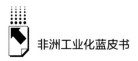

表 4   南非主要贸易协定一览

签订时间	协定名称	相关协定内容
2000 年	非洲增长与机遇法案（AGOA）	AGOA 于 2000 年 5 月 18 日实施，2025 年到期，是美国在非洲的最大贸易倡议。南非是 AGOA 主要受益国之一，7000 多种海关 HS8 位税目商品可免关税出口美国市场
2000 年	南非与欧盟贸易发展合作协定（TDCA）	2000 年 1 月 1 日正式生效，南非对从欧盟进口的 86% 的商品取消关税，欧盟对从南非进口的 95% 的产品实现零关税
2006 年	欧洲自由贸易联盟（EFTA）与南部非洲关税同盟（SACU）自贸协定	协定已经于 2008 年 5 月 1 日生效。协定规定，SACU 成员国的所有货物出口到 EFTA 会免除关税，同时 SACU 成员国需要在 2014 年前逐步减免来自 EFTA 产品的关税
2016 年	欧盟与南共体国家经济合作伙伴关系协定（EPA）	鉴于各国发展水平不同，免除非洲国家进入欧洲市场税务与配额。南共体国家市场仅部分对欧盟开放，随时间推移将逐步为南共体国家工业提供中间产品；协定为南共体国家新兴、薄弱行业和食品安全提供保护措施
2018 年	非洲大陆自由贸易区协议（AfCFTA）	2018 年 3 月 21 日，非洲 44 个国家签署该协议，2019 年 5 月 30 日正式生效。AfCFTA 签署的目的就是想通过关税降低和贸易壁垒消除，加快投资贸易的发展，以最终达到区域内人、财、物和服务的自由流动，促进当前分割的非洲各经济体逐步凝聚形成融合的大市场
2019 年	南部非洲关税同盟-英国经济合作伙伴协议	南部非洲关税同盟与英国签署谅解备忘录，就"后脱欧"时代双边经贸合作安排达成协议。该协议复制了现有与欧盟经济合作协定（EPA）的贸易条款，包括关税、配额、原产地规则以及健康和安全法规等

资料来源：中国商务部网站。

3. 相对完善的基建为工业发展奠定了基础

南非通信、电力、交通等基础设施建设在非洲国家中算是比较好的。相对于非洲其他国家，南非的交通管理体系是非常现代化的，运输系统也是在全非洲最为完善的，这使南非的运输网络不仅影响了本国经济的发展，还对周边国家的经济发展起到至关重要的作用，甚至是某些地区发展的生命线。以公路网络为例，南非采用国家、省和地方三级管理模式，公路的总里程有75.5万公里，里程数为非洲各国之首，覆盖了全国，并与邻国紧密相连。南非的铁路线也有3.41万公里，其中一半以上为现代化的电气铁路，并拥有2000多辆电气机车，年货运量超过1.75亿吨。南非还有包括11个国际机场在内的27个民用航空机场，每周的国内和国际航班数分别达到70多个和600多个，而且南非航空是非洲最大的航空公司和全球50大航空公司之一，拥有波音飞机3架和空中客车民航机44架。南非海洋运输业也比较发达，约98%的出口要靠海运完成，有商船990多艘，总吨位75.5万吨。年港口吞吐量约为12亿吨，主要港口有开普敦港、伊丽莎白港、德班港等。

在非洲特别是在南部非洲，南非可以算是供电大国，全非洲电力的40%由南非供应。以煤为燃料的火力发电是南非主要的发电模式，而且全国发电总量的90%由13座火电厂承担，此外南非还拥有1座核电站、2座抽水蓄能电站、6座水电站以及2座燃油电站。所以说，煤炭不仅是南非的主要矿业，也是南非各行业发展的主要支撑产业，尤其是煤炭生产对电力行业至关重要。2019年，南非煤炭消费的62%用于发电，其次用于石化行业，占23%，再次用于一般工业，占8%（见图1）。目前煤炭行业就业人数为86919人，占矿业就业总人数的19%，而且煤炭工业还间接创造了16万个工作岗位，主要是在运输和仓储部门；如果考虑到整个地区的依存度，南非大约有240万人依靠煤炭行业谋生。南非的电信网络数字化率达到99.9%，包括最新的无线和卫星通信网络，拥有非洲最发达的电信网络。南非还是全球增长速度第四快的移动通信市场，拥有5000万用户，渗透率达104%，在南非可以直拨接通226个国家和地区的电话。2019年，南非4G/LTE覆盖率达到35%～53%。南非拥有非洲最大的互联网市场，互联网用户达到 2860 万，普及率为 52%，这使得南非电商市场增长迅速，发展态势良好①。

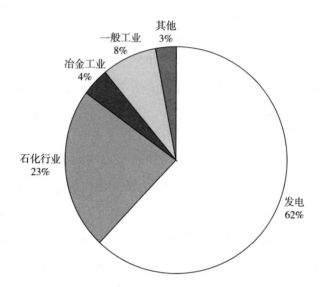

图 1　2019 年南非煤炭在各个行业消费占比

资料来源：毕莹《南非煤炭工业发展趋势》，《中国煤炭》2021 年第 3 期。

4. 已有的工业基础与灵活的政策支持对未来工业发展形势极为有利

以南非主要工业之一的汽车制造业为例。多年来，南非一直坚持大力发展汽车制造业。2018 年 11 月，南非政府批准了《2021～2035 年南非汽车总体规划》，旨在使南非汽车产业具备全球竞争力，并积极促进南非生产性经济的可持续发展，扩大工业和本地化生产，为更广泛的社会创造繁荣。

政府的大力支持使得南非汽车的产量和出口飞速增长，特别是近五年，乘用车及轻型商用车的出口占南非汽车总出口的比重高达 60% 左右（见表5）。2019 年，南非向 151 个国家出口整车 39.63 万辆，出口额达 1434 亿兰特，创历史新高。从出口目的地来看，英国一直是南非第一大汽车出口市

_____

① 电信数据来源于华为官方网站。

场，面向英国的汽车出口占南非汽车出口总量的1/4以上。2020年受疫情影响，南非汽车出口下降29.91%至27.13万辆，其中向欧盟出口整车19.94万辆，占比73.5%。与整车出口下滑相反，2020年南非汽车零部件出口额提升32.05%达到445亿兰特，其中向欧盟出口263亿兰特，占比59.1%，这主要是由于自2020年初以来欧盟地区实施了更为严格的排放法规，南非产的汽车催化转化器对其出口创下了纪录。

表5 2016~2020年南非乘用车及轻型商用车出口情况（分国别、企业）

年份	2016	2017	2018	2019	2020
出口总额(亿兰特)	1140	1109	1232	1434	1170
出口排名前五企业	奔驰	奔驰	奔驰	大众	大众
	大众	大众	大众	奔驰	奔驰
	宝马	宝马	宝马	宝马	宝马
	福特	福特	福特	福特	福特
	丰田	丰田	丰田	丰田	丰田
英国(辆)	110356	98358	119578	101401	67798
德国(辆)	12297	10423	25513	37152	25736
日本(辆)	33296	42492	44027	33435	23645
法国(辆)	19204	19055	23400	25629	13956
澳大利亚(辆)	21446	23336	21594	16284	13041
意大利(辆)	6238	5088	8870	14646	10546
比利时(辆)	8116	6902	6338	11379	10048
美国(辆)	47627	40414	11440	12437	8584
荷兰(辆)	601	397	1481	12146	8321
奥地利(辆)	2317	2105	2749	12675	6376
其他(辆)	82268	88535	85013	109103	82679
出口总量(辆)	343766	337105	350003	396265	270730
轻型商用车产量(辆)	751791	574075	581468	603082	423907
出口占比(%)	60.10%	58.70%	60.20%	64.10%	63.90%

资料来源：南非全国汽车制造商协会（NAAMSA）。

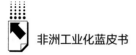

自 2015 年以来，新能源汽车的发展已成为大势所趋，全球多国已相继宣布最早从 2025 年开始禁止销售新的燃油车辆，如挪威和英国等。特别是 2020 年，与全球新车销量因疫情冲击而出现整体下降形成鲜明对比的是，新能源汽车的全球销量同比增长 43%。为使南非汽车行业尽快融入全球电动汽车产业链和价值链，提升其在全球汽车市场的竞争力，尤其是继续保持与欧洲间的汽车产品贸易往来，南非政府高度重视本国新能源汽车产业的发展，并加快向电动化转变，以确保汽车行业可持续发展。2019 年 8 月，南非贸工部提出了从内燃机时代向电动时代过渡的技术解决方案，并联合各大汽车制造商帮助政府制定南非电动车生产的技术路线图，出台了汽车产业发展长期战略。2021 年 5 月，《南非新能源汽车发展草案 2021》正式发布，并于同年 10 月向内阁提交政策建议，旨在制定政策框架，并在此基础上形成关于南非新能源汽车全面长期发展的产业转型计划。

（二）南非工业发展的不利因素

1. 教育及科研水平有待提高

人才是决定工业发展最重要的一个方面。教育，包括初等教育和职业技能教育不足造成的劳动力技能不能适应经济和产业发展的需要，以及教育系统相关人才培养不足，不仅影响了南非企业的研发能力，也影响科技研发成果在当地的推广与应用。调查显示，目前南非多个经济部门正在经历严重的技能短缺，其中信息和技术、工程、金融和卫生领域受到的影响最大，对信息和通信技术专家、工程师、工匠等都有迫切需要。导致这种情况的一个主要原因就是近年来南非政局不稳，高等教育人才外流严重加重了人才短缺，最终导致南非高等院校的教育质量严重下滑，直接影响了南非科技创新的能力。图 2 显示了南非政府 2001~2021 年的政府教育支出占 GDP 比例的变化，可以发现，政府教育支出占比不仅偏少，而且呈现逐年下降的趋势，这将非常不利于南非未来工业的发展。

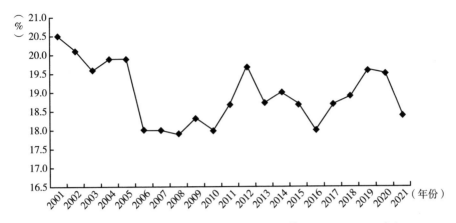

图2 南非政府教育支出占 GDP 的比例变化情况（2001~2021 年）

资料来源：世界银行。

2. 贫富差距阻碍工业发展

历史原因导致的种族隔阂和当前明显的贫富差距，使得南非未来经济稳定发展将非常具有挑战性，特别是工业发展的推进存在较大的潜在的隐患。

三 中国在南非投资及对其工业发展的影响

丰富的自然资源、较好的工业基础和相对稳定的内部环境，同时也是南部非洲关税同盟等组织的成员，使南非成为外国投资者在非洲投资优先选择的对象。2022 年是中国和南非建交 24 周年，两国关系实现了从伙伴、战略伙伴到全面战略伙伴的重大跨越，两国陆续签订了投资保护、贸易经济和技术合作、航空和海运、资源保护和避免双重征税等一系列互惠互利的协定，还组建了经贸联委会等组织，这不仅促进了两国的贸易往来，也极大地鼓励了中国对南非的投资。

（一）中国与南非的贸易往来

贸易往来是投资深化的先锋官、催化剂，两者之间具有很强的互补性。根据国家统计局的数据，中国与南非两国的货物进出口总额并不稳定（见

表6）。尽管从 2016 年开始两国贸易额呈现稳步上升的趋势，但是 2020 年受到疫情影响，贸易额大幅下滑。2020 年，两国贸易额为 358.4 亿美元，同比下降 15.7%，其中中国出口和进口分别为 152.4 亿美元和 205.9 亿美元，同比分别下降 7.9% 和 20.6%。不过，随着疫情防控措施的加强，2021年两国的进出口贸易又大幅度提升，特别是从南非的进口总额同比增长了61.39%。不过，两国贸易额占同期南非对外贸易总额的比重却是稳中有升，展现出强劲的韧性，连续 13 年中国是南非最大的贸易伙伴，而已经持续了12 年南非是中国在非洲的第一大贸易对象。

表6　中国与南非的贸易基本情况

单位：亿美元

年份	对南非的出口总额	从南非的进口总额	两国的货物进出口总额
2011	133.6	320.7	454.3
2012	153.3	446.2	599.5
2013	168.3	483.9	652.2
2014	157.0	445.7	602.7
2015	158.6	301.5	460.1
2016	128.5	222.3	350.8
2017	148.1	243.9	392.0
2018	162.5	272.9	435.4
2019	165.4	259.3	424.9
2020	152.4	205.9	358.4
2021	211.2	332.3	543.5

资料来源：中国国家统计局。

（二）中国对南非投资的基本情况

两国自正式建交以来，就一直致力于发展双边关系，特别是签订协议促进投资合作（早期的部分投资促进协议见表7）。1997 年，中国和南非在南非首都比勒陀利亚签订《中华人民共和国政府和南非共和国政府关于相互鼓励和保护投资协定》，并于 1998 年生效。该协定规定应当以公正、公平的待遇保护中国（南非）在南非（中国）境内的投资以及与投资相关的经济活动。2000 年，两国又在比勒陀利亚签署了《中华人民共和国政府和南非共和国政府关于对所得避免双重征税和防止偷漏税的协定》，为双方商品贸易往来的税收方面提供了坚实保障。

随着双方经济合作的不断深入，两国签署的协定也越来越多，合作的领域也越来越宽。2006 年 8 月，双方签订了《关于促进两国贸易和经济技术合作的谅解备忘录》，同年 9 月两国签署了《中国和南非海关互助协定》，以便于两国在打击走私犯罪活动方面的合作，包括新型现代化海关信息系统的共同建立，以及对海关电子数据进行相应的交换，以加大两国的海关执法力度。2015 年，南非成为众多非洲国家中第一个与中国签署"一带一路"政府间合作谅解备忘录的国家，以在共建"一带一路"的框架下持续深化双边合作。2016 年，《经济特区和工业园区合作谅解备忘录》签订，双方将就支持南非工业发展、双边经贸关系等展开进一步合作。中国国家发改委与南非的贸工部共同签署了《关于开展产能合作的框架协议》，为两国的产能合作构建工作机制。此后，代表南部非洲关税同盟，南非又陆续与我国签订了一系列互利互惠、合作共赢的贸易投资协定，这些不仅涉及资源保护、科学技术合作和避免双重征税等宏观方面的合作，还涉及经贸联委会构建、航空合作以及贸易经济与技术开发等较为微观具体方面的协定签署。

表 7　中南双方签署的主要经贸协定（备忘录）

签订时间	协议名称
1997 年	《中华人民共和国政府和南非共和国政府关于相互鼓励和保护投资协定》
1999 年	《中华人民共和国政府和南非共和国政府关于成立经济和贸易联合委员会的协定》
2000 年	《中华人民共和国政府和南非共和国政府关于对所得避免双重征税和防止偷漏税的协定》
2007 年	《中华人民共和国政府和南非共和国政府关于在矿产和能源领域开展合作的协议》
2015 年	《中华人民共和国政府与南非共和国政府关于共同推进"丝绸之路经济带"和"21 世纪海上丝绸之路"建设的谅解备忘录》
2016 年	《关于开展产能合作的框架协议》

资料来源：根据中国商务部网站资料整理获得。

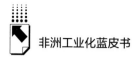

双方经济合作的深入使得南非成为中国在非最要的投资目的地之一,特别 2015 年 12 月,中国国家主席习近平对南非进行国事访问并与南非总统祖马共同主持 FOCAC 约堡峰会,开启了中南、中非关系的新时代。

近年来,制造业已成为中国对南非投资的主要方向,投资已从传统的采矿业开始转向汽车、家电、建材、光伏等领域。比较有代表性的有海信、创维、北车等企业。海信南非工厂年产电视和冰箱各 40 万台,电视市场占有率已位居南非市场第一,而且产品不仅覆盖彩电、冰箱、空调等黑白电各类产品,而且覆盖了手机、智能交通和医疗设备等领域。创维南非公司立足南非,面向非洲,主要业务包括 LED 彩电、音响产品的进口、生产、销售、售后服务,LED 彩电生产和销售保持稳健增长,其中南非市场份额稳居第三位(SINOTEC 品牌)。同时创维还向其他非洲国家延伸,并将产品生产和销售进一步向洗衣机、冰箱、空调等白电产品方向扩大。此外,南非也积极向中国学习经济发展的成功经验,包括借鉴"工业园""科技园""经济特区"等不同类型的经济发展模式,强化与中国国际产能合作的契合度,这为中南产能合作提供大量机会,例如为北方汽车等大型汽车制造企业在南非的民用乘用车、工程卡车等领域的生产合作打开了局面。在南非,两国合作有代表性的产业园有海信家电产业园项目、一汽南非组装厂、北方车辆重组南非 Powerstar 项目等,这些项目通过不同方式的投资,既促进了中南产能合作,又助力了南非的工业发展。

不过,相对于中国,欧美地区才是南非吸收外资的传统投资国和主要来源地。根据《世界投资报告》,2020 年南非共计吸收外资 31.1 亿美元,吸引外资存量达到 1367.4 亿美元,但是相较于 2019 年,其吸收外资的金额下降了 20.2 亿美元。大多数外资流向了南非的金融服务业、采矿业、汽车与零部件制造业等部门。以汽车及零部件制造业为例,德国汽车制造商宝马以及日本汽车制造商尼桑正在逐步扩大在南非的生产能力。

（三）中国投资对南非工业发展的影响

中南建交 20 多年来，双边关系纽带不断加强，特别是自 2015 年南非与中国签署了共建"一带一路"谅解备忘录以来，中国企业加快了对南非的投资，目前，在南非的中资企业有 200 多家，为当地创造逾 40 万个就业岗位，同时这也极大地推动了南非的工业发展。在工业发展方面，南非也将中国视为具有重要作用并极具发展潜力的合作伙伴。南非总统拉马福萨在访华时就表示，中国对非洲特别是对南非经济建设的参与是至关重要的，中国在助推非洲大陆的经济发展，包括南非在内的非洲所有国家以及中国都将获益，特别是作为非洲第二大国家，南非将在非洲地区共建"一带一路"中起到举足轻重的作用，将紧紧抓住机遇，持续深化两国在工业、新基建、绿色能源等不同领域的合作，以期促进工业的快速发展。

一是中国投资助力全面推动南非的工业发展。中国外交部和商务部数据显示，中国对南非的直接投资主要集中在约翰内斯堡区域以及南非各个省份的工业园区内，领域除了涉及纺织家装、家电、机械、食品、建材、信息通信等制造业领域，还涉及矿产开发、金融、贸易、运输、农业、房地产开发和基础设施，对南非投资比较典型的企业有中钢集团、金川集团、河北钢铁集团、第一黄金集团、海信集团以及北汽集团等（见表 8）。

表 8　中国企业对南非投资的主要项目

中国企业	投资项目	中国企业	投资项目
中钢集团	铬矿项目	第一黄金集团	黄金项目
金川集团	铂矿项目	海信集团	家电项目
河北钢铁集团	铜矿项目	北汽集团	南非汽车工厂项目

资料来源：中国商务部投资合作国别（地区）指南。

二是中国制造业的产能转移可以为南非发展制造业打造坚实的基础。尽管制造业只贡献了南非 14% 左右的 GDP，但是近年来发展较快，展现了巨大的增长潜力，受到南非政府的高度重视。在金砖国家工商理事会2021年3月底举行的一场会议上，南非贸工部长帕特尔表示，制造业能够创造大量就业，是外汇收入的重要来源，也是技术创新的主要驱动力。帕特尔进一步解释，南非的经济正处于钢铁和纺织等传统制造业向现代化制造业转型升级的关键时期，不仅需要在汽车、化工、医疗用品、食品等高科技和关键物资生产行业大力提升供给能力，还需要在绿色和数字经济等新型领域培养新的增长点，以扩大南非经济发展的增长点、增强工业活力和面对外部冲击时的韧性。中国对外转移的产能和技术规模巨大、种类繁多，其中如钢铁、化工、汽车、轻纺等均符合南非的比较优势，也有助于大规模解决就业问题，帮助南非打造工业生产力的基本物质及人力资源条件。

三是中国投资和基础设施建设的产能合作有助于南非解决工业的发展约束。南非对基础设施升级建设有着巨大的现实需求，政府提供了优惠政策以鼓励企业投资和基础设施的新建与升级改造。正是有了资金、技术、施工和管理经验等各方面的综合性的竞争优势，中国企业已经成为南非在公路、铁路、港口、电力等众多基建领域的最令人瞩目的生力军，积极地对接了"一带一路"建设。目前中国对南非承包工程与劳务合作主要业务涉及通信工程建设、一般建筑和制造加工设施建设的相关领域，主要参与建设的企业包括中铁国际、华为、北京工业设计研究院等。同时，中国投资与基建承包工程还为南非当地提供了大量的产业，并向当地传播了基础设施设计、施工和设备配套相关技术知识以及经济特区和工业园建设与管理等方面的经验，为南非工业发展综合优势的形成添砖加瓦。

四是中国投资和两国合作有助于促进南非工业发展资金基础的形成与运输能力的提升。目前，南非已经作为我国产业在海外特别是在非洲大陆投资的优选目的地，国内大型装备制造业等一众优势产业被两国政府鼓励已赴南非支持当地的工业发展建设。特别是中国正致力于支持南非大幅度提高工业发展水平，以南非建设经济特区和产业园区为辐射点，以港口与海运建设、机场与空运建设的海空运输合作与发展为支撑点，加快推进非洲大陆的互联互通并支持区域一体化的发展。为此，除了加快跨境本币结算和互换等金融合作的推进、增强对港口机场等基础设施的建设，中南双方把推动海运企业合作联盟的建立、合资航空公司的成立以及采用中国国产飞机开展非洲区域航空合作等作为首要合作领域。

五是中国投资有助于拓展两国合作新领域，促进南非工业可持续发展。目前，以中非经贸博览会、中-南科技园合作等平台为桥梁，中国政府正把南非作为支持我国企业"扎根非洲""耕耘非洲""助力非洲"的桥头堡和突破点，以产业合作的模式帮助包括南非在内的非洲国家加快工业的发展，特别是对非洲地区经济较为发达的南非，中国将充分利用产能合作和技术支持，助推南非在新兴经济方面的发展，以便在数字经济、智慧城市、清洁能源、5G 等新业态方面拓展和深化合作，具体的合作措施包括强化对南非基础设施建设的帮助以支持其信息通信业的发展，助推跨境电商、远程医疗、远程教育等新经济增长模式的开发；除了在新兴经济领域，中国也鼓励企业在航空产业等中高端技术制造方面加大对南非的投资，以早日实现中南两国互助互惠的包容式发展。

目前来看，两国在产能合作方面已取得了喜人的成绩，共建"一带一路"取得了良好的成效，正朝着光明的前景发展，未来可期。但是，也不可否认，中南合作也面临一些困难和阻碍。南非部分地区政治安全局势依然令人担忧；融资困难，投资环境仍有待改善；中南文化差异引起部分当地社会矛盾。此外，非洲经济单一畸形的结构、自我造血机能的不足与缺乏、对外部资金过于倚重的经济发展模式、债务风险日益加剧等问题都将使未来中非产能合作形成可持续发展的模式面临重重困难。

四　南非工业发展的启示与发展前景

在非洲众多的国家中，南非的工业发展水平属于排名非常靠前的。利用其丰富的自然资源和良好的地理位置优势，加上早期发展的历史原因，南非已经先于非洲其他国家建立起了比较完善的工业生产网络和工业化发展所需的基础设施。同时，作为新兴经济体的南非也是最具发展潜力的"金砖国家"成员之一，工业发展势头非常良好，正逐步从传统工业化向新型工业化转型的方向前进，这不仅对南非自身的经济发展起到了很好的推动作用，而且也带动了周边其他非洲国家的工业发展。南非已经具备了现代新型工业发展的基础，只要能及时、准确把握好发展机遇，选择适合本国的工业发展模式，南非一定可以走好其工业发展的道路，在大幅度提升工业发展水平的同时，谋求提升经济发展水平，同时南非工业发展的得失也给非洲其他国家的工业发展带来了很好的启示。

（一）南非工业发展的启示

一是应及时调整工业发展的战略。早在 1924 年南非就对工业发展做出了战略调整，即大力发展制造业和实施进口替代政策以应对农产品和矿石原材料的价格下跌导致大批白人的失业。20 世纪 60 年代，南非又对已经发展起来的制造业进行了第二次结构调整，以重点支持汽车、炼油等重工业的增长，促使经济的发展方向从劳动密集型产业向资本密集型产业调整。80 年代，根据全球市场结构调整导致的国际形势的变化，南非又把工业发展转向出口导向的新方向，大力提倡高附加值的工业制成品的出口，以增加国家的外汇收入、增强工业制成品生产在国家工业体系中作用，支持朝着技术密集型产业的方向发展。90 年代，南非开始重新吸引外资的流入，重返国际贸易市场，并同时开始了工业发展的调整。除了继续发展汽车等资本密集型产业之外，南非也对原有的农业和采矿业进行了技术改造和升级，并加大力度支持劳动密集型加工制造业的发展，以促进技术程度较低但人数众多的黑人的就业。同时，南非还加大政策支持力度，鼓励数字信息通信、太阳能和风能绿色能源等方面的新型技术密集型产业的发展，这为南非在进入 21 世纪之后发展现代新型工业奠定了较好的基础。最终，及时的工业发展战略的调整使得南非经济从 20 世纪 90 年代后期开始到 21 世纪新冠肺炎疫情暴发前，都一直保持着较好的经济增速。1994 年，南非的GDP 增长开始由负转正，2000 年其国内生产总值达到了 1258 亿美元，人均 GDP 达到 2920 美元，2020 年人均 GDP 则超过 5600 美元，2021 年人均 GDP 则超过 6994 美元[①]。

二是政府在工业发展中的推动作用不可替代。作为英国前殖民地之一，南非继承了英国经济发展的长处，即制定了完善的法律法规体系，但是对于以往英国长期奉行的经济放任政策，南非却没有继承，而是政府积极参与经济建设，包括组建国营企业，例如国营供电公司、南非钢铁公司、磷酸盐开发公司、煤炭石油天然气公司。这些企业投资的项目一般都是投资大、时间长、见效慢的产业和工程，在发展的早期，私人资本是不愿意大规模地投资这些企业和相关项目，但是这些又是提升国家工业整体发展水平所必须建立的基础产业，因此南非政府有远见地果断建立相关国营企业，为后续工业发展奠定了基础。此外，为支持工业的发展，南非又成立了国资性质的工业发展公司，募集资金专门支持工业发展，并提供相应的指导意见，对于矿业、制造业公司还直接进行参股，甚至是拥有全部股权。不过，在投资办国营企业时，南非政府并没有给予这些国营企业经营的特权或任何特权保护，企业建成后，通常是按照自负盈亏的经营原则进行管理，与当地的私营企业公平地进行市场竞争，同时也允许国内私人资本参与合办国营企业。此外，为了给工业发展提供一个稳定的社会环境，南非政府也制定了一些政策措施，鼓励就业，缓解社会矛盾，并紧紧抓住全球产业链从欧美国家转移出去和新一轮科技迅猛发展的机遇，强化国际合作，学习他国工业发展的经验，有效地推动了本国工业的健康持续发展。

三是充分利用已有的工业基础。南非的工业发展，特别是向新型工业方向的发展，得益于其能充分利用良好的工业基础。首先，南非工业包括某些制造业领域在非洲甚至在全球都属于技术较为领先、门类比较多的，例如钢铁和与之相关的有色金属产品加工制造、汽车制造和运输机械设备制造等，钢铁业与相关的加工业更是南非制造业中的支柱。其次，南非的基础设施近年来发展还是比较快的，特别是南非政府持续加大投入力度，包括为成功举

---

① 根据世界银行相关资料整理。

办 2010 年第十九届世界杯足球赛决赛圈的比赛，南非加大了电力、道路交通和运输等方面的基建建设力度。再次，南非能源资源比较丰富，相关的能源开发产业的基础还比较雄厚，电力工业在非洲大陆是比较发达的，南非是目前非洲唯一的能运用核能源进行发电的国家。最后，南非自然资源丰富，特别是矿藏非常丰富，矿产特别是贵金属开采历史悠久，相关技术在全球都算比较领先，例如钻石和黄金，已经形成了较为完备的现代化矿产开发体系，矿业等相关的传统工业发展水平居于非洲大陆的领先水平。

（二）南非工业的发展前景

一是南非会持续促进工业结构升级，朝新型工业方向发展。所谓的新型工业，就是在工业发展中充分使用人力资源，以追求高科技含量、高附加值和资源能耗低的生产，产生环保程度高的产品。虽然有工业发展模式和道路完全不同的发达国家和发展中国家模式作为参考，但是南非应根据自身的特点，充分利用原有工业发展的基础，遵循工业发展的客观规律，选择合适的工业发展模式，把高效、环保、数字化和民生等融入新型工业发展的进程中。首先，虽然南非资源丰富，但是也要注重在今后工业发展过程中提升资源的使用效率、降低能耗比、增加工业附加值，因为随着工业的深入发展，资源短缺问题迟早会出现，这要求南非政府应通过财政和货币政策的倾斜，支持企业进行研发，帮助企业与科研机构、高校开展合作，时刻注重把前沿科技运用到降低能耗的研发上，为动态创新、大规模研发提供制度支撑。其次，绿色经济的发展将会融入南非未来的工业发展中。在当前控制碳排放、控制温室气体效应的全球发展趋势下，南非也在积极考虑通过提升建筑排放标准，发展风能、太阳能等再生能源，征收碳税等方式，推动绿色经济和环保型工业的发展，包括大力发展生态农业和工业、融合生态服务业。今后，南非的工业发展还应继续把生态环境的建设融入工业产业的协调发展中，实现绿色生产、资源循环运用，即使在已经有较雄厚实力的石油矿产业，也要把绿色工业发展导入能源结构调节上来，将可再生能源、新能源融合到工业发展中。再次，未来将会把数字化、信息化与现代工业融合起来发展，例如华为一直在帮助南非进行数字化的发展。南非应充分利用现代信息产业已经发展起来的优势，把数字、信息技术运用到对传统工业改造、升级、转型中，改善生产、管理和运营模式，提升生产和市场效率，优化工业结构，强化工业企业和服务企业的融合，提升南非在全球工业体系中的核心竞争力。最后，未来工业发展应充分考虑民生改善问题，特别是强化对劳动者、生产者的关注。现代工业发展是以人力资本为基础的发展体系，采取何种激励手段、充分发挥劳动者的主观能动性，对未来工业发展至关重要，因此，应改善工作环境、提高劳动者待遇，把工业发展与完善医疗、保险、住房等各方面融合起来，提高人们的生活标准和劳动供给质量，这样才能保障新型工业的长期发展。

二是中国与南非在未来工业发展中合作将会加深，而中南合作将极大地助力南非工业发展。即将到来的第四次工业革命，以及区域经济一体化推动的全球化新型发展带来的历史性新机遇，将非常有利于南非的工业发展。正是在这种发展趋势下，为了人类命运共同体的建设包括对接联合国可持续发展议程，中国提出了"一带一路"倡议，愿携手世界各国包括南非等非洲国家，支持和帮助发展中国家加快工业和经济现代化发展，而对于非洲国家，特意强化了"一带一路"与非盟《2063年议程》的对接，助力各国的发展战略，携手实现可持续的经济发展。非洲包括南非拥有丰富的自然资源、人口红利和巨大的经济发展潜力，而中国有40多年改革开放的经验和自主探索工业发展道路的成功实践，这可以为南非未来工业可持续发展提供参考，经济与政治独立、社会秩序稳定、逐步消灭贫困、维持高速发展的经济，都为南非的工业发展提供了启示。此外，中国真心诚意地愿意为非洲国家可持续发展做出重要贡献，积极改善双边投资合作关系，愿意在基础设施建设、自然资源开发和人员培训、经济治理经验交流和工业发展的资金支持等方面成为中非合作的重要支柱，为深化中非互利合作创造各种有利条件。同时，中国还呼吁世界各国特别是西方发达国家认真履行历史赋予的使命和责任，一起努力支持非洲的可持续发展和持久和平。对于中国的支持和中南合作，南非联合执政和传统事务部副部长巴佩拉部长曾经表示，南非要想实现持续性的经济增长、带动地区的共同繁荣，工业发展是必经之路，只有加快工业发展进程，推动地区的经济快速发展，才能增加就业的岗位和机会、消减贫穷、提供更多的医疗卫生服务，对此南非将积极改善投资环境，完善政策法律，以吸引更多外国投资，尤其期待与中国一道进行工业发展，以合作互助实现可持续发展。南非贸易和工业部经济特区事务处处长克拉森也认为，要是仍然依赖矿业、农业和服务业等产业，南非经济很难被持续地拉动，因此必须开辟工业发展的新道路，尤其是在制造业领域；但是，要想快速实现工业发展，南非仍然面临基础设施差、企业创新不足以及人力资源短缺等诸多问题，而中国的投资和中南合作能够提供有效帮助。

三是南非应全力克服众多的不利因素，否则将严重影响未来的工业发展。尽管南非已经为今后工业发展打下了较好的基础，但是国内外经济形势、国内政治局势以及非洲和南部非洲地区间的关系等仍然存在的不利因素，都会影响其未来工业发展的进程。受全球疫情蔓延、世界经济持续疲软等的影响，南非的经济也受到了严重的冲击，国内生产总值增速呈现逐步下降的趋势，人均 GDP 也开始连续下降，而失业率持续上升，以及本国货币南非兰特持续贬值。这不仅严重影响了南非国内的社会经济发展，导致政府财政赤字急剧飙升、各地的罢工事件和骚动屡次发生加剧了社会局势的动荡，还影响到南非在全球和非洲大陆特别是在南部非洲地区的经济地位，这些都不利于未来工业的发展。此外，南非经济发展最大障碍之一的电力短缺仍然没有得到充分解决，电力来源单一问题仍然非常突出，在经济持续发展、生产和生活用电需求高速增长的情况下，南非还经常出现全国性的电荒现象，加上目前发电设备持续老化，需要进行大面积的更新换代，这将会进一步加深南非的电荒问题，也会严重影响未来的工业发展进程。

因此，要想解决未来工业发展进程道路上的障碍，南非尤其应注意几个方面的处理。首先，应加强政府在工业发展进程中的调控和积极作用，不单是颁布和执行符合本国实际情况的财政和货币政策，从宏观层面上把控整体的经济发展，还要从中观层面上对工业内部结构和产业模式进行调整升级，促进生产组织模式优化，降低对初级资源和能源的依赖，缓解电力等能源短缺的问题。其次，在国内，南非应加强民生系统的改革与基础设施的建设，特别是应强化就业、教育、医疗保健等方面的保障体系的建设，提高居民医疗健康水平，提供更高素质的劳动力，创造新的就业岗位，扩大就业，降低失业率。在国外，南非应充分利用其地缘优势，积极参与国际事务，增强与世界各国的友好往来，特别是彰显非洲地区领头羊的大国风范，促进非洲大陆和南部非洲地区的交流和国际合作，还要充分利用金砖大国的地位，强化与拥有类似经济特征和产业结构互补的金砖其他国家在能源生产和消费等方面的互补，除了强化经济和资源之外，还要在环境保护、国际关系处理等不同方面交流与合作，带动非洲国家进入合作圈，构建可以持续发展的区域合作模式。最后，南非应积极吸收他国工业发展的经验，结合当今世界科技、经济、社会等方面的发展趋势，以促进企业和地区创新为根本点，进行各方面的资源整合，坚持动态创新，找到最适合自身、最符合当前环境和未来发展的工业发展模式。

五　案例分析：华为与海信[①]

（一）华为与海信在南非的投资概况

华为在 5G、全光网络、智能 IP、ADN 等未来网络技术创新领域都处于世界领先地位，并一直积极拓展海外市场。从 2000 年进入南非开始，华为开始主攻非洲市场，2014 年华为第一个将 4G 引入南非。依靠技术和品牌优势，华为逐渐成为南非所有主流运营商的合作伙伴，目前已经是南非第二大综合设备供应商、第一大 CDMA 产品供应商、第一大 NGN 产品供应商、第一大传输产品供应商、第三大 GSM 产品供应商。华为在非洲投资大量基础设施建设，华为是当地电信建设的唯一主导企业，高达 70% 的 IT 主干网络都是由华为建设的。

---

① 案例分析的数据均来源于华为与海信的官方网站。

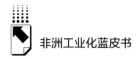

近年来，新兴信息制造和服务是华为在南非的主要投资方向和业务，包括提供华为云服务，构建智能非洲。南非拥有非洲最现代和最广泛的基础设施，同时有非洲最大的海底电缆系统，ICT 基础设施建设在非洲首屈一指。在南非部署业务，不仅可以服务于南非本地市场，而且可以南非为中心，辐射整个南部非洲区域。华为选择在南非建设数据中心，将华为云服务提供给整个南部非洲甚至全球的客户。2018 年，在南非通信展览会上，华为宣布开服华为云南非大区，并于当年 12 月底云服务正式提供上线，这是全球首个非公有云服务提供商在非洲当地设立数据中心提供云服务。随后，华为云以约翰内斯堡为本地数据服务中心进行部署，向全南非及周边国家延伸服务，以提供延时更低、更加可靠安全的云服务，通过提供云计算、人工智能等创新技术和服务，华为云助推当地企业和产业实现"蛙跳式"发展、从传统的记账模式进入智能云时代。华为云在南非大区开服，不仅帮助了当地的企业和产业发展，还有利于政府、通信运营商、金融机构、能源和农业部门、中小企业、技术合作伙伴等多方面的融合，实现整体跨越式发展，构建物联、互联的智能化南非。同时，在南非，华为还积极部署 5G 基建。2019年世界移动大会上，华为宣布与南非最大的移动数据网络运营商 Rain 合作，共同构建当地首个 5G 商用网络，使南非成为非洲大陆第一个让 5G 成为现实的国家。除了部署新基站外，华为的解决方案还能让 Rain 充分利用其现有的 LTE 网络来分配频谱为 5G 部署，以充分利用现有的基础设施和设施共享技术，促使 Rain 可以高速并低成本的模式推广 5G 商业网络，这最终使得 Rain 能够持续地推广覆盖南非主要城镇的 5G 网络建设，为当地家庭和企业提供更优质便捷的超宽带服务。

对比华为，海信进入南非市场更早。1994 年，海信以南非作为国际化第一站，主要从事贸易工作。1996 年，海信与当地人合资在约翰内斯堡建了一家电视机加工厂，并正式成立了南非海信发展股份有限公司。1998 年，南非海信公司逐渐打开市场，进入当地渠道，并开始着手品牌培育。1999年，在当地的机场高速公路旁，海信竖立了第一个广告牌，标注着"Hisense, 中国知名品牌"。亚洲金融危机之下，2000 年韩国大宇在南非经营不善、无法维持的电子工厂被海信收购，取而代之的是现代化的电视机生产厂。2013年，海信和中非发展基金决定在亚特兰蒂斯建厂。这是"一带一路"建设的代表项目，双方共同出资3.5亿兰特建设了占地超过10万平方米的海信南非工业园，撑起非洲最大家电生产基地，这是近40年来中资企业在南非的家用电器制造业投资额最大的一笔。此后，在南非的电视和冰箱市场，海信的占有率节节攀升。2016年3月，超过三星，海信排名南非电视销售量市场份额第一，并连续9个月蝉联销量冠军；11月，海信冰箱销售额和销售量又双双成为南非市场第一。海信成为当地首屈一指的家电品牌。

2018年6月，亚特兰蒂斯正式升级为南非国家级特别经济区。2018~2019年，为改进冰箱和电视线体技术，海信南非又增加了7200万兰特投资，具备了本地化生产高端对开门节能冰箱和风冷型节能冰箱的能力，成为南非为数不多的大型白色家电生产企业之一，年产能达到100万台彩电和50万台冰箱的生产水平。经过20多年的成长和发展，在南非，海信现已成为电视、冰箱市场占有率第一，销售产品线覆盖电视、冰箱、冷柜、手机、空调、洗衣机、小家电等多种产品品类的知名家电品牌。

（二）华为与海信在南非的发展战略对比

充分利用高科技的绝对优势是华为在南非发展的主要战略，其中发挥优势打造智慧城市是华为的主打产品之一，而南非艾古莱尼市是华为在非洲打造智慧城市的第一个目标。2018年，华为开始助力艾古莱尼市成为南非智慧城市领跑者。艾古莱尼市位于南非经济最发达的豪登省，是南非最大的空运、铁路和数据中心枢纽，该市制造业集中，是南非重要的工业城市，在医疗健康、教育交通、安全保障，以及电、水、公共卫生与紧急情况处理等基础服务领域都有着强烈的转型发展意愿。利用华为强大、开放的数字平台，从云数据中心到融合通信可以提供智慧城市开发中的各项方案，同时华为也支持第三方接入，这更有利于帮助构建繁荣的智慧城市生态系统。为了帮助艾古莱尼市打造智慧城市，华为首先是通过为第三方提供宽带接入服务来构建光纤宽带基础设施，帮助数据中心增强接入功能，增强为企业和当地经济发展的赋能作用。到目前为止，超过 1400km 的光纤网络已建成，这使得艾古莱尼市当地企业客户通过共享的基础设施及简化网络的复杂度，降低了75%的生产成本。其次，通过无线宽带连接的逐步强化，华为增加商业运营的机会。最后，增强艾古莱尼市 27 个政府部门和公共事业单位的视频会议系统，尤其是针对分布在不同地点的同一个部门的情况增强视频沟通功能，以减少工作人员频繁在城市中四处奔走参会。为此，通过把视频会议系统部署在艾古莱尼市的所有重要建筑中，政府部门与公共事业单位的及时、高效沟通将得到极大的保障。通过提供端到端的视频会议解决方案，华为不仅为艾古莱尼市节省了开会的时间、降低了成本，还利用低带宽、高质量的视频提供给当地企业客户极佳的会议体验，简单易用的视频会议使得客户办公效率得到了大幅度的提升；此外，通过融合互通办公和业务系统，华为的视频会议解决方案还可以进一步助推客户业务的发展。在华为的助力下，有线和无线网络、强大的云数据中心已经部署覆盖了艾古莱尼市全市，并开始应用到部分政务系统，以打造后续智慧城市发展的基石。依据发展规划，华为未来还将对物联网和其他智慧应用方面的构建进行助力，帮助打造交通、楼宇、抄表、教育等多方面的智慧系统，以及基于统一指挥和控制的智慧化体系，提升城市的管理能效，让"善政、惠民、兴业"得以实现，使得艾古莱尼市真正成为南非的智慧先锋城市。

勒斯滕堡市也是华为助力非洲打造智慧城市的典型例子。该市是世界最重要的铂金矿开采地，被誉为世界铂金之都。铂金产业带动了城市经济增长和城市扩张，使之成为南非发展最快的城市之一，但当地 ICT 基础设施落后且互联网普及率较低，造成市政客户缺乏在线自助服务渠道、交通运输和支付效率低下、市民通勤时间较长。2019 年 4 月，华为联合 Electronic Connect 对勒斯滕堡市进行了智慧城市顶层设计以及新商业模式的探讨，将华为服务于全球 40 多个国家 200 多座城市的丰富经验带到了勒斯滕堡市的建设中。勒斯滕堡将建设城市物联网平台，基于华为提供的 eLTE-IoT 和 EC-IoT 网络连接城市中的所有智能传感设备，为城市提供创新应用和公共服务，有效管理公共资源，并降低运营成本。在城市公共安全方面，先进的通信、监控、视频分析和识别系统将有助于警察减少响应时间、提高协同效率，更快地解决刑事案件，有效控制犯罪率。

海信主要进行本土化战略来深耕南非的消费市场。依据在市场调研的过程中海信发现的女士在厨房做饭时喜欢照镜子的情况，于是黑色镜面冰箱就在当地推出；海信以当地人喜欢喝冷饮的习惯改进了冰箱产品，通过外接接水盘的方式植入冰水盒到冷藏室以快速供应冰水。这些符合当地人习惯的特色功能的产品一经推出，便受到当地人喜爱，产品大卖。此外，南非贫富差距较大，面向不同的用户群体，海信把智慧家庭纳入重点战略之一。在互联网电视上，海信应用商店 Remote Now App 的下载可以帮助消费者通过手机来对电视进行移动遥控，这一符合当地潮流趋势的新功能推出后，大受高端消费者的欢迎。

通过核心管理和工作授权，海信以本土化管理当地员工，建立生产、销售、物流、售后、促销等运营团队，外方管理层的工作思路得到充分发挥，当地法律法规被严格遵守，并积极主动进行沟通，更好地跨越文化和语言的障碍，使得当地文化习俗和员工生活习惯受到极大的尊重。同时，创新地利用"产业+园区"的经营模式，海信成功融合了当地产业的上下游企业，增强上下游协同，加强工业园区周边的多行业供应商的互助，谋求合作共赢，有效地解决了在中非产能合作、对非洲投资过程中存在的当地产业配套设施和功能不足、单个企业投资当地风险高的问题，成功带动相关产业国企的成功"出海"。海信目前在南非已经建设形成了以家电生产为核心的综合性园区，进入产业园的制造加工及贸易企业达到 14 家，而周边聚集的为园区提供配套服务的企业更是达到 150 家。

（三）重视本土就业培训，推动就业和可持续发展

华为和海信在南非都非常重视招聘当地的员工和进行培训工作。2014年底，华为南非员工总数为 1028 人，其中本地员工超过 60%，随后 5 年，华为加大南非本地投入，员工数量增加 50%。同时，华为南非公司每年还

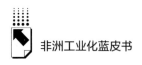

为进入 ICT 行业的小公司提供运营和技术培训，为当地社会培养 ICT 人才，这不仅带动了上下游产业链发展，还培养了大量信息和通信技术人才，为南非网络基础设施发展做出了巨大贡献。

同样，海信南非工厂投资建厂以来，为亚特兰蒂斯地区提供了近千个直接工作岗位，其中海信南非公司雇用了 800 多名当地员工，占员工总数的 90%，包括占比超过 25% 的当地女性员工。在海信南非园区建设前，亚特兰蒂斯社区失业率高达 40%，大量适龄劳动力没有工作，犯罪率高。园区建好后，海信通过带动上下游产品和服务，间接为当地社会创造超过 5000 个工作岗位，累计当地缴纳税金 9300 万美元、创汇 5800 万美元，不仅促进了当地经济发展，也很好地帮助当地解决失业问题。

海信也非常重视当地员工的培训工作，让员工与公司一起成长，例如，通过职业辅导计划对当地雇员展开培训，使得约有 70% 的管理岗位由当地员工担任。此外，2019 年，约 1000 名 18~25 岁的农村失业青年就得到海信南非的系统性培训，而且还与亚特兰蒂斯中学合作，建立了海信南非技术研究与发展培训基地。目前，该基地累计培训达 1400 人次，帮助学员掌握电子技术、软件和设备控制等技能。海信南非项目在提升当地制造能力和技术水平的同时，也在生产"优秀的生产技术及管理人才"，促进南非增强自身经济造血功能和可持续发展能力。

（四）积极融入当地社会，承担社会责任

除了帮助当地解决就业问题，华为和海信还积极承担在南非的社会责任。例如，作为负责任的企业公民，华为积极帮助南非发展教育。根据《国际阅读素养进步研究》，南非学生中 78% 在一至三年级扫盲基础阶段表现不佳，缺乏基本的英语阅读理解能力。为此，2020 年 7 月，华为与南非运营商 Rain、非营利教育组织 ClickFoundation 合作开展 DigiSchool 项目，响应南非政府的号召，确保所有儿童在三年级结束前能够流利地阅读并理解相关内容，推动了当地的教育发展。

海信南非在为当地经济发展做出贡献的同时，积极投身公益活动，例

如，在曼德拉日为当地养老机构的 700 多位鳏寡老人送去温暖，为约翰内斯堡的非营利性儿童护理中心捐赠电视和生活学习用品；还有捐助南非红十字儿童医院等项目，积极帮助解决南非、北非、中非等地区的教育问题。建立八年来，海信南非每年都有超过 100 人次的员工参与公益活动，捐助的金额也累计超过 100 万美元，这不仅对社区环境和面貌的改善有极大的帮助，也有助于推动社会不稳定因素的消除。对环保事业的支持，也使得海信在南非收获了更高的口碑和更多公众的认可，包括在海信南非工业园内坚持使用清洁能源，减少传统电能的消耗，使得从原材料到生产加工，均严格遵守节能环保的原则。

新冠肺炎疫情暴发以来，华为积极承担社会责任，向南非捐赠 100 万兰特及 100 万只口罩，而海信南非投入约 300 万兰特，引入新的设备和健康安全防护措施，有效减少了病毒的传播。同时，海信南非连续组织了多场捐赠活动，向医院和社区捐赠了大量的产品和防疫物资，南非劳工部、开普敦市政府及媒体高度赞扬其为当地社区所做的贡献。

（五）未来的发展机遇与需要注意的问题

2020 年新冠肺炎疫情全球蔓延，南非也采取了全国物流限制政策，这极大影响了零售业，特别是只允许食物药品等生活必需品的出售不仅影响了线下门店渠道，还影响了线上电商渠道。封锁时间的延长导致人民生活日益困难，民众开始强烈要求对电商全品类销售的开放，对此，南非政府把全国封锁降为四级，并解除了对电商零售业的限制，全品类商品被允许网上销售，这使得网购替代线下门店成为南非人购物的"新选择"，线上零售额迅速增加。面对疫情下南非电商发展的"新常态"，海信公司以提前做好部署来及时抓住机遇，与 TAKEALOT 进行积极的沟通，并分享给对方中国电商的经验，包括产品展示信息平台的优化，以使得消费者对产品有更全面的了解，强化与物流公司战略合作，全面提升对商品的供应与配送能力，大幅度缩短产品的交付周期。因此，2021 年 5 月海信在 TAKEALOT 渠道的出货额相比封锁前增长了 260%，而且除了销量领先之

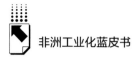

外，用户对海信的每款产品都给予了很高的评价，包括用户对全部热销产品都给予了全五星的好评。

参考文献

何金祥：《南非矿产工业的现状、挑战和前景》，《中国矿业》2019年第11期。

毕莹：《南非煤炭工业发展趋势》，《中国煤炭》2021年第3期。

刘艳：《南非汽车产业政策的发展及〈新能源汽车发展草案2021〉》，《汽车与配件》2021年第14期。

专题篇

Special Reports

B.8
中非经济合作对非洲工业发展的影响*

计飞 张越**

摘 要： 非洲国家开展对外经济合作、促进非洲大陆经济增长有助于为非洲工业发展奠定良好的基础，确保工业化进程的连贯性和可持续性。中非在贸易、投资、金融、基础设施建设和援助等领域保持密切合作关系是符合双方利益的必然选择。未来，在继续深化中非经济合作的同时，既要克服来自其他国家的排他性竞争障碍，也要高度重视非洲国家的本土化立法趋势，不断提高中非经济合作质量。作为非洲工业发展的大力支持者和积极参与者，中国也将和国际社会一道，鼓励和支持非洲国家开展符合自身国情的工业化道路探索。

* 本文系广东省哲学社会科学规划青年项目（GD20YHQ01）、广东省普通高校青年创新人才类项目（2018WQNCX034）、广东外语外贸大学非洲研究院重点招标课题项目（232-X5222189）的阶段性成果。

** 计飞，经济学博士，广东外语外贸大学非洲研究院讲师，研究方向为非洲经济、国际政治经济学；张越，对外经济贸易大学国际经济研究院硕士研究生，研究方向为国际投资。

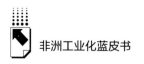

关键词： 中非合作　非洲工业化　非洲经济

　　当前，非洲国家工业发展处于关键时期。非洲绝大多数国家的工业化水平较低，内生增长动力的缺乏使得非洲各国的工业化对经济的拉动作用不明显。在立足于自身经济发展的同时，非洲国家的工业发展还亟须国际社会的大力支持与帮助。非洲是发展中国家最集中的大陆，中国是最大的发展中国家。中非开展经济合作具有历史的必然性，发展与非洲国家之间的友好关系是中国的长期战略选择，也有助于构建更加紧密的中非命运共同体。中国对非经济合作一直位于国际社会对非经济合作的前列。进入新时代，在习近平主席提出的正确义利观和真、实、亲、诚对非理念的指导下，中非经济合作在取得丰硕成果的同时，也为非洲工业发展提供了力所能及的帮助。

　　中非经济合作也面临一系列的重大挑战，既有来自西方发达经济体对中非关系的抹黑、指责和攻击，也有来自非洲国家内部涉及本土化政策的最新发展动态。西方国家竭力鼓吹"债务陷阱论"，将中非之间的双边债务问题多边化、将经济议题政治化、将简单的商业关系复杂化。同时，部分国家还通过加大对非洲大陆的投入，同中国开展排他性的战略竞争，试图挤占中非经济合作份额，在非洲地区构建排除中国的供应链和价值链体系。非洲多个国家已经大力推动本土化立法进程，在矿业、能源资源开发等中非合作重点领域，本土化立法有可能在未来会进一步成为非洲各国争相效仿的发展趋势，涉及股权比例和商业利益划分等现实问题对中非未来的经济合作提出了更高的要求。

　　中非经济合作符合包括中非双方在内的世界各国利益。中非经济合作为非洲国家的工业发展提供了坚实的基础，有助于非洲国家工业化政策的连贯性和持续性，客观上也为非洲国家提供了不同于以往的新的选择，有助于非洲国家避免在此前工业发展进程中所出现的为了获取外部援助而被迫接受含有苛刻附加条件的工业发展方案，提升了非洲国家在开展工业化过程中的自主选择权和谈判话语权。面对百年未有之大变局，中国将继续参与非洲国家的一体化建设和工业化进程，深入推进中非合作共建"一带一路"，支持非洲国家开展符合自身国情的工业化道路探索，彰显中国负责任的国际形象。

一 中非经济合作现状

中非双方在贸易、投资、金融、基建和援助等领域保持着高水平合作关系。大量具有浓郁非洲特色的商品以零关税方式进入中国市场，中国及时为相关项目提供投融资和出口信用保险支持，加快中非本币结算、互换安排，以基础设施合作带动非洲经济发展，积极响应对非缓债倡议。中非经济合作呈现范围不断扩展、水平不断加深的特征，双方经济合作为非洲工业发展奠定了坚实的基础。

（一）贸易领域

十余年来，中国一直是非洲大陆的第一大贸易伙伴国，中非双边贸易关系持续稳步发展，贸易结构不断优化。除传统的劳动密集型商品外，近年来，中国对非商品出口的技术含量和附加值不断提高，对非出口产品中，高新技术类商品、工业制成品和机电类产品所占比例有所增加。2017年12月，中国正式开启同毛里求斯的自由贸易协定谈判。2019年10月，两国正式签署自贸协定，2021年1月1日协定已正式生效。中毛自贸协定是中国和非洲国家签订的第一个自贸协定，具有重要意义。两国在货物贸易、服务贸易、投资经贸规则等领域达成一致，将中非经贸关系提升到新的高度，也是对中非全面战略合作伙伴关系的具体诠释。在发展同非洲国家和地区的经贸关系往来过程中，中国主动扩大非洲各类产品对华出口，为超过30个国家的涉及97%的税目产品提供零关税。在对非经贸制度安排中，中国以帕累托改进而非帕累托最优作为自贸协定谈判的目标，从未寻求关税对等减免，充分照顾到了非洲各方的利益关切，赢得了非洲国家的高度赞赏。近年来，中非双方充分利用跨境电商等优质平台，直接将非洲产品同中国市场相对接，不断提高经贸合作效率。

从表1中可以看到，在货物贸易领域，以2021年为例，美、日、欧的对非进出口水平更为均衡，中国则长期处于贸易顺差地位，中国同非洲国家的贸易有待进一步平衡。横向比较不同经济体可以发现，中国同非洲国家的货物贸易额仅次于欧盟，美日两国同中国相比存在较大差距。结合表2来看，中国与非洲的服务贸易往来中，近年来中方整体处于贸易逆差地位。就服务贸易水平和规模而言，中国同美国、欧盟还存在明显差距，对

表1 全球主要经济体与非洲货物贸易情况

单位：亿美元

年份	中国		美国		欧盟		日本	
	出口	进口	出口	进口	出口	进口	出口	进口
2014	1058.49	1156.31	380.52	355.60	1886.43	1820.31	104.17	168.58
2015	1085.19	704.69	271.11	263.55	1570.29	1333.24	85.39	115.39
2016	934.89	568.27	218.22	276.33	1461.29	1155.08	76.93	73.41
2017	948.84	757.62	220.57	345.98	1538.92	1341.27	74.79	83.01
2018	1049.59	990.26	260.49	368.64	1659.49	1619.29	81.10	89.70
2019	1130.61	950.19	267.27	311.85	1593.15	1565.47	89.76	84.20
2020	1139.82	727.47	219.29	244.26	1403.07	1199.88	79.13	86.15
2021	1341.25	953.73	266.53	386.10	1699.54	1741.59	95.83	139.39

资料来源：UNCTAD数据库、OECD数据库。下同。

表2 全球主要经济体与非洲服务贸易关系

单位：亿美元

年份	中国		美国		欧盟		日本	
	出口	进口	出口	进口	出口	进口	出口	进口
2014	67.44	78.27	138.10	72.31	482.64	413.16	22.31	24.43
2015	64.06	75.28	140.83	71.19	478.01	391.91	15.44	24.30
2016	59.01	71.41	133.70	73.63	438.92	363.83	12.75	22.73
2017	64.16	81.98	144.04	86.33	415.18	376.21	20.84	23.45
2018	75.21	88.84	153.91	94.16	447.40	426.70	19.99	20.49
2019	77.34	86.82	148.75	91.15	445.89	426.27	30.23	21.22

非服务贸易规模尽管高于日本，但是从服务贸易进出口差额角度来看，日本同非洲国家的服务贸易水平更为均衡。

（二）投融资领域

在中非经济合作中，投融资合作是最具有代表性的领域之一。在充分考虑到非洲国家需要的基础上，中国结合自身优势等现实考虑，积极鼓励中国企业赴非开展投资活动，持续扩大投资规模。同时，包括政策性银行在内的相关金融机构及时为涉非投资项目提供出口信贷支持和投融资服务，为非洲工业发展提供了巨大的帮助。在中非双方的共同努力下，中国对非投资领域不断扩展，投资项目整体运作良好。结合表 3 来看，截至 2020 年，中国对非洲开展直接投资占比最高的行业分别是建筑业、采矿业、制造业、金融业以及租赁和商务服务业，五大行业约占到中国对非投资总量的 85%。中国对非投资极大地提升了非洲国家的工业化水平，促进产业发展，为其创造了大量的外汇收入。官方数据显示，截至 2020 年，中国对非直接投资超过430 亿美元，在非中国企业超过 3500 家，"抱团出海"的民营企业日益成为中国对非投资的主力，在非从事资源开采、装备制造、农业开发、家电生产、加工冶炼等领域的中国企业雇用了约八成的非洲当地员工，为非洲各国创造了数以百万计的工作岗位，为非洲培养了大批具有较高素质、掌握专业技能的熟练劳动力。

从表 4 中不难看出，近年来，中国对非洲国家的投资水平不断上升。相比而言，美国对非洲国家的投资呈现明显的下滑态势，对非存量投资不断减少。2011 年，中美两国对非投资水平分别为 162.44 亿美元和 569.96 亿美元，到 2020 年的十年间，中国对非投资规模不断增加，逐步缩小了同美国的对非投资规模差距。早在 2014 年，中国央行和非洲开发银行共同建立了非洲共同增长基金，为非洲公共领域的项目提供了约 11.4 亿美元的资金支持。2015 年，中非合作论坛约翰内斯堡峰会上，习近平主席宣布提升中非发展基金规模至 100 亿美元。2018 年，习近平主席在中非合作论坛北京峰会上宣布设立 50 亿美元的自非洲进口贸易融资专项基金。中国同非洲国家一道，为中非经济关系发展和非洲工业化提供了多种可供选择的投融资渠道，大大缓解了非方工业化过程中的项目融资压力。

表3　中国对非洲直接投资存量前五位行业（2020年末）

单位：亿美元，%

行业	金额	占比
建筑业	151.5	34.9
采矿业	89.4	20.6
制造业	61.3	14.1
金融业	41.4	9.6
租赁和商务服务业	23.5	5.4

资料来源：《2020年度中国对非直接投资统计年报》。

表4　中美对非投资存量水平

单位：亿美元

年份	中国	美国
2011	162.44	569.96
2012	217.30	558.49
2013	261.86	608.84
2014	323.50	690.29
2015	346.94	520.04
2016	398.77	499.26
2017	432.97	504.03
2018	461.04	480.69
2019	443.90	460.53
2020	433.99	475.00

资料来源：《2020年度中国对非直接投资统计年报》，美国经济分析局（BEA）数据库。

（三）金融领域

金融是现代经济的核心，也是一国经济发展的命脉。确保中非金融合作的安全稳定运行，才能充分有效地实现货币资金的筹集、融通和使用，才能确保和促进非洲各国实体经济的良性循环，才能在非洲工业发展过程中合理高效地配置社会资源、保障工业化进程的持续稳定发展。中国和非洲在金融领域开展了卓有成效的合作。中非双方的中央银行以及相关金融机构积极尝试开发中非市场，积极探讨本币结算和互换安排的可能性，为中非金融合作提供便利化服务。中国同非洲多个主权国家签订了金融监管合作的谅解备忘录，确保金融发展有序合规。目前，人民币跨境支付系统（CIPS）已经覆盖了近20个非洲国家，为深化双边合作奠定了良好的基础。在非洲工业发展过程中，中国还主动寻求参与非洲开发银行等数个多边机构，在向非洲开发基金注资的同时，也参与非洲各国国内的相关金融业务。

当然，中非金融领域的合作还存在一定的不足。中国和非洲国家达成的本币互换协议金额远低于同日本、新加坡和澳大利亚等发达国家，出于客观因素的影响，中非本币结算和互换安排仍受到一定限制。此外，人民币跨境支付系统在非普及率仍然较低，在非洲的代表性和认可度有待进一步提升。

（四）基建领域

在非洲工业发展过程中，加强非洲大陆内部之间的互联互通、改善落后的基础设施建设状况早已成为各方共识。在开展中非经济合作过程中，中国一直大力支持非洲国家将基础设施建设作为推动非洲工业化、实现非洲经济发展的重要途径，众多中国企业也积极响应国家号召，采取多种方式参与到非洲国家的基础设施建设当中。中方参与基础设施建设的企业既涉及项目建设和投资阶段，也涵盖项目后续运营和管理阶段。相关企业主营业务包括为非洲国家修建新的铁路、公路、桥梁或对已有工程项目进行升级改造，加快港口建设，特别是与国际贸易相关的深水港建设，增加现有电力装机容量，铺设输变电线路和光伏电站，极大地缓解了非洲大陆经常出现的用电紧缺问题。中国参与非洲国家基础设施建设项目，对项目所在国和沿线地区的经济发展、人员流动和商品运输起到了明显的带动作用。部分"旗舰项目"还采用具有完全知识产权的中国技术标准。从基建合作方式来看，中国参与对非基建的企业会根据非洲不同国家或地区的异质性特征，灵活采取建设—经

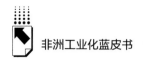

营—转让（BOT）、建设—拥有—经营（BOO）或政府和社会资本合作
（PPP）等模式。

从表 5 中可以看到，2011~2020 年，中国对非承包工程项目的完成营
业额呈现明显的"先升后降"特征，特别是在新冠肺炎疫情发生后，项目
完成营业额出现一定程度的下滑，2020 年完成营业额仅为 383.30 亿美元，
甚至一度跌回 2011 年的水平。由于受到疫情等因素的影响，原有的供应
链和产业链出现中断，相关企业海外工程项目建设所需的基本物资、原材
料等出现明显短缺，项目技术人员受到各国疫情防控政策的影响，无法按
时出入境，难以及时为海外项目建设提供专业性技术指导。上述多种负向
因素在短期内叠加，影响了企业海外工程项目的整体进度，部分在非洲的
基础设施建设项目难以按时完工，少数项目甚至被东道国所终止，其他项
目一旦未能按时履约交付，相关企业通常还会面临后续高昂的诉讼成本和
赔偿要求。

表 5　中国对非洲承包工程项目

单位：亿美元

年份	完成营业额	年份	完成营业额
2011	361.22	2016	514.60
2012	408.35	2017	511.88
2013	478.91	2018	488.39
2014	529.75	2019	460.13
2015	547.84	2020	383.30

资料来源：国家统计局。

（五）援助领域

中国是非洲国家实现经济发展、推动工业化进程的坚定支持者和积极参
与者。在立足于自身发展的同时，中国还承担着与自身经济发展水平相适应
的国际责任，积极呼吁国际社会持续关注、积极回应非洲国家和人民要求改

善生活状况、实现国家发展的合理诉求。中国对非洲提供了大量的援助，涉及公共交通、医院和医疗设备、文化体育场馆、学校和职业人才培训中心等多个与非洲民众日常生活密切相关的项目建设，受到了非洲各国人民的大力支持和普遍欢迎。此前，中国已多次免除非洲最不发达国家的对华到期未偿还贷款债务，减轻了非洲国家经济发展过程中的巨大压力。在新冠肺炎疫情暴发后，部分非洲国家面临着短期内激增的还款压力，中国在免除多达 15 个非洲国家的已到期无息贷款的同时，还积极呼吁并支持减轻非洲国家相关债务负担，积极落实在二十国集团框架下涉及最贫困国家债务的暂缓倡议。对比二十国集团中其他成员国所承担的缓债比例而言，中国的债务暂缓金额是最大的。

二 中非经济合作对非洲工业发展的影响

中国既是非洲工业发展的坚定支持者，还是非洲工业发展的积极参与者。中非经济合作为非洲工业化提供了巨大的外部助力，有利于非洲国家探索符合自身国情的工业发展道路。考虑到非洲工业发展的长期性，中非开展经济合作提高了非洲国家的抗风险能力。中非经济合作为非洲国家提供了更多的选择，也在客观上有利于其在国际谈判中提升谈判地位和制度性话语权，非洲各国的工业发展进程还充分借鉴了中国的成功经验。

（一）中非经济合作为非洲工业发展奠定了坚实的基础

结合包括中国在内的世界各国的发展实践来看，工业化是一国实现经济发展的前提条件，也是非洲最终能够顺利实现可持续发展和包容性增长的必由之路。对于非洲大陆来说，工业发展的推进进程还是非洲各国解决现阶段自身诸多社会问题和经济问题的关键所在。尽管非洲联盟和非洲各个主权国家在《2063 年议程》和国家战略发展报告中均提出了非洲工业化的发展目标，特别是涉及具体执行上有着清晰和细化的政策实施路径，但是客观来看，由于相当数量的非洲国家经济结构比较单一，经济发展和财政收入严重依赖资源能源等初级产品出口，这一局面在短期内难以得到根本性转变。非洲工业发展所必备的前期基础较为薄弱，基础设施建设明显滞后于现实需求，导致工业发展的内生动力不足。当前全球经济遭受新冠肺炎疫情冲击，俄乌冲突对非洲经济、粮食安全、能源价格带来了巨大冲击，也对非洲未来的工业发展前景造成了极大的不确定性。非洲未来的工业发展除了立足于自身，也需要来自国际社会的帮助和支持，为其工业发展提供一定的外部助力。

作为非洲工业发展的支持者和参与者，中国从贸易、金融、投资、基础设施建设、对外援助等方面为非洲提供了巨大的帮助。从中非经济合作的现实条件来看，中国拥有非洲工业化所急需的资金、技术、人才和设备等，非洲自身有着丰富的自然资源和充足的劳动力，双方在互利共赢的基础上开展工业化合作存在天然的契合。根据官方数据统计，截至2021年，中国已经与10余个非洲国家建立了涵盖工业化的产能合作机制，通过园区建设吸引了来自中国和世界各地的投资，企业开展本土化生产也与非洲主权国家的本土化立法趋势相一致，促进了东道国的经济发展和民众的收入水平提升，也在一定程度上培育了初具规模的产业价值链。此外，铁路、公路和航空网络等领域的投资建设，极大地提高了非洲各国经济的联通效率，大大缓解了非洲国家工业发展过程中的原有壁垒和堵点，促进了非洲工业发展进程。同时，多家中资企业还准确捕捉到非洲工业发展过程中电力不足的既有短板，通过建设光伏电站、扩充装机容量等方式，缓解了非洲经常出现的限电、停电的局面，为非洲工业发展奠定了坚实的基础。

（二）中非经济合作确保了非洲工业发展道路的持续性

通过主动参与全球经济、融入国际经贸体系的方式获得外部助力是非洲各国在工业发展过程中的重要特征之一。随着经济全球化和区域经济一体化的发展，非洲国家参与世界经济发展的门槛已经大为降低，这一现实状况对非洲国家及其工业发展道路来说也是一把"双刃剑"。一方面，非洲国家可以较为顺利地积累工业化进程中的必要条件和前期基础，借助国际社会的力量获得工业化所必需的外部持续助力，通过内外兼具的方式达到工业发展的理想目标；另一方面，非洲国家对全球经济的高度依赖和倚重进一步固化了其原本的经济结构，在短期内被视为助力的世界经济反而成为非洲国家实现工业发展的长期障碍。在外部经济不景气，特别是存在突发性事件的情况下，非洲国家反而会比其他经济体受到更大的波及和负面影响，这对于顺利实现工业发展而言绝非利好消息。新冠肺炎疫情、俄乌冲突对非洲国家的经济发展、粮食安全造成的巨大影响足以充分说明这一点。在非洲国家受到外部冲击的情况下，工业发展进程难以如期进行下去，一旦出现中断，非洲各国还面临着较大的前期投入成本。

因此，开展中非双边合作有助于确保非洲工业发展的连贯性和可持续性，有助于确保非洲国家不受国际形势变化的较大冲击、有助于确保非洲各国政策执行稳健。从非洲各国的已有实践来看，在能源资源等大宗商品价格位于低位的时候，非洲各国的财政收入较为有限，难以投入更多的财力用于工业发展；反之，在国际大宗商品价格不断攀升的时候，依靠各类能源资源的出口，非洲国家可以为工业发展提供较好的基础。换言之，非洲国家需要警惕工业发展遭受短期内利空或利好因素的干扰，中非合作可以将非洲工业发展过程中面临的波动等各种因素影响降至最低，为非洲工业发展进程提供切实、有效的外部助力，确保了非洲国家工业发展中所需的必要资源和条件。在经贸、投资、金融、基建和对外援助等方面，中非双方开展的有效合作也最大限度地降低了非洲工业发展进程中的不确定性。

（三）中非经济合作有助于非洲提升涉外谈判的自主权

回顾非洲工业发展进程，20 世纪 80 年代前后，非洲国家改变了早期阶段的发展方式，开始转向以市场化、私有化为导向的工业发展路径，使得非洲的工业发展进程遭受了重大挫折。当时在西方世界中，基于华盛顿共识下的"新自由主义"观点十分盛行，拉美国家出现的债务危机更进一步固化了发达经济体对非洲工业发展需要改革的既有判断。此时，非洲国家的工业发展进程处于加速阶段，对来自外部的贷款援助十分看重，因此，国际组织和西方国家在同非洲国家的谈判中，人为地将提供贷款与基于新自由主义理念指导下的改革相挂钩。尽管这一做法引发了非洲国家的强烈不满和严厉批评，但是毕竟在涉外谈判中非洲国家难以实现政策的横向联合，且处于绝对弱势的地位，为了已经起步的工业发展进程不被中断，绝大多数非洲国家不得不接受包含诸多附加条件的贷款援助，最终导致对非洲各国后续发展的负面影响，非洲工业发展也并未取得如西方国家所预期的成效。

不过，这一局面在中非开展密切的高水平合作后发生了较大改变。中国为非洲国家的工业发展提供了巨大帮助，既为非洲大陆提供了规模巨大的贷款、援助等现实帮助，也助力非洲大陆的一体化进程，特别是鼓励和支持非盟在非洲国家实现政策协调、以"同一个声音发声"中发挥独特作用。新时期，在同外界进行谈判过程中，非洲国家的谈判地位得到有效改善，非洲各国间在具体政策上的彼此协调与配合使得自身话语权不断提升。中国为非洲国家工业发展进程中提供的资金使非洲国家有了不同于以往的选择，西方国家在谈判中也不得不开始正视非洲国家议价能力增强这一客观事实，国际组织重新审视在贷款过程中的各种附加条件并适时进行调整，非洲国家也主动要求美日欧等发达经济体尊重非洲的各项权益，改变以往试图凭借自身优势对非施压等胁迫性谈判方式，非洲国家可以更多地按照自身意愿和政策来主导并推动本国的工业发展进程。

（四）中国的发展经验为非洲工业发展提供了参考借鉴

非洲国家在总结工业发展过程中的成功经验和失败教训的基础上，开始强调基于包容性增长的工业发展道路探索。2008 年金融危机爆发后，全球主要发达经济体经济增长出现颓势，中国却继续保持着高速增长，对全球经济的发展做出了巨大贡献。特别是中国在实行改革开放后，短短数十年内便一跃成为全球第二大经济体，工业化基础良好。相比其他经济体而言，中国的产业优势较为明显，拥有全世界最为齐全的产业门类。非洲国家在实现国家独立和民族解放后，工业化水平较低，绝大多数非洲国家的工业化进程也难以令人满意。中国在工业化等方面的发展经验和巨大成就也引起了非洲各国的极大兴趣,非洲国家也在自身的工业发展进程中密切关注中国的政策实施内容。结合中国的实践来看,积极为工业化和经济发展创造有利的、稳定的内部和外部环境,不直接照搬照抄别国的既有经验,结合本国实际,在发挥政党和政府职能优势的基础上,确保工业发展相关政策中既定目标的持续性和有效执行,强调发展的重要性,特别是在实现工业化、解决贫困问题中发挥了重要作用。上述成功经验值得非洲国家加以参考和学习。

非洲各国的经济发展水平、政治体制、资源要素、社会环境、文化习俗、宗教信仰存在巨大差异,这一客观现实决定了在非洲大陆上难以找到一个完全适用于所有非洲国家的工业发展路径和标准,各国需要基于自身的经济异质性特征,因势利导,制定符合本国国情的差异性工业发展政策。需要特别指出的是,中国并没有追求对非洲国家输出自身发展模式,而是在非洲国家存在主动学习借鉴的强烈意愿的基础上,及时分享中国发展工业化过程中的诸多经验。中国不干涉非洲国家对自身工业发展道路的探索、不干涉非洲国家内政、不在对非援助中附加任何政治条件的做法赢得了非洲各国的一致好评。在中国工业化过程中,制订科学合理的发展规划,通过实现阶段性的目标来最终实现工业化的这一做法已经被非洲主权国家和以非盟为代表的非洲相关组织所充分借鉴。包括非盟和埃塞俄比亚在内的各方近年来陆续出台了一系列重大经济发展规划,《2063 年议程》《非洲基础设施发展规划宣言》等具有战略性考虑的发展文件均是对中非实现各领域密切交流、相互借鉴成功经验的具体诠释。

三 未来开展中非合作的对策建议

中非合作既取得了举世公认的成果,也面临各种现实挑战。未来开展中非合作需要中国在合理维护自身权益的基础上,客观看待同美日欧等发达经济体的在非竞争,适时采取第三方合作等方式助力非洲工业发展进程。对涉

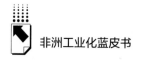

非项目采取更加审慎的事前评估，不断提高项目透明度，在回应国际社会关切的同时，相关社会组织适时跟进，有效维护中国在非洲的合法利益，积极树立中国的正面国际形象。

（一）客观看待涉非项目竞争，有效开展第三方市场合作

中国需要对以美国为首的西方国家尝试同中国在非洲等地开展竞争保持战略定力，客观看待基础设施建设项目本身及其潜在影响。无论是美方早前公布的"重建更美好世界"计划、"繁荣非洲"倡议，还是拜登总统在 G7 峰会上新近提出的"全球基础设施伙伴关系"，能否在预定时间内筹措足额的资金都将会是摆在美国及其盟友面前的现实问题。美国发起"重建更美好"伙伴关系时，曾雄心勃勃地提出要投入超过 40 万亿美元，但是截至目前仅兑现约 600 万美元，且美国政府不得不面对基建法案在国会被一度搁置的现实。尽管"全球基础设施伙伴关系"的目标设定为在 5 年内为发展中国家提供 6000 亿美元的资金，该目标相对而言更为务实，但是美国和欧盟分别承担高达 2000 亿美元和 3000 亿美元的份额，撬动私人资本参与投资仍然存在巨大障碍。在非洲工业发展过程中，中国除了扮演参与者和支持者的角色外，更是促成发达经济体加大对非基建投入的带动者。

早在 G7 成员国提出同中国进行基建项目竞争前，发达经济体的相关企业就已经以第三方市场合作的方式同中国在非洲地区保持着密切的经贸合作关系。同时，为进一步凸显在非项目的专业性，中国可以适时考虑邀请世界银行、国际货币基金组织等参与对非基建项目，借助国际组织等既有平台，将自身合法权益与非洲国家的需求相结合，树立良好的国际形象，赢得非洲国家和民众的认可。在助力非洲国家工业发展的过程中，可以借鉴别国的经验做法，将部分援非资金纳入国际组织援非项目中，和国际组织就涉非问题保持良好的交流与沟通。根据国际组织以往惯例，其会在具体援助项目执行和人事安排上，倾向于由资金来源国主导，从而扩大中国的潜在影响力。

（二）重视项目事前风险评估，不断提升项目审计透明度

在确保债务存量可控的前提下，中国需要对增量债务采取更为慎重的态度，特别是对涉及部分债务水平占 GDP 比重过高的非洲经济体开启大型、特大型基础设施建设项目，应该进行充分的事前风险收益评估，科学论证项目的可行性，确保不会因为开启新的基建项目而进一步恶化非洲主权国家的财政赤字、推升债务水平，避免授人以柄。同时，要加强同非洲主权国家间的政策协调和沟通，适时提醒相关方在发展经济和控制债务水平间取得适度平衡。

部分非洲国家受到历史通行做法、经济发展条件等主客观因素的影响，对于与工业发展相关的基建项目的资金使用情况缺乏科学的现代会计审计制度，项目重要信息没有按照国际社会通行惯例及时对外披露，对项目透明度产生了巨大影响。这样既会使得中国面临来自西方国家的舆论指责，也不利于对相关项目的资金使用情况进行动态调整，易造成项目资金使用低效。中非项目审计需要更好地向国际规则靠拢，从而助力非洲国家实现工业发展目标。中国在同非洲国家保持密切政策协调与沟通的同时，还应要求西方国家积极履行国际义务，兑现对非债务延缓和减免承诺，坚决反对美、日、欧等发达经济体寻求介入中非债务问题，坚决抵制将中非双边债务问题多边化、复杂化和宽泛化等别有用心的做法，坚持中国对非债务减免承诺与自身的经济发展水平相适应，通过中非双边渠道妥善解决债务问题，防止来自发达经济体对中非正常商业关系往来的肆意挑拨和无端指责。

（三）关注非洲的本土化立法，密切跟踪其最新发展趋势

非洲国家逐渐重视本土化立法问题，既体现在修改矿业等领域的法律条款，还涉及投资与争端解决机制等重要文本内容上的转变。正如前文中所指出的，几内亚、乌干达和坦桑尼亚等国已强制要求外资将一定的股权份额转让给东道国企业。结合非洲本土化立法的最新发展趋势来看，其有从矿业、资源能源领域逐步向建筑业甚至是医疗、卫生、旅游等其他行业横向

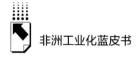

蔓延和拓展的趋势。当然，非洲国家的立法本土化趋势并不意味着原有以矿业领域为代表的错综复杂的法律关系、法律纠纷的完全消失。恰恰相反，非洲东道国政府、矿业公司和来自国外的投资者之间的各种冗杂的法律纠纷、寻租等腐败问题，东道国政权更迭会在非洲本土化立法的背景下得到进一步放大，各方围绕经济合作、工业发展合作中的利益矛盾和冲突会更加尖锐。在本土化立法背景下，非洲国家对外国投资者提出了更为严苛的合作条件，且东道国自身也逐步意识到全过程参与工业发展项目的重要性，对项目本身的参与程度增加、介入时间节点提前，进而对外国投资者形成了更大的挑战。

中国赴非投资企业需要加强对非洲各国本土化立法的关注、学习和研判，密切跟踪非洲国家的最新本土化立法趋势，切实转变固有观念，对未来应对各项本土化法律规范的出台和实施做好充分准备，适应由具有非强制性特征、不具备法律约束力的企业社会责任到赴非投资实体所必须承担的各项法律义务的深刻转变。非洲本土化立法趋势的扩展还意味着涉及企业经营中诸如环境议题、治理议题、生物多样性议题的政策调整空间被进一步压缩。可以预见的是，随着本土化立法在非洲的进一步普及，中国企业和非洲主权国家政府、非洲企业之间会涉及股权分配比例等法律纠纷。结合几内亚西芒杜铁矿资源开发案例来看，一旦非洲国家以本土化立法为理由，要求对已达成的合同条款进行大范围修订时，中国企业会面临关键性的抉择，如何确保自身合法权益免遭损害、如果合法权益受到侵害如何向当事国索赔或者向第三方进行跨国追偿是一个值得思考的现实问题。

（四）各类社会组织适时跟进，有效维护中国在非洲利益

中国在非洲各国经济发展和工业化进程中扮演了不可或缺的重要角色，中非各领域的深度合作也极大地推动了非洲各国的工业发展。未来中非合作需要相关的社会组织及时跟进，甚至是提前"进场"，为中非合作塑造一个于我有利的良好舆论环境，为中国参与非洲事务提供智力支持，部分对冲乃至全面消除西方主导的舆论环境所产生的负面影响。

与此同时，中非需要克服各种干扰，共同维护双方所取得的合作成果。考虑到中国在非洲有着巨大的海外利益，中国需要以更加积极主动的姿态去斡旋非洲地区问题，适时依托中国驻吉布提保障基地，发挥军事力量的联勤保障能力，大力支持非洲国家维护地区和平稳定与反恐行动，为促进非洲大陆的和平与安全发挥建设性作用，为中非合作顺利实施营造稳定的外部环境。

B.9
非洲大陆一体化对非洲工业发展的影响[*]

计 飞[**]

摘 要: 非洲大陆一体化是实现非洲工业发展进程的有效方式和手段。一体化的发展在事实上打破了以往非洲国家之间相对独立的分工体系,生产要素突破原有的国家界限,有助于在一定范围内实现资源的优化配置,有助于不断提高工业生产能力和劳动生产率,有助于最大限度地改善对外部的单方面依赖关系。非洲大陆一体化有助于培育非洲本土市场,强化非洲内生经济增长动力,确保一体化和工业发展进程的连贯性。同时,非洲各国通过集体行动不断提高同外界的议价能力,有利于获得不附加额外限制条件的外部援助,推动一体化和工业发展。

关键词: 一体化进程 非洲一体化 非洲工业 非盟

不同于欧洲地区基于主权国家发展基础上的一体化路径,非洲大陆早在殖民统治时期就开始了一体化的探索,非洲大陆一体化进程发生于主权国家出现之前,与非洲人民追求统一存在紧密联系。尽管此后卡萨布兰卡集团和蒙罗维亚集团在对非洲大陆一体化的具体政策和路径上存在较大分歧,但这并未妨碍非洲有识之士对非洲大陆一体化的追求。非洲独立国家陆续出现

---

* 本文系广东省哲学社会科学规划青年项目(GD20YHQ01)、广东省普通高校青年创新人才类项目(2018WQNCX034)、广东外语外贸大学非洲研究院重点招标课题项目(232-X5222189)的阶段性成果。
** 计飞,经济学博士,广东外语外贸大学非洲研究院讲师,研究方向为非洲经济、国际政治经济学。

后，在尊重各国主权和领土完整的基础上，非洲各国继续推动一体化进程。随着经济全球化和区域经济一体化的兴起，非洲各国的危机感不断增强，非洲大陆一体化进程加快，非洲工业发展也开始进入新的探索阶段。

通过非洲大陆层面的一体化，非洲各国的现实整合过程也有助于实现各自的工业发展目标。各国工业发展水平得到提升，也会在一定程度上更好地发挥一体化与工业发展的相互促进作用，形成有效的正向反馈机制。此外，在非洲大陆一体化和非洲工业发展过程中，两者碰到的部分问题和困难具有一定的重合度，消除共性问题既有利于更好地实现非洲大陆一体化，也会助力非洲工业发展进程。

非盟在非洲大陆一体化和非洲工业发展过程中扮演了重要角色，特别是在缓和非洲各国冲突、实现非洲国家间政策联合等方面开展了大量富有成效的工作。在立足于自身经济发展的同时，非洲还得到包括中国在内的国际社会的大量援助，外部助力是实现非洲大陆一体化和非洲工业发展的重要组成部分。非洲国家之间的政策协调与配合有利于在获得外部援助，特别是来自西方国家的援助时提高议价能力，从而最大限度地减少乃至回绝附有额外条件的援助，确保在非洲大陆一体化和非洲工业发展的过程中，非洲国家能够根据本国国情开展一体化和工业发展的自主探索，确保发展的自主性和进行政策决断的独立性。非洲国家在优化经贸类制度性安排的同时，还要提高已签订的各类协定的利用率。根据国际政治经济形势的发展变化，及时对一体化和工业发展政策进行合理调整。

一　非洲大陆一体化进程

与世界其他地区的一体化进程不同，非洲大陆一体化的兴起要早于主权国家的出现。基于泛非主义思潮的影响，非洲大陆一体化进程与早期非洲大陆层面的统一问题紧密相连。从结果来看，尽管此后非洲大陆并未如非洲民族主义者所设想的出现统一整个非洲大陆的国家，但是这一具有理想主义色彩的一体化方式和设想对非洲大陆一体化产生了较为深远的影响。

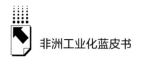

（一）第一阶段：泛非思潮兴起，一体化早于主权国家独立

非洲大陆一体化进程的第一阶段始于20世纪初期，终于20世纪60年代前后非洲大陆出现主权独立国家。在这一阶段，非洲大陆一体化存在两大明显特征：一是一体化与非洲民族主义者所努力追求的非洲大陆统一密切相关；二是一体化进程要早于主权国家的出现。早在非洲大陆尚处于西方国家殖民统治时期，相同的被殖民身份、相似的历史遭遇使得非洲有识之士主动通过联合的方式积极探索非洲大陆一体化，寻求非洲统一。非洲民族主义者同殖民者展开斗争，发起了具有跨时代意义的非洲民族解放运动，其斗争目标具有鲜明的指向性，即希望最终能够建立"非洲合众国"或成立"非洲联邦"。非洲大陆上泛非思潮兴起，非洲的民族主义运动既包括非洲大陆实现独立的目标，同时也涵盖了非洲民族主义者努力追求非洲大陆的统一。通过采取特定形式的联合，非洲人民希望以团结、集体的形式对外彰显非洲大陆的能力和实力，借此适时改善对其相对不利的国际政治经济环境。尽管并不完全符合现代意义上的一体化标准，但在当时已经具有了区域一体化特征的雏形。

结合当今世界经济全球化和区域一体化的实践来看，无论是在欧洲、北美地区，还是在亚太，特别是东南亚区域，现有的区域一体化发展无一例外地均建立在主权国家的联合基础上，换言之，独立的主权国家通过采取让渡一定主权的方式来参与并实现区域一体化。但是，非洲大陆的一体化与之相比则正好相反。一体化兴起的时候非洲大陆上还没有出现独立的主权国家，因此非洲的一体化明显早于主权国家的建立。具体来看，从泛非主义思潮影响下的一体化尝试跨越主权国家成立这一步骤，直接过渡到非洲大陆层面的共同体，基于从殖民地到非洲大陆上的"统一国家"的转变，实现非洲大陆的经济发展和整体复兴。尽管后来的发展表明，这一具有理想主义色彩的一体化方式并没有实现，但非洲独特的一体化进程方式的设想具有积极意义，特别是对非洲一体化的后续进展产生了较大的影响。

这一时期，非洲大陆一体化对工业发展的影响十分微弱。一般而言，非洲工业发展进程被认为开始于 20 世纪 60 年代前后，即非洲各国实现独立后才开启了非洲工业发展的进程。非洲一体化和工业发展各自初始阶段在时间段上的错位也意味着此时非洲大陆一体化难以对工业发展产生重大影响。

（二）第二阶段：进程出现波折，一体化方案面临较大分歧

非洲大陆一体化进程的第二阶段始于 20 世纪 60 年代，终于 20 世纪末期。泛非主义的兴起在加速了非洲大陆解放的同时，却并未如预期那样出现类似"非洲合众国"的局面，而是在非洲大陆上先后出现了数十个独立的主权国家。此时，非洲如何继续上一阶段的一体化进程面临着不同路径方案的选择。出于主客观因素的现实考虑，独立后的非洲各国对于实现何种程度的一体化、何种方式的一体化、是否该继续前述的非洲大陆的统一等均存在巨大分歧。卡萨布兰卡集团和在布拉柴维尔集团基础上形成的蒙罗维亚集团之间的对立就是这一阶段各方一体化政策主张存在明显差异的真实写照。卡萨布兰卡集团认为有必要建立非洲政治联盟，将各国的经济发展、政治安全和外交政策统一于单一主体的管理之下，上述政策主张甚至被写入《非洲宪章》当中。蒙罗维亚集团则要求切实尊重非洲各独立国家的主权，反对以牺牲各国利益为代价实现政治上的联合。该集团强调，未来非洲大陆联邦的建立必须是基于平等自愿的原则，国家的权力边界不应被淡化。

两大集团之间的针锋相对使得非洲大陆面临政策分裂的风险，经过泛非主义者的不懈努力，最终非统组织成立最大限度地弥合了双方的政策分歧。当然，即使是非统组织也并未实现卡萨布兰卡集团所提出的具有激进特征的政策主张。尽管本阶段仍然有理想主义者继续追求非洲大陆的统一，但是更多的人士开始选择接受非洲已然出现独立主权国家的事实，在尊重非洲各国主权和领土完整的基础上去推动一体化进程，即非洲的一体化需要以主权国家的发展为前提条件，非洲的一体化涉及主权国家之间、主权国家与区域一体化、区域一体化与非洲大陆一体化等若干组动态变化关系，非洲的一体化呈现更加复杂多变的局面，一体化参与主体之间既有着政策协调与互动，也存在短期内难以完全解决的固有矛盾和冲突。

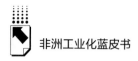

结合这一阶段的非洲工业发展进程来看,非洲国家的工业发展遭受到重大挫折。非洲国家改变了以政府为主导的工业发展模式,转而选择以"华盛顿共识"和"新自由主义"为代表的发展理念来指导工业发展。在工业基础仍然薄弱的情况下,开始了市场化和私有化改革,产生了连带的社会问题。加之这一阶段非洲大陆一体化的内生动力有所减弱,非洲一体化对工业发展的带动作用较为有限。

(三)第三阶段:危机意识增强,一体化建设速度明显加快

非洲大陆一体化的第三阶段为21世纪初期至今。2002年7月,非洲联盟举行第一届首脑会议,正式取代非洲统一组织。从非洲大陆的既有实践来看,一体化的推进速度显然低于预期目标。在经历前一阶段一体化方案的巨大争议后,非洲国家和区域组织也逐渐意识到在经济发展尚未取得明显进展的情况下,直接寻求非洲大陆的统一缺乏成熟的条件。因此,通过联合自强的方式将经济领域作为一体化的突破口和着力点,既有助于不断积累前期各方互信,也有利于培育非洲大陆和主权国家发展的内生增长动力。国际经济形势快速变化和发展,全球相关区域的一体化的进展所带来的巨大现实利益也让非洲各国产生了危机意识和加快一体化建设的紧迫感,非洲的有识之士希望通过一体化,改变国际社会称其为"被遗忘的大陆"的固有偏见,一体化已经成为实现非洲发展的重要方向。早在1994年生效的《阿布贾条约》中,就已经为非洲未来的一体化设置了具体的阶段性目标。按照设想,非洲国家首先加强现有的区域组织间协调,在每个区域组织建立自贸区的基础上,建立关税同盟,不断培育和强化非洲统一大市场,实现资金、人员、要素等自由流动,最终达到非洲一体化的目标。

2015年,第25届非盟首脑会议上正式宣布启动非洲大陆自由贸易区谈判。2018年3月,超过40个非洲国家在非盟特别首脑峰会上签订了《非洲大陆自由贸易区协定》。次年5月,《非洲大陆自由贸易区协定》正式生效。仅就成员国数量而言,非洲大陆自贸区是迄今为止参与主体最多的自贸区。数据显示,一旦该自贸区建成,将涵盖约12亿人口近3万亿美元的国内生

产总值，将极大地促进非洲大陆一体化进程。

在同一时期，非洲各国也尝试总结之前工业发展过程中的经验和教训，反思以私有化改革为导向的工业发展路径，在基于可持续发展的理念指导下，发挥集体智慧和力量，提高在同国际组织、发达经济体的援助和贷款谈判中的制度性话语权，重视一体化对工业发展的带动作用，强调一体化和工业发展的互动关系，不断扫清一体化和工业发展过程中的各种壁垒和潜在障碍，开始工业发展在新阶段的尝试和探索。总之，在第三阶段，非洲各方基本上就一体化中的原则性和方向性议题达成共识，这样有助于各方减少分歧、形成合力，避免产生掣肘，为非洲大陆发展注入新的动力。

二　非盟的作用和局限性

非洲联盟一直被公认为是非洲联合自强的旗帜。非盟通过弥合非洲各国分歧、加强各国政策协调配合，鼓励非洲国家用同一个声音发声，在非洲大陆一体化和非洲工业发展方面发挥了重要作用。与此同时，受制于主客观因素的限制，非盟的影响力不如部分非洲区域组织，无法有效克服非洲大陆内部的既有缺陷，在一体化过程中还面临着需要有效平衡各方利益分配等现实问题。

（一）非盟的作用

1.加强了非洲参与全球事务的议价能力

客观而言，非洲国家在现阶段参与国际政治经济事务的机会不断增加，参与门槛不断降低。非洲各国通过对国际事务发表独特的看法和见解、国际贸易等方式加入全球价值链就可以较为容易地参与到全球事务当中。但是，非洲国家在国际社会上处于相对边缘的地位、相对有限的话语权的状况并未发生根本性转变。非洲国家对全球议题的参与呈现"广而不深、大而不强"的特征。全球事务的制度性话语权和对全球价值链高端位置的掌控依旧在以美、日、欧为代表的发达经济体手中。发达经济体很容易通过国际政治经济

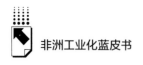

规则来限制、锁定非洲国家的发展空间。

新冠肺炎疫情、俄乌冲突等多重负向因素叠加，对非洲经济社会发展构成了严峻挑战，债务问题、粮食安全问题凸显。非洲大陆一体化和工业发展的持续稳定推进离不开来自发达经济体的支持，但是，西方国家的贷款援助通常包含大量的附加条件，非洲国家的独立自主性难以得到有效保证。在同外部的谈判协商中，非盟层面的适时介入有助于在短期内提升非洲国家的议价能力，各方也难以忽视非洲形成合力后的影响力，有助于非洲各国缓解甚至是扭转谈判中的不利地位。非洲主权国家在非盟的协调下，以集体行动的方式直接同相关经济体开展对话，能够有效提升非洲各主权国家在一体化和工业发展过程中的话语权。

2. 扮演了自贸区建设过程中的关键角色

2012年1月，在埃塞俄比亚首都亚的斯亚贝巴举行的第十八届非盟首脑会议上通过了建立非洲大陆自由贸易区的决议。2015年6月，非盟启动了非洲大陆自由贸易区谈判。根据非盟的估算，非洲大陆自贸区一旦建成，将成为世界贸易组织成立以来最大的自由贸易区，形成一个具有区域乃至全球影响力的非洲单一市场。非洲大陆自由贸易区（AfCFTA）由非洲44个主权国家签署建立，旨在逐步消除非洲各国贸易壁垒，降低关税水平，通过人员、资本、要素和服务的自由流动，促进经济发展，不断提升非洲一体化和工业发展水平。

作为一个涵盖55个非洲国家的实体，非盟被视为非洲联合自强的旗帜，其在大力促成非洲大陆一体化建设、积极推动非洲工业发展进程、不断挖掘非洲各国市场潜力等方面进行了大量的前期工作。非盟努力协调非洲各个主权国家之间的关系，积极鼓励和支持非洲各国实现政策协调与配合，在国际社会上发出"同一个声音"，非盟在非洲政治、经济、军事等诸多方面扮演着不可或缺的角色。在具有法律约束力和强制执行力的《非洲大陆自由贸易区协议》文本内容中，更是以法律条款的形式明确了非盟的职能。在非洲大陆自贸区制度性框架的实施机构中，具有独立法人地位的秘书处（the Secretariat）职能由非盟委员会（AU Commission）执行。非盟在非洲大陆自贸区的实施、管理、监督和评估等诸多方面发挥着关键性作用。

3. 协调了一体化进程中的潜在法律障碍

非洲主权国家通常还是若干个区域组织的成员国，在区域一体化发展过程中，各参与主体的身份重叠容易造成不同非洲国家和区域组织法律制度的适用性冲突。以美国和肯尼亚自贸协定谈判为例，美国政府选择绕过东非共同体（EAC），直接与其成员国肯尼亚进行自贸协定谈判。由于缺乏必要的政策沟通和协调，美肯两国的上述做法遭到了来自东非共同体方面的强烈反对。有东非共同体贸易官员明确指出，美国和肯尼亚的自贸协定谈判事先并未获得该组织的同意或授权，违反了《东共体关税同盟议定书》的规定，也对东共体内部其他成员国造成了负面影响。

非洲一体化建设过程中主权国家和区域组织之间的矛盾冲突需要非盟予以积极协调，最终化解潜在法律适用冲突，进而维护一体化各方的正当利益诉求。为解决上述法律障碍和冲突，非盟积极敦促成员国在《非洲大陆自由贸易区协定》生效前，不要参与双边形式的贸易制度性安排。同时，针对部分主权国家有同外部经济体达成单独的自贸协定的强烈诉求，非盟也明确希望与第三方建立伙伴关系的成员国应该书面通知非盟，并同时保证上述行为不会破坏建立非洲统一大市场的目标。非盟在非洲主权国家和区域组织各自的利益关切上予以建设性协调和适当平衡的做法，大大缓解了各方的对立情绪，最大限度地保障了非洲一体化建设的顺利进行。

（二）非盟的局限性

1. 区域组织间的障碍依旧，非盟区域影响力甚至出现倒挂

非盟十分重视非洲区域组织在一体化过程中所发挥的作用，也将其视为非洲大陆完全一体化的必要组成部分。按照既有理论，区域一体化是实现大陆一体化的前期准备和必经阶段，但是结合非洲大陆的具体情况来看，东非共同体、西非国家经济共同体、南部非洲发展共同体、东南非共同市场、中非国家经济共同体等多个区域组织之间的横向沟通和联系不畅，非洲各个区域组织之间的一体化水平也存在明显差异，区域组织的成员国身份重叠，区

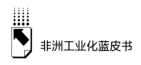

域组织的固有壁垒难以打破，区域组织的同质性竞争严重，这导致本应该助力非洲一体化的关键支柱反而成为进一步提升一体化水平的阻碍，与非洲一体化的早期设想存在巨大的现实反差。

同时，由于非洲联盟继承了非统组织的相关职能，其成立时间不长，东非共同体等区域组织的成立时间甚至可以追溯到 20 世纪 60 年代前后，其在特定区域的影响力要明显超过非盟。作为跨区域的协调方，非盟在特定区域内的影响力出现倒挂，使得其自身在非洲一体化建设过程中的地位更显微妙和尴尬。非盟既需要采取有效措施主动破除区域组织人为设立的障碍，又不得不倚重区域组织来实现对主权国家政策走向的适时影响。此外，非洲一体化进程中，非盟层面的政策实施更多的是采用了"敦促""建议""鼓励"等缺乏强制执行力和约束手段的间接表述方式，非洲各区域组织及其所属的成员国会根据自身利益对相关政策进行评估，在是否执行上具有较大的自我裁量权。

2. 难以克服内部固有缺陷，一体化的普遍代表性有待提升

相对于欧盟等区域一体化组织而言，非洲大陆的一体化水平较低，且明显不同于全球其他地区的一体化所遵循的"先经济、后政治"的既有路径。从非洲大陆的一体化历史进程来看，泛非主义思潮出现的时间要早于非洲主权国家独立，政治上要求建立"非洲合众国"的愿景在非洲大陆深入人心，具有较为广泛的思想基础，这也在一定程度上可以解释为何非洲大陆在经济一体化方面进展较为缓慢的同时，反而在此前被外界认为难度更大的政治层面合作取得了突破。需要看到，包括西非国家经济共同体、东非共同体、东南非共同市场、南部非洲发展共同体、中非国家经济共同体等多个非洲区域性组织在涉及一体化的条款文本等制度设计方面并没有体现出明显的缺陷。各个区域组织在制定一体化的阶段性目标时，没有更多考虑到非洲大陆内部市场规模有限、区域组织之间的既有贸易壁垒难以完全消除、区域组织内部存在的成员国产业结构相似和互补性程度不足等现实问题，这是导致非洲区域组织屡次推后一体化时间节点的关键所在。

与此同时，非盟框架下的一体化进程主要是基于区域组织和成员国之间协商一致的结果，一体化的执行机制依然是"自上而下"的形式。尽管一

体化的相关方鼓励其他主体积极参与非洲大陆一体化进程，但是非洲国家普通民众、公民社会甚至是非政府组织的参与较为有限且往往流于形式，这会导致非洲大陆一体化缺乏足够的民意基础，进而使得一体化在执行中的政策实施效果大打折扣。

3. 一体化存存"极化"现象，各成员间的风险收益亟待平衡

需要承认的是，无论是区域一体化还是非洲大陆一体化，非洲各个主权国家参与的初衷仍然是优先发展本国经济、首先维护本国利益。因此，非洲大陆一体化的进程尽管需要非洲各个国家让渡出一定的主权，但是这一惯例性做法不仅没有弱化非洲各个主权国家对各自利益的关注，反而随着一体化的实施，各成员国对自身绝对利益是否增加、自身与其他一体化成员方的相对利益差距也成为重要的关注点。加之部分非洲国家经历了艰苦斗争才实现了民族和国家独立，其对涉及主权议题的敏感度较高，也在一定程度上增加了一体化推进的难度。在非洲区域组织中，各成员国由于经济发展水平、要素禀赋、关税壁垒等方面存在既有差异，因此，区域组织的一体化推进所带来的福利效应对每个成员国而言并不完全一致。区域组织中经济实力较强的成员国容易获得更多的收益，经济实力较弱的成员国在收益较低的同时，开放市场后反而承担了更多的成本和外部冲击，收益风险比的过大差距会在区域组织内部造成"强者恒强、弱者愈弱"的"极化"现象。

除了经贸领域的开放所带来的福利效应和收益差距外，区域组织中经济实力较强的成员国在吸引外部投资时更容易受到具有逐利性资本的青睐，会在非洲与外部经济体的合作项目选址、基建项目推进中受益更多。此时，需要在非盟和区域组织层面通过相应的制度机制设计，对因受到"极化"影响的特定成员国的潜在利益损失予以适当补偿和平衡。但是遗憾的是，直至现在，非洲大陆一体化鲜有涉及相关补偿问题的具体实施方案和政策规定。

三 中国的角色和定位

中国是非洲大陆一体化和非洲工业发展的坚定支持者，更是积极参与

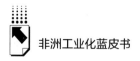
者。在立足于自身产业结构优化升级的基础上，中国为非洲经济社会发展提供了极大的外部助力，中非合作也位于国际对非合作的前列。中国需要有效支持非盟在非洲大陆一体化过程中发挥关键性作用，鼓励非洲国家开展工业化进程的自主探索，加快中非自贸区建设布局，开展第三方市场合作，避免排他性的恶性竞争。

（一）加快中非自由贸易区建设，尝试开展在非洲的第三方市场合作

签订具有法律约束力和强制执行力的中非自贸协定，开展对非自贸区建设布局有利于不断提升中非经贸合作水平，进而在全球经济格局中占据主导地位，提升中国在制定国际经贸规则中的制度性话语权。对比全球主要发达经济体而言，中国对非自贸区建设布局整体较为滞后，目前仅与毛里求斯建立起了自贸区，同非洲大陆的自贸区建设处于学术研究的设想阶段。从自贸协定的类型来看，非洲国家达成的双边贸易协定数量较少，除中国和毛里求斯自贸协定外，仅有摩洛哥和美国等数量较为有限的国家达成自贸协定，美国和肯尼亚的自贸协定谈判尽管也属于双边范畴，但由于缺乏同非盟和东非共体层面的沟通，引起了较大争议。非洲国家通常会选择以主权国家或区域组织成员的身份参与自贸协定谈判，东非共同体、西非经济货币联盟、东南非共同市场、西非国家经济共同体、南部非洲关税同盟和南部非洲发展共同体是非洲国家同外部经济体建立自贸区的谈判主体。在发达经济体中，日本暂未与非洲大陆任何国家或地区建立自贸区；美国同非洲达成的自贸协定数量也较少，其会采取贸易和投资框架协定（TIFA）的方式进行贸易制度安排；欧盟与喀麦隆、南非和科特迪瓦建立了自贸区，也与南部非洲关税同盟、南部非洲发展共同体开展自贸协定谈判。

近年来，以美国为代表的西方国家在非洲地区加大了同中国开展战略竞争的力度，妄图通过同中国的排他性竞争，最大限度地对冲中国在非洲地区的影响力。在立足于巩固中非双边合作关系、有力反击对华不实指责的同时，中国也需要意识到，中国并非非洲大陆一体化和非洲工业发展的唯一支持者和参与方。因此，在开展对非合作过程中，中国可以尝试同包括国际组织在内的其

他参与主体在非洲地区开展第三方市场合作，既有利于减少单一参与主体所承担的各种潜在风险，也有利于形成合力，保持在非洲大陆一体化和工业发展问题上的政策协调与沟通，不断提高对非合作的透明度和公信力，提高各方合作效率。第三方市场合作的核心要义是在避免恶性竞争的同时，不排斥符合市场规则的良性竞争，其最终受益者将是参与第三方市场合作的全部主体。

（二）支持非盟发挥关键性作用，鼓励各国开展符合本国国情的探索

在中非交往的早期阶段，中国发展同非洲国家关系的主要对象是基于同非洲各个主权国家之间的双边往来。随着非洲大陆一体化进程加快，中国同非洲联盟和非洲区域组织之间的交流也日益增多，对中非合作形成了有益补充。以非盟为例，中国同非洲的关系发展具有"全方位、多层次、宽领域"特征，在重大的国际和地区事务、涉及对方核心利益的问题上，双方相互支持，保持着密切的交流和沟通，具有较高程度的政治互信。中国在非洲大陆一体化和工业发展过程中，坚决支持非盟发挥关键性的作用。2018年，非盟驻华代表处的正式成立进一步扩展了中非双方的沟通和交流渠道。同时，我们也需要看到，随着非洲大陆一体化和非洲工业发展不断深化，非盟、非洲区域组织和非洲主权国家对开展中非合作也提出了更高的要求。在非盟和各区域层面，对非洲主权国家间的政策协调配合使得非洲国家在国际上的影响力和话语权有所提升，非洲国家更是成为众多发达经济体采取政策迎合和日益关注、积极争取的对象。在某种程度上，这会使得非洲国家在实践中更加倾向于以现实利益而非政治关系的亲疏程度来作为评判标准，这也给中非关系带来了一定的挑战。

非洲国家在实现非洲大陆一体化和工业发展进程中经历了较为艰辛的探索，尽管大多数非洲国家的一体化水平和工业发展水平仍然较低，但是少数非洲国家立足于本国经济发展的已有资源要素禀赋，还是取得了明显成效。此外，非洲各个主权国家在非洲大陆一体化和非洲工业发展的实践过程中，总结已有的成功经验和失败教训，特别是在全盘接受基于新自由主义指导下的工业发展方案后所遇到的重大挫折，非洲国家也逐步意识到了一体化和工

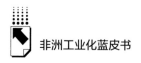
业发展需要立足于自身实际，准确定位，且现实中并没有一套适用于所有非洲国家的经济发展方案。在未来非洲大陆一体化和工业发展过程中，中国需要坚定支持非洲国家排除外部压力和干扰，鼓励非洲各国基于本国国情和发展道路开展自主探索，并适时提供必要的帮助。

四 非洲大陆一体化对工业发展的影响

非洲大陆一体化是实现非洲工业发展的有效方式和手段，一体化能够最大限度地实现资源和生产要素的优化配置，提高生产效率，在培育非洲内生增长动力的同时，也有助于减少非洲大陆对外界的单方面依赖。非洲大陆一体化和非洲工业发展均面临着某些共同阻碍，一体化的实践、进展和具体效果会对工业发展进程产生直接影响，有效处理相关共性问题有助于形成一体化与工业发展之间的正向循环及反馈机制。

（一）一体化是实现工业发展的有效方式与手段

非洲联盟和非洲区域组织在不断推动一体化发展过程中，多次制定了相关的工业化政策和发展规划，以一体化引导区域组织成员国之间在工业领域开展密切合作，进而推动经济转型，实现区域和主权国家的经济包容性增长。可以说，非洲各个区域组织已经深刻认识到一体化是实现非洲工业发展的有效方式和手段，通过区域组织来实现各个成员国在具体工业项目层面的具体分工，可以突破一国界限范围、实现资源和生产要素的优化配置、提高工业生产的效率，在提升区域组织范围内生产水平的同时，还可以减少对非洲大陆以外的经济体的非对称依赖。从区域组织成员国的角度来看，主权国家的工业发展过程离不开非盟和区域组织的支持，非洲各国的工业发展也要与非洲大陆一体化政策相一致，一体化的推进也在事实上整合了非洲国家的资源和要素供给。通过非洲大陆一体化，以项目建设，特别是需要较高技术水平和较大经济投入的项目建设推动非洲整体发展，非洲各国在完成上述目标的同时，各个主权国家的工业发展水平也必然得到有效提升。此外，区域组织层面的一体化对工业发展的影响最终也会在非洲大陆层面得到体现，各区域的一体化和工业发展会为非洲大陆一体化和整体的工业发展奠定基础。一体化对工业发展的带动也有助于形成工业发展对一体化的正向反馈作用机制。受一体化的推进，非洲各个主权国家的工业提升和发展也会为区域组织提供更多的最终产品和各类商品，区域和非洲大陆内部的商品、要素、人员、资金的自由流动会进一步提升一体化的水平。整体而言，非洲大陆一体化和非洲工业发展是相互关联、相互促进的关系，对于非洲国家而言，对一体化和工业发展战略应该是同等重要、等同视之、并行不悖、不可偏废。

正如前文所提到的，非洲大陆一体化的发展历程与国际社会中一体化的既有模式存在一定差异。非洲大陆一体化早期阶段所体现出的政治合作早于经济合作、政治发展成就明显于经济发展成就。在非洲历史上，非统组织致力于实现非洲大陆的民族解放，促成了非洲主权国家独立，非盟组织又致力于弥合非洲各方分歧、积极协调矛盾冲突，为非洲大陆一体化和工业发展做出了巨大贡献。尽管当前非洲部分地区的局势仍然较为紧张，但是非洲大陆集体安全机制还是发挥了重要作用，和平与安全的外部环境和聚焦经济发展的既有理念为非洲大陆一体化和非洲工业发展提供了难得的发展契机。

（二）一体化与工业发展存在明显的共性问题

在非洲大陆一体化和非洲工业发展过程中，某些因素并非一体化或工业发展所独有的，两者通常会碰到类似的困境和问题。换言之，一些共性问题构成了非洲大陆一体化和非洲工业发展的共同阻碍，如果相关障碍得以消除，也会同时对非洲大陆一体化和非洲工业发展产生正向带动作用，这也从侧面印证了非洲大陆一体化与工业发展的紧密联系。经济方面，非洲大陆与域外经济体的贸易规模占据约八成，非洲大陆市场规模较小，绝大多数主权国家十分依赖能源资源类初级产品出口，经济结构不甚合理，工业发展对经济的带动和刺激十分有限。值得一提的是，非洲部分国家在工业发展本身尚不发达的情况下，反而出现了与一般经济学常识相违背的"去工业化"现象，经济传统部门所释放的人力资源并未能如期进入现代化工业生产当中。

非洲区域组织之间的贸易壁垒较高，与区域组织之间的横向联系不足，发展到一定程度后反而成为非洲大陆一体化和非洲工业发展进一步深化的最大障碍。非洲战乱冲突、社会治安恶化、新冠肺炎疫情和粮食危机也对非洲大陆一体化和非洲工业发展产生了巨大冲击。

部分非洲区域组织的成员国在非洲大陆一体化和非洲工业发展过程中，存在集体行动中容易出现的"搭便车"问题。相关主权国家在本国内部就难以单独推动一体化和工业发展，在区域层面就更加缺少同其他成员国的政策协调配合，少数国家更多希望享受加入区域组织后推进一体化的政策利好，而对较为艰难的一体化和工业发展推进不愿触及过多，且时至今日，仍有国家对一体化和工业发展的态度、对已达成共识的实施方案犹豫不决，这也在一定程度上阻碍了一体化和工业发展的政策执行。与此同时，以南非为代表的英语系非洲国家与以尼日利亚为代表的法语系非洲国家在涉及非盟委员会主席选举等议题上，矛盾分歧严重，影响了非洲国家间的团结。此外，非洲各国普通民众对一体化和工业发展的认识不足，缺少必要的认同观和民意基础，在基层共识不足的情况下，非洲主权国家人民难以有超越一国范围的认知，极不利于未来一体化和工业发展的推进。非洲大陆一体化和工业发展既需要精英团体自上而下的决策，更需要非洲普通民众自下而上的支持。

（三）一体化进展直接影响了工业发展推进水平

一体化是实现工业发展的有效方式，一体化的具体推进情况及其效果会直接对工业发展水平产生影响。非洲大陆一体化也面临着与世界其他地区一体化类似的问题，即如何正确处理主权国家和区域组织在一体化过程中的关系。一方面，在当今世界，全球议题的重要参与主体仍然是主权国家，这一客观现实意味着非洲主权国家是实现非洲大陆一体化的重要推动力量，一体化建设无法脱离主权国家而独立存在；另一方面，一体化的推进过程必然会涉及主权国家间的政策协调及引申出的主权让渡问题，主权国家需要让渡或至少部分让渡出本属于自身的固有权力。不同于欧盟和其他地区的一体化，早期的历史遭遇使得非洲各个主权国家对"主权让渡"的问题十分敏感和警惕，在处理方式上会更显慎重，非洲各国对传统主权内涵的坚持和固守也在一定程度上制约了非洲大陆一体化进程。当然，非洲主权国家的这一反应还是可以理解的。因为非洲各国实现民族解放和国家独立的时间不长，特别是对于非洲部分经济体量较小、抗风险能力较弱的国家来说，稳固和维护国家主权是确保自身稳定、避免外部干涉的有效手段，从某种意义上说，这是有过苦难经历的非洲国家自我保护的方式，具有一定的合理性。

非盟为了打破僵局，在推动非洲大陆一体化过程中，提出要在尊重和维护非洲国家主权和领土完整的基础上实现非洲大陆一体化。但是客观而言，这一提法的象征意义大于实际效果，因为非盟的这一说法本身缺乏具体内涵，倡议式的口号并没有直面如何解决固有矛盾的合理方案，也没有触及区域组织和主权国家最为关心的权力协调与划分问题。面对一体化进程中的这一政治障碍，非盟先后提出过在尊重和维护主权国家主权独立的基础上强化非洲大陆一体化建设。但是这一方案本身就较为空洞，缺乏明确的应对手段和措施，也没有积极回应主权国家和区域组织的各自关切。因此，在20余年间，非洲各方在涉及主权让渡的问题上迟迟难以达成一致意见。一体化进程推进得有限性也使其对工业发展的带动作用较为微弱，非洲大陆各国之间的工业发展水平滞后，参与国际竞争的能力依然较低，且存在行业间、国家间和区域间的不平衡发展布局。这也可以在一定程度上说明为何非洲大陆上难以找到一体化带动工业迅速发展的现实案例。

五 一体化带动工业发展的具体路径

在非洲大陆一体化带动非洲工业发展的过程中，需要优先培育非洲本土市场，强化非洲内生经济增长动力，确保一体化和工业发展进程的连贯性和持续性。同时，客观看待外部助力对非洲大陆一体化和工业发展的促进作用，通过集体行动不断提高议价能力。在扩大经贸类制度性安排的同时，还要提高已签订的各类协定的利用率。根据国际政治经济形势的发展变化，及时对一体化和工业发展政策进行合理调整。

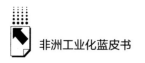

（一）培育非洲大陆内部市场，确保政策实施的连贯性

非洲的经济发展中存在一个显著特征，即非洲国家对外部市场依赖巨大，非洲大陆内部的经贸合作体量占非洲整体经贸体量不足两成。缺乏非洲自身的内部市场会造成无论是一体化还是工业发展，均缺少立足于自身的内生经济增长动力，一旦同非洲大陆以外的经济体存在不对称的依赖关系，会使得非洲本身的脆弱性加剧，特别是外部经济体由于类似新冠肺炎疫情、经济衰退所导致的需求减少，非洲的各类商品难以及时找到新的消费市场，非洲大陆内部短期内又难以完全替代外部市场，使得各国的财政收入大大减少，最终会影响非洲大陆一体化和工业发展进程。非洲国家缺少具备全链条的配套产业，已有的产品以能源资源和其他初级产品为主，在国际市场上难以形成有效竞争力。因此，适时培育非洲大陆内部市场有助于减少各类贸易成本，产品就近消费可以促进主权国家工业生产能力提升，形成了有助于提升工业发展水平的正向循环机制。

此外，非洲大陆一体化和非洲工业发展还缺乏连贯性和持续性，各种主客观因素均对一体化和工业发展的正常推进造成迟滞或中断。从非洲国家自身来说，在经济形势较好、国际能源需求巨大的情况下，依靠能源资源出口的非洲国家便容易较为轻易地获得巨额财政收入，非洲国家此时继续开展艰辛的一体化和工业发展进程的主观意愿和动力出现减弱，倦怠情绪不利于一体化和工业化持续发展，缺乏过程监督和核查机制容易造成已达成的各项共识难以如期进行下去。一旦大宗商品价格下跌，非洲国家推动一体化和工业发展的所需资金短期内缩减严重，此时即使是再度重视一体化和工业发展的长期利好特征，也错过了前期资金充裕时候的最佳行动窗口。从外部因素来说，国际社会中的各种不确定因素也会对非洲大陆一体化和工业发展产生影响。以俄乌冲突为例，俄罗斯和乌克兰的冲突使得全球小麦等农作物出口市场价格上涨了约25%，且俄乌两国恰好是全球主要的小麦出口国，俄乌紧张局势的持续，使得非洲进口小麦和其他农业、能源产品的成本大幅上涨，容易引发粮食危机。

（二）加强各方立场协调配合，提高获取外部援助水平

非洲联盟在促进非洲区域组织和主权国家之间的政策协调等问题上付出了大量的努力，但是非洲国家之间，特别是区域组织之间的基础设施建设水平较低、贸易成本较高，非洲各方之间的人员、资金、要素依旧缺乏流动性，横向之间的经济联系基础薄弱，使得各区域组织和主权国家之间通常是各自为政，难以形成合力、发挥集体行动的最大效用，远未达到在非洲层面"用同一个声音发声"的预定目标。这一状况对于非洲国家来说是非常不利的。非洲工业化进程中的失败教训已经充分地说明了非洲国家间彼此联合的重要性，特别是在外部发达经济体和相关国际组织将提供对非贷款援助与非洲开展以市场化、私有化为导向的工业发展方案挂钩时，非洲国家并未巧妙地借助政策协调和配合、对外展现联合的形式来应对巨大压力，最终导致即使非洲相当数量的国家对西方不满，但是被迫接受了西方工业发展方案。这一历史教训对非洲国家的启发是深刻的，西方国家在同非洲国家的接触过程中，从未像中国这样将非洲国家平等相待，发达经济体也不会在涉及对非贷款援助中不提及附加的政治条件，联合自强既是非洲自身工业发展经历的总结，也是获得外部援助、同发达经济体开展谈判的现实选择。

非洲大陆一体化和工业发展的长期性意味着非洲国家在立足于自身经济发展、掌握一体化和工业发展自主权的同时，也确实需要来自外部的相关助力。一体化和工业发展的巨大资金投入不是仅靠非洲自身可以解决的，国际社会有责任和义务帮助非洲国家实现工业化发展。包括中国在内的众多国家和地区也为非洲大陆一体化和非洲工业发展提供了大量帮助。未来非洲各国需要基于"非洲发展新伙伴计划"等既有框架和制度性安排，在与外部经济体，特别是西方发达经济体的交往中，要求以平等、务实和有效的方式开展对话，在国际上清楚明晰地表达自身的合理诉求和正当利益，不断融入全球经济当中。世界各国也应该清楚地认识到，开展对非合作不是各国对非洲单方面的恩赐，而是可以借助非洲具有重大发展潜力的消费市场，实现互利共赢。随着国际政治经济形势的变化，非洲国家可以在既有的合作机制和交

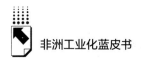

流平台之外，构建更多的对话沟通机制，采取灵活有效的方式平衡各方关系、弥合各方分歧，巧妙地获得外部助力，最终实现非洲大陆一体化和非洲工业发展的预定目标。

（三）提升自贸协定利用效率，降低企业使用协定成本

作为促进非洲大陆一体化和工业发展的有效方式，非洲大陆自贸区建设水平在近年来不断得到快速提升。当然，需要厘清的一个重要概念是，进行自贸协定谈判并不意味着自贸区达成，签订自贸协定也不意味着自贸区正式生效，自贸协定的正式生效亦不意味着参与经贸活动的主体切实有效地在最大限度上使用了自贸协定。自贸协定的谈判主体通常是一国负责外贸事务的行政主管单位，其统筹谈判、关税减让、条款文本等诸多内容。待完成谈判程序后，还需要本国立法机构审批通过，协定才能最终生效。此外，从经济学的传统理论来看，非洲国家签订自贸协定也意在降低彼此间的关税壁垒，削减贸易成本，促进各类商品和产品的跨国、跨区域流动，进而带动经济发展。同时，从关税税率的角度来看，非洲国家达成自贸协定的关税水平一般会比基于世界贸易组织框架下的最惠国待遇更低，且世界上众多国家对非洲还制定了更为优惠的关税，相当数量的产品是零关税。不过，取得切实收益是建立在参与经贸活动的企业会在开展进出口贸易时，合理使用自贸协定中的优惠政策条款的基础上。换言之，如果企业的自贸协定利用率较低，即没有享受到本该享受的利好政策，那么协定的利用率就没有达到预期水平，对一国福利水平的增加也较为有限。因此，非洲国家的关注重点除了如何签订更多的自贸协定外，还需要重视如何落实好已经签订的自贸协定，充分调动企业使用优惠条款内容降低成本的积极性。

具体而言，非洲国家可以考虑专题培训等有效形式，在适当寻求各方对自贸协定条款解释一致的基础上，及时对外宣传自贸协定的文本信息，不断简化进出口企业的通关流程和涉及原产地证书的办理规则。对于重点行业和领域的企业，非洲国家可以借鉴中国的成熟经验，通过调研考察等方式，引导和鼓励企业利用自贸协定中的优惠政策，帮助非洲众多的中小企业主动寻

求利用规则制度，不断降低企业经营成本，协助企业调整符合国际市场需求的各类产品，在非洲同外部经济体的经贸谈判中，让更多非洲企业参与相关的国际规则制定，提升非洲企业在国际经贸规则中的制度性话语权。

（四）妥善处理各方矛盾分歧，确保政策灵活调整空间

2022 年 7 月，东非共同体发表声明，宣布该区域组织将皮革制品、陶瓷制品、纺织品、棉花、家具、油漆、钢铁等商品的共同进口关税调整为第四档，关税税率为最高档的 35%，涉及原材料、生产资料和各类制成品的进口关税分别为 0%、10% 和 25%。有分析人士认为，实施 35% 的共同对外关税将极大地促进东非共同体内部的制造业和其他行业的区域化发展趋势，有利于通过提高产品附加值的方式促进区域性的贸易发展，客观上也将有利于实现非洲大陆自由贸易区（AfCFTA）利益最大化。但是，需要看到，东非共同体的这一做法也会在一定程度上对其他区域组织同东非共同体成员国之间的贸易往来构成阻碍，如何在贸易创造效应和贸易转移效应之间取得相对平衡值得各方思考。在非洲大陆一体化过程中，类似的案例较多，反映出的核心的问题是，作为大陆层面一体化的必要阶段和重要组成部分，区域组织和区域一体化在一定程度上会促进大陆一体化，但是由于具有天然的排他性特征，区域组织也会在一定程度上成为大陆深度一体化的潜在阻碍。

非洲大陆一体化和非洲工业发展的复杂性、特殊性还意味着各国需要因地制宜，结合自身经济发展的既有优势寻求最适宜的工业发展道路。学界对是否实行产业政策、在产业政策中政府扮演何种角色均存在较大争议，包括非洲国家在内的世界各国的做法也存在明显不同。但是，无论如何，根据国际经济形势和市场的变化，及时对工业发展政策进行调整和适时预留一定的政策改变空间是较为稳妥的做法。依据实践结果来检验工业发展政策的好坏是最为有效的。当然，这也意味着非洲国家的工业发展可能会存在一定的试错成本，为了最大限度上降低工业发展政策失误所带来的潜在损失，非洲也充分借鉴了中国的发展经验，通过产业园区等方式在一定范围内实施特定的工业发展政策，在确保成熟、有效和可控的基础上，在省际或全国范围内铺

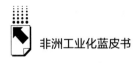

开，在上述过程中及时进行政策的细化和调整，确保工业发展政策的可操作空间，有利于降低成本，避免导致出现不可控的各种风险。

参考文献

肖宇、王婷：《非洲大陆自贸区协定生效对中非经贸合作的机遇与挑战》，《国际贸易》2021 年第 12 期。

金晓彤、金建恺：《非洲大陆自贸区成立背景下推进中非自贸区建设的建议》，《经济纵横》2021 年第 11 期。

马汉智：《非洲大陆自贸区建设与中非合作》，《国际问题研究》2021 年第 5 期。

黄梅波、胡佳生：《非洲自贸区的建设水平评估及其面临的挑战》，《南开学报（哲学社会科学版）》2021 年第 3 期。

张颖、夏福渭：《中国与非洲发展模式的对接》，《现代国际关系》2020 年第 12 期。

朱伟东：《非洲大陆自贸区进入新阶段》，《世界知识》2020 年第 10 期。

王力军：《非洲大陆自贸区与中国企业在非洲的发展》，《国际经济合作》2019 年第 6 期。

姚桂梅：《从一体化视角看非洲工业化的新动力》，《西亚非洲》2016 年第 4 期。

刘鸿武、杨惠：《非洲一体化历史进程之百年审视及其理论辨析》，《西亚非洲》2015 年第 2 期。

罗建波：《非洲一体化进程中的非盟：历史使命与发展前景》，《当代世界》2014 年第 7 期。

Ernest Toochi Aniche, "The Brexit: A Massive Setback for European Union and a Lesson for African Integration", *Chinese Political Science Review*, 2020, 5 (1).

Aniche Ernest Toochi, "From Pan-Africanism to African Regionalism: A Chronicle", *African Studies*, 2020, 79 (1).

Keith Gottschalk, "Persistent Problems in African Integration and Peace-Keeping", *Journal of African Union Studies*, 2018, 7 (3).

Nose Manabu, "Road to Industrialized Africa: Role of Efficient Factor Market in Firm Growth", *IMF Working Papers*, 2018, 18 (184).

Mzukisi Qobo, Garth le Pere, "The Role of China in Africa's Industrialization: The Challenge of Building Global Value Chains", *Journal of Contemporary China*, 2017, 27 (110).

B.10
中非合作抗疫对非洲工业发展的影响*

许陈生　唐　静**

摘　要： 新冠肺炎疫情蔓延对非洲人民生命健康安全带来严重威胁，并严重影响了非洲工业可持续发展。为帮助非洲国家应对疫情冲击，中国秉持"真实亲诚"理念，积极组织各级政府、企业和民间机构，为非洲提供"全覆盖"紧急抗疫物资、派出抗疫医疗专家团队、分享成功抗疫经验、援建医疗基础设施、合作开发与生产疫苗、培训当地医务人员等一系列医疗援助，以及减免非洲国家债务、加强对非投资与经贸合作等一系列经济援助，有效完善了非洲卫生治理体系、提升了非洲疫情防控能力、维护了非洲人民生命健康，有力地保障了非洲就业民生、维护了非洲产供链稳定、推动了非洲数字化转型，对非洲经济复苏、疫后重建和非洲工业健康发展发挥了重要作用。中非合作抗疫彰显了中国负责任的大国形象，是构建新时代中非命运共同体的生动实践。

关键词： 非洲经济　中非合作抗疫　非洲工业

中非双方缔造了历久弥坚的中非友好合作精神，"真诚友好、平等相待、互利互赢、共同发展、主持公道、捍卫正义、顺应时势、开放包容"

* 本文系2021年广东外语外贸大学党建理论研究课题招标课题"'四法育人'打造高校'大思政'育人大格局"（编号：2021DJ11Y，由广东省高校基层党建工作研究基地资助）阶段性成果。
** 许陈生，博士，广东外语外贸大学经济贸易学院教授，研究方向为国际贸易；唐静，博士，广东外语外贸大学经济贸易学院教授、副院长，研究方向为国际贸易与数字贸易规则。

是中非双方数十年来并肩奋斗的真实写照。新冠肺炎疫情在全球蔓延，全球各国都面临着抗击疫情、稳住民生的艰巨任务。作为较不发达的非洲地区，抗疫道路更是艰巨，人们的生命安全受到严重威胁，经济稳定发展受到严重冲击。面对疫情，中国和非洲相互声援、并肩战斗。特别是中国充分展现负责任大国形象，为非洲提供了一系列抗疫援助，对非洲有效抗击疫情冲击、加快非洲经济复苏、推动非洲工业健康发展发挥了重要作用，对推进中非共建"一带一路"、推动构建更加紧密的中非命运共同体和推动构建人类命运共同体作出了重要贡献。

一　非洲疫情概况

（一）非洲新冠肺炎疫情总体情况

1.非洲疫情死亡率高

非洲经济基础薄弱、医疗水平落后，导致其新冠肺炎疫情形势相当严峻。如表1所示，截至2022年6月18日，世界卫生组织（WHO）的数据显示，非洲累计确诊人数约1196万例，死亡率达2.13%，比目前全球平均1.18%死亡率高出近1个百分点，疫情对非洲人民的生命安全造成严重威胁。

表1　截至2022年6月18日非洲及全球新冠肺炎疫情确诊概况

单位：人，%

	非洲	全球
确诊人数	11956733	535863950
死亡人数	254593	6314972
死 亡 率	2.13	1.18

资料来源：世界卫生组织。

2.疫苗接种率以及相应医疗生产能力严重不足

自研发新冠疫苗以来，各国开始陆续接种疫苗，如表2所示，全球的接种率已达148.06%，中国、印度、巴西等发展中人口大国的接种率均超过100%。但非洲地区目前新冠疫苗剂次仅有8.18亿剂次，接种率仅为71.4%，并且只有17.4%的人口完成两剂接种，是全球接种率最低的地区。非洲医疗物资生产能力严重不足，非洲疫苗制造商数量少，导致疫苗生产能力严重低于全球其他地区。此外，有关检验、预防、抵御新冠病毒的医疗物资，如检测试剂、呼吸机和药品，非洲都依赖于进口和国际援助，使得其对疫情的防控缺乏能动性。

表2　截至2022年5月部分国家新冠疫苗接种情况

单位：亿剂次，%

地区	疫苗剂次	接种率
全球	116.59	148.06
非洲	8.18	71.4
中国	33.6	232.82
印度	19.1	137.25
巴西	4.35	203.39

资料来源：非洲疾病预防控制中心。

（二）非洲各国家和地区疫情情况

非洲新冠肺炎疫情报告病例数量在不同地区呈现显著差异。非洲疾病预防控制中心2022年年度报告显示（见表3），截至2022年3月28日，非洲共检测102558714人，非洲东部和南部确诊病例显著高于其他地区，北非和中非较少。非洲疫情死亡率方面也是呈现南北死亡率高、东西死亡率相对较低的特征，南非和北非的死亡率均超过2%，中非、西非、东非虽低于非洲平均水平，但依旧高于全球平均水平。

表3　截至2022年3月28日非洲各地区新冠肺炎疫情情况

单位：人，%

地区	累计确诊病例	累计死亡病例	死亡率
中非	359988	4526	1.26
东非	1463754	21910	1.50

续表

地区	累计确诊病例	累计死亡病例	死亡率
北非	265641	6873	2.59
南非	5210401	124829	2.40
西非	893730	11972	1.34

计算公式：死亡率＝累计死亡人数÷累计确诊人数。

资料来源：非洲疾病预防控制中心。

1. 南非地区

由于南非经济发达，外来人口流动大，在新冠肺炎疫情暴发后很快就成为确诊人数最多的地区。而南非作为非洲疫情防控最紧急的区域，目前通过医护人员的努力与世界各国专家的帮助，渐渐稳定下来。截至 2022 年 3 月 29 日，世界卫生组织非洲区域的数据显示，南非地区的康复率为 97.59%，其中康复率相对最低的毛里求斯为 91.58%，也达到了九成以上。

同时，南非地区的死亡率居高不下。如表 4 所示，位于南非地区的 13 个国家仅有 3 个国家死亡率在 1% 以下，分别为博茨瓦纳 0.99%、莫桑比克 0.98%、毛里求斯 0.47%；其余地区都在 2% 左右；最严重的是马拉维，死亡率高达 3.07%。

表 4　截至 2022 年 3 月 29 日南非各国新冠肺炎疫情情况

单位：人，%

地区	累计确诊病例	累计死亡病例	死亡率
南非(13 国)	5210401	124829	2.40
安哥拉	99115	1900	1.92
博茨瓦纳	263950	2619	0.99
科摩罗	8083	160	1.98
斯威士兰	69672	1394	2.00
莱索托	32880	697	2.12
马达加斯加	64009	1384	2.16
马拉维	85620	2626	3.07
毛里求斯	204200	968	0.47
莫桑比克	225239	2200	0.98

续表

地区	累计确诊病例	累计死亡病例	死亡率
纳米比亚	157615	4019	2.55
南非	3713833	99970	2.69
赞比亚	316550	3966	1.25
津巴布韦	245927	5438	2.21

资料来源：非洲疾病预防控制中心。

2. 北非地区

世界卫生组织非洲区域的官网数据只显示了北非的一个国家——阿尔及利亚。阿尔及利亚的新冠肺炎疫情形势也较严峻，死亡率处于较高水平。2021 年 8 月前，阿尔及利亚面临着疫苗严重短缺的困境，直到中国与阿尔及利亚达成疫苗供应协议后，情况才有所好转。2021 年 8 月 30 日，中国科兴疫苗首批供应的 567500 剂疫苗抵达阿尔及利亚的首都阿尔及尔，解决当地燃眉之急，目前阿尔及利亚新冠肺炎患者的康复率为 96.29%。

3. 东非地区

东非地区的国家新冠肺炎疫情防控形势相对较好。根据非洲疾病预防控制中心发布的数据（见表 5），布隆迪是东非乃至非洲疫情防控最好的国家，截至 2022 年 3 月死亡率为 0.04%，其次为塞舌尔，死亡率为 0.41%。但坦桑尼亚作为世界最不发达的国家之一，直至 2021 年 6 月才宣布启动新冠疫苗接种计划。目前除了已死亡和已治愈的病例，坦桑尼亚内还有较多活动病例，容易导致后续疫情反弹、防治困难等情况。

表 5　截至 2022 年 3 月东非各国新冠肺炎疫情情况

单位：人，%

地区	累计确诊病例	累计死亡病例	死亡率
东非（8 国）	1463754	21910	1.50
布隆迪	38482	15	0.04

非洲工业化蓝皮书

续表

地区	累计确诊病例	累计死亡病例	死亡率
厄立特里亚	9724	103	1.06
埃塞俄比亚	469656	7492	1.60
卢旺达	129712	1459	1.12
塞舌尔	40151	163	0.41
乌干达	163814	3596	2.20
坦桑尼亚联合共和国	33797	800	2.37
肯尼亚	323374	5647	1.75
南苏丹	17234	138	0.80

资料来源：非洲疾病预防控制中心。

4. 西非和中非地区

中非地区国家总体新冠肺炎疫情防控情况良好，除了乍得的死亡率为2.61%，其余7个国家都保持在1.7%以下。而西非疫情状况参差不齐，疫情前期出现部分国家死亡率较高的情况（如冈比亚、佛得角、尼日利亚的病死率一度超过20%），但后期呈现逐步下降的情况。

二　新冠肺炎疫情对非洲工业发展的影响

由于非洲医疗卫生系统比较薄弱，缺乏抵御大型传染流行病的能力，新冠肺炎疫情的快速蔓延给非洲经济带来了严重影响。根据国际货币基金组织（IMF）观点，疫情主要影响非洲经济的三大方面：由疫情防控所导致的生产中止和经济损失；全球性疫情危机所引发的供应链断裂、融资环境收缩等对高度依赖进出口的非洲国家造成的连锁打击；大宗商品价格的持续走低导致非洲原油等出口收入承压。

联合国工业发展组织发布的《2022工业发展报告》指出，对于各国而言，制造业在新冠肺炎疫情这样的全球性危机时期都至关重要，原因在于工业部门直接影响经济韧性的三个重要维度是：制造业是提供对生命和国家安全至关重要的必需品的关键，如食物、药品、衣服、燃料和其他日常必需

200

品；制造商在供应对突发事件至关重要的应急商品方面发挥重要作用，新冠肺炎疫情关键物资短缺将对各国应对危机的能力起到决定性影响；制造业有助于国民经济的复苏和增长，制造业不仅创造了就业机会和收入，而且还实现了创新和乘数效应。

然而，制造业本身也在多个方面受到新冠肺炎疫情相关风险的影响（见图1）。客观上，新冠肺炎疫情同时对工业生产的需求侧与供给侧两端产生重大影响，并且具有真正的全球性质，影响了世界所有国家，形成了国内和全球多种复杂影响途径。

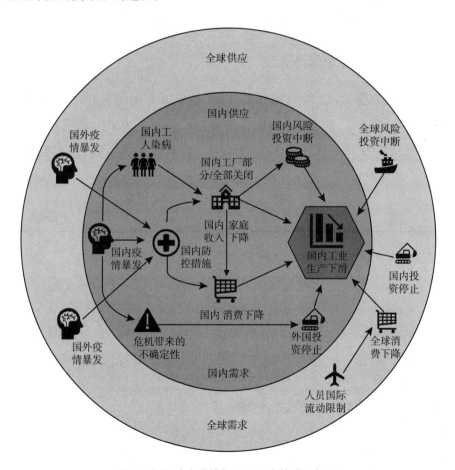

图1 新冠肺炎疫情与工业生产的联系框架

资料来源：转引自联合国工业发展组织《2022 工业发展报告》。

联合国工业发展组织提供的数据显示，在不同国家或地区，工业部门受到新冠肺炎疫情的影响存在明显差异。与疫情前的 2019 年第四季度相比，到 2021 年第二季度，工业化经济体平均工业生产降幅近 13%，而发展中经济体和新兴工业经济体平均工业生产降幅达到 18%，受到的影响更加明显。就非洲而言，北非地区工业生产降幅最大，降幅大约为 27%，南非地区降幅约 17%。但总体来看，非洲地区工业生产受疫情冲击明显比亚洲、拉丁美洲更为严重。

本研究将分别从经济增速、投资、进出口贸易、制造业以及就业与通胀等几个方面来分析新冠肺炎疫情对于非洲工业发展的影响。

（一）经济增速明显下滑

表 6 的数据显示，非洲实际 GDP 增速从 2019 年的 3.3% 跌至 2020 年的 -2.1%，其中，南部非洲地区经济衰退最严重，2020 年经济增速跌至 -7%。虽然 2021 年非洲经济增速有所回升，但经济复苏仍面临严峻挑战。

表 6　2019~2021 年非洲实际 GDP 增速

单位：%

地区	2019 年	2020 年	2021 年
非洲大陆	3.3	-2.1	3.4
北部非洲	4.0	-1.1	4.0
东部非洲	5.3	0.7	3.0
中部非洲	2.9	-2.7	3.2
西部非洲	3.6	-1.5	2.8
南部非洲	0.3	-7.0	3.2

注：2020 年数据为估计值，2021 年为预测值。
资料来源：非洲发展银行。

新冠肺炎疫情大流行加剧了非洲国家 GDP 的下降幅度，使得非洲经济复苏压力进一步增大。《非洲区域经济展望 2021》显示，自 2020 年以来，受新冠肺炎疫情影响，非洲不同类型国家 GDP 增速进一步下降，经济更加低迷，将进一步导致短期工厂倒闭、工业发展停滞、生产能力下降。非洲仅有埃及、埃塞俄比亚、几内亚和坦桑尼亚 4 国的 GDP 实际增速为正数，分别为 3.6%、2.3%、5.4% 和 1.9%。其余国家都呈现或大或小的下降，其中经济受到最严重打击的是利比亚，实际 GDP 增速为 -25.6%，赤道几内亚、毛里求斯、塞舌尔和津巴布韦也出现超过 10% 的负增长。可见，疫情对非洲的国民经济造成的打击十分严重。

（二）外国直接投资严重下降

根据联合国贸发会议发布的《2022 年世界投资报告》，2020 年全球外国直接投资（FDI）下降了近 0.5 万亿美元，同比下降了 35%。而非洲吸引 FDI 从 2019 年的 454 亿美元跌至 398 亿美元，跌至 15 年前的水平，同比下降 15.6%，降幅超过发展中国家平均水平。2021 年，全球 FDI 大幅增长，平均同比增长 64.29%，相较于 2019 年增长了 6.87%。非洲地区虽 2021 年吸引 FDI 同比增长 113.06%，表现相对较好。但联合国贸发会议预测，2022 年非洲及全球的 FDI 情况仍将不容乐观，数据显示，截至 2022 年第一季度，全球 FDI 新建项目同比下降 21%，国际项目融资交易下降 4%。

从非洲内部分地区来看，2020 年除中非地区 FDI 保持相对稳定外，其余四个非洲区域出现明显下滑，降幅超过 15%，其中北非最为严重，降幅达到 25%。就总体趋势而言，中非、东非、西非三个地区近几年 FDI 走势大致相同，均在 2020 年出现负增长，2021 年调整后有小幅回调。北非出现小幅下降，而南非 2021 年同比增速十分明显。2021 年全球大宗商品价格回调、全球产业链重组为非洲带来一定投资机会。

（三）非洲进出口贸易深受打击

1. 货物贸易

表 7 为部分非洲国家的进出口贸易数据。2020 年疫情暴发后，表 7 中

除了尼日利亚的进口额保持增长外，其他国家的进口额都明显下降。到2021年，表7中国家大部分的贸易额都有所回升。

表7 2019~2021年非洲部分国家货物进出口情况

单位：百万美元

国家	2019 年		2020 年		2021 年	
	进口	出口	进口	出口	进口	出口
坦桑尼亚	9297	5003	8517	6267	10912	6481
肯尼亚	17210	5836	15405	6023	19594	7453
尼日利亚	47369	53617	55455	34900	52068	47231
埃及	78657	30632	60279	26815	73781	40701
贝宁	2935	945	2662	941	3186	1169

资料来源：联合国商品贸易统计数据库。

联合国贸发会议的数据显示（见表8），2020年全球进口贸易比2019年下跌超过7%，其中，发展中经济体下降5.8%。而同为发展中经济体的非洲，降幅达到19.3%，远高于世界平均水平。从出口贸易数据来看，2020年全球出口贸易下降7.6%，其中非洲降幅为13.2%，远远高于发展中经济体和世界平均水平。

表8 2019年、2020年按经济体划分的商品贸易

单位：十亿美元，%

经济体	进口			出口		
	金额		增长率	金额		增长率
	2019 年	2020 年	2020 年	2019 年	2020 年	2020 年
世界	19019	17619	-7.4	19290	17828	-7.6
发达经济体	10426	9527	-8.6	11123	10319	-7.2
发展中经济体	8593	8092	-5.8	8166	7509	-8.0
非洲	479	386	-19.3	586	509	-13.2
美国	1055	955	-9.5	1082	917	-15.2
亚洲和大洋洲	7060	6750	-4.4	6498	6083	-6.4

资料来源：UNCTAD Handbook of Statistics 2021。

此外，新冠肺炎疫情还引发国际海运、航运价格疯涨，根据国际航运咨询机构德鲁里评估的"世界集装箱指数"，每 40 英尺的集装箱在 2020 年初价格近 2000 美元，而 9 月已超过 1 万美元，涨幅超 5 倍，使全球的贸易运输成本更加高昂，对非洲进出口贸易形成阻碍。

2.服务贸易

2020 年，受到新冠肺炎疫情影响，非洲服务业出口同比下降了 33.5%，其中旅游服务下降幅度最大，为 61.1%。疫情暴发伊始，非洲地区服务业因人员流动受限和全球价值链断裂，外部需求骤减，诸多服务业陷入经营困境乃至倒闭。旅游业是非洲服务贸易的支柱之一，世界旅游及旅行理事会发布的统计数据显示，2019 年非洲旅游从业人员占该地区就业总人口的 6.5%，旅游业收入占 GDP 的 6.9%。2021 年 1~5 月，赴非洲旅游的国际游客较 2019 年同期减少了 81%。截至 2020 年 11 月初，非洲旅游业取消了 1240 万个岗位，旅游业就业率同比大幅下降 51，旅游收入损失巨大。

从非洲内部区域看，五个地区的总体降幅差距不大，最高的为南非，旅游服务出口额从 9344.6 百万美元下跌到 2951.3 百万美元，降幅达 68.42%，其次为中非的 67.49%，主要原因为这两个地区的国家旅游业较为发达，受疫情的打击最大。降幅最低的是西非，但也达到 59.18%。

（四）制造业发展相对缓慢

非洲制造业发展相对缓慢，新冠肺炎疫情导致非洲制造业进一步停滞。根据 WTO 的数据（见表 9），非洲制造业在 2020 年第一和第二季度分别同比下降了 15.5%、17.1%。2021 年，除第二季度达到 17.8% 的增速，第一、

表 9　2021 年非洲制造业同比增速

单位：%

季度	同比增速	季度	同比增速
第一季度	0.8	第三季度	1.1
第二季度	17.8	第四季度	2.6

资料来源：WTO。

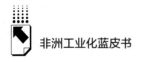

第三和第四季度增速都极为缓慢。

非洲各国采取的限制人员流动的措施导致经济社会活动急剧萎缩,劳动密集型制造业更是遭遇严重挑战,生产出现断崖式下滑。以非洲工业化程度最高的国家南非为例,受疫情影响,2020年第二季度,南非制造业产出降幅高达74.9%;大型制造业的产能利用率仅为78.9%,家具行业、汽车行业、食品行业等主要制造业部门的产能利用率显著下降。由于非洲制造业基础薄弱,非洲对海外供应链依赖程度较高,有一半以上的工业机械与制造设备依赖进口,疫情带来的全球供应链中断更是对非洲制造业企业的正常生产生活带来巨大负面影响。加之资金紧张导致产业投资不足,社会活动无法进一步发展和恢复。世界经济低迷的局面使得非洲制造业恢复更加困难、发展缓慢。

近几年,数字经济开始发展,数字化程度取决于各国的工业发展阶段,行业中的数字运用将成为其跨越式发展的途径。2021年,35%的非洲公司开展或增加在线业务活动,其中88%的企业表示将继续进行数字化改革;15%的非洲企业已经引入新设备,其中有68%的企业表示也会继续引入变革。从另一个角度来看,新冠肺炎疫情在阻滞非洲工业发展的同时,实质上也在促进非洲数字化体系的构成[1]。非洲有限的数据表明,2020年其制造业产出增长率为-6.6%,而2021年为4.9%[2]。尽管过程曲折,但非洲的制造业仍旧在缓慢推进中。

2022年3月,非洲制造业PMI达到50.8%,较上月下降2%,说明非洲制造业恢复速度有所放缓。非洲部分国家通过申请加息、申请国际援助等方式努力稳定国内资金流转,虽然疫情影响尚未完全消除,但非洲部分国家决定放宽防疫措施来恢复国家经济。此外,非洲国家克服疫情影响的重要手段之一就是加快产业转型升级,借助数字化转型带来的新经济形态,加大数字经济相关基础设施建设力度,由此把握复苏稳定经济的重要方向。

---

[1] UNIDO, Industrial Development Report 2022. 2021.

[2] UNIDO, World Manufacturing Production Statistics for Quarter IV 2021. 2021.

（五）就业与通胀

2020 年，受到全球经济衰退与疫情等影响，非洲地区失业人口大幅增加、贫困问题加剧，占非洲就业人口 70% 的非正式就业人群收入骤减。以南非为例，作为非洲最大的经济体，南非 2020 年第二季度新增失业人口达 220 万人，失业率为 42%（见图 2）。世界银行初步推算，新冠肺炎疫情将导致撒哈拉以南非洲地区的 4000 万人重返极端贫困（见图 2）。

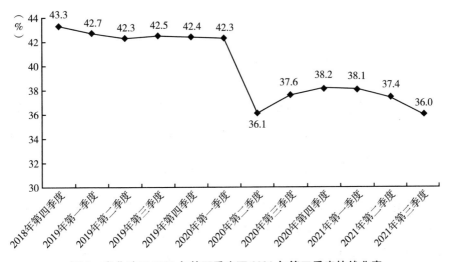

图 2　南非地区 2018 年第四季度至 2021 年第三季度的就业率

资料来源：OECD 数据库。

国际劳工组织发布的《非洲青年就业干预报告》指出，目前非洲青年主要在农业部门和非正规经济部门就业，参照目前人口增长速度和经济发展前景估计，未来 20 年至少需要 4.5 亿个工作机会才可满足社会就业稳定。缺少收入来源的青年群体极易引发犯罪或其他社会问题，影响社会稳定。非洲绿色革命联盟研究分析，非洲农村劳动力约有 60% 的时间用于非农业活动，因此在目前的严峻局势下，将有数百万在农村和城市从事非农业、非正规部门的非洲人民失去工作，使他们的购买力与食物获取能力降低。还有重要的一点是，社会失业率越高会使得减贫难度越高。从通胀水

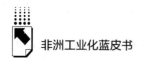

平来看，大多数非洲国家疫情期间的 CPI 指数明显提升，通胀压力攀升。

另外，货币贬值、汇率下降也会对国家的通胀水平造成压力。根据国际货币基金组织的汇率情况来看，疫情后的撒哈拉以南非洲区域实际汇率一路走低，以 2010 年为基数 100，南非洲的实际汇率从 2019 年的 101.53 下降到 2021 年的 97.07。根据经济学人智库估计，2022 年非洲 54 个国家中将有 41 个国家货币出现贬值，并带来持续的通货膨胀压力，预计将有 30 个非洲国家的通胀率将达到 5%，严重影响人民生活和社会稳定。

三　中非合作抗疫措施

中国作为世界大国，一直主动承担大国责任，对非洲等严重疫情地区施以援手，并与许多发展中国家保持亲密合作关系，致力构建人类命运共同体。疫情以来，中非双方也都在为实现中非命运共同体的目标而不懈努力。

（一）以元首外交切实践行中非命运共同体理念

中国同非洲 9 国建立全面战略合作伙伴关系，同 3 国建立全面战略伙伴关系，同 6 国建立战略伙伴关系，同 7 国建立全面合作伙伴关系。新冠肺炎疫情发生后，中国同非洲各国保持密切交流与合作。中非双方领导人通过视频、通话等形式保持交往和沟通。2020 年 6 月 17 日，中非团结抗疫特别峰会举行，习近平主持中非团结抗疫特别峰会并发表主旨讲话，标志着中非合作进入携手推进更广泛的国际合作的新阶段。

（二）中国对非洲进行全方位的帮助

自 2018 年在中非合作论坛北京峰会上提出"构建中非命运共同体"以来，我国全力推进落实"八大行动"等峰会成果。《中非合作 2035 年愿景》《2063 年议程》等重要政策文件的发布，中非合作论坛、中非团结抗疫特别峰会等多项重大国际会议的开展，也为中非全面战略合作伙伴关系注入强劲动力。中国主要从医疗卫生、民生、经济等多个方面开展对非援助，团结协作、并肩抗疫。

1.医疗卫生项目

在支持非洲国家抗击疫情的战斗中，中国一直走在国际社会的最前端。2020 年非洲新冠肺炎疫情于尼日利亚暴发，中国便立即派抗疫团队携带医疗设备和用品驰援。随后，中国也向南苏丹、圣多美和普林西比、津巴布韦和纳米比亚等国家运输物资。中国与非洲多国合作生产新冠疫苗。在医疗团队和经验方面，目前中国已经向多个非洲国家派出中国医疗专家组。在第一时间和非洲国家分享抗疫经验，中国外交部与非盟、非洲疾控中心及支援的非洲国家举行多次专家视频会议，中国疾控中心还向非洲疾控中心派出防疫专家，全力协助非洲推进疫情防控工作。

中国企业在援助非洲事业中不断发挥自身作用。为满足非洲国家和全球抗疫物资供应保障的需求，中国医药企业主动承担社会责任、对接非洲需求，确保非洲国家可以公平获得优质医药产品。中国医药保健品进口商会和国家卫生健康委国际交流与合作中心牵头的"一带一路"健康产业可持续发展联盟，分别建立医药健康产品供需信息发布平台和医疗资源国际工序与标准对接平台，推荐国内优质医药企业的相关抗疫产品信息，将检验监测用品、防护用品、医用设备等数字健康解决方案免费向世界公开。商会还组织专家审核符合国外标准认证或注册的生产企业资质情况，严格把控产品质量关，推动防疫物资合规有序出口，确保全球抗疫物资供应稳定。为履行中国新冠疫苗作为全球公共产品率先惠及非洲国家的承诺，中国疫苗研发生产企业积极推进与埃及、摩洛哥等国家开展新冠病毒灭活疫苗海外临床试验，奠定了后续为非洲提供疫苗援助与疫苗出口的基础。

2.民生项目

促进双方"民心相通"是我国开展"一带一路"建设以来"五通维度"的重要一环，因此中国在与非洲进行抗疫合作的同时，也时刻关注提升非洲的民生水平，促进双方的友好交流。2018 年中非合作论坛北京峰会提出"八项行动"，详细规划了关于非洲的能力建设、人文交流等

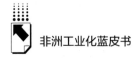
项目。具体来说，中国全力支持援助非洲培养优秀人才，中国在非洲设立"鲁班工坊"，帮助非洲升级 10 个职业技术学校，为非洲国家提供基础职业技能培训援助；实施"头雁计划"，培养超千名各领域的非洲精英，丰富其人才储备；扩招非洲在中的研修培训名额，提供上万个中国政府奖学金名额，促进中非青年的文化交流；设立研究机构，打造"中非智库论坛"品牌，构建中非智库合作网络，加强中非联合调研。在能力建设方面，中国非洲研究院已经成立，同时首个"鲁班工坊"也在吉布提揭牌。

文化交流方面，中国致力于深化中非之间的媒体合作，与在非洲地区有影响力的媒体加强合作；深化文化交流，依托国际性平台打造"中非文化聚焦"等品牌活动，推动中非互设文化中心等。

此外，中国也发布了一系列惠民项目。例如，为更方便中国与非洲"一带一路"国家进行合作，中国提出建设连接东非的蒙内铁路，不仅很大程度上提升了非洲的交通设施水平，同时建设过程中所提供的就业岗位也在一定程度上缓解非洲部分就业压力。相关数据显示，在蒙内铁路的铁路运营团队中，非洲员工占比达 80%，员工的技术水平得到提升。

3. 经济项目

（1）减免债务，助力非洲经济恢复

新冠肺炎疫情发生后，中国宣布免除 15 个非洲国家于 2020 年底到期的无息贷款债务。2020 年 4 月 15 日，中国政府在债务减免方面作出第一项具体承诺，中国外交部正式承认包括中国在内的二十国集团国家，将于 2020 年 5 月 1 日暂停最贫穷国家债务偿还的协议，并持续到 2020 年底。在中非团结抗疫特别峰会上，习近平主席又宣布将免除截至 2020 年底到期的有关非洲国家的对华无息贷款债务，并宣布中方将同二十国成员一道落实二十国集团缓债协议。

（2）增加经济援助

为推动"八大行动"顺利实施，中国以政府援助、金融机构和企业投融资等方式，向非洲提供支持。并鼓励推动中国企业未来 3 年对非洲投资不少于 100 亿美元。同时，中国承诺免除同中国有外交关系的非洲最不发达国家、重债穷国、内陆发展中国家、小岛屿发展中国家截至 2018 年底到期未偿还政府间无息贷款债务。

（3）加强经贸合作

中国自 2009 年起连续 12 年稳居非洲第一大贸易伙伴国地位，中非贸易额占非洲整体外贸总额比重连年上升，2020 年更是超过 21%。进口方面，2020 年中国从非洲进口总额增速达到 43.7%，远超其余组织、联盟及地区。如埃塞俄比亚的咖啡、南非的柑橘、有机牛肉，还有卢旺达的干辣椒、突尼斯的橄榄油等，越来越多的非洲优质农产品进入中国市场，不仅为非洲国家增加外汇收入，还推动非洲国家相关产业的发展。中国主动扩大自非洲非资源类产品进口，对非洲 33 个最不发达国家 97% 税目输华产品提供零关税待遇，让更多非洲产品进入中国市场。在出口方面，中非贸易结构持续优化。中国对非出口产品技术含量提高，机电产品、高新技术产品对非出口额占比超过 50%。

4. 农业项目

全球肆虐的新冠肺炎疫情严重打击了全球农业生产、农业贸易等农业领域，发展中国家尤其是非洲国家受到的冲击最大。非洲地区约有 58.02% 人口生活在农村，并以农业为生，农业又在非洲各国国民经济中占有重要地位，故粮食问题的加剧不仅破坏了本就十分脆弱的粮食系统、影响地区粮食安全，更让许多当地居民面临失业与收入锐减的困境。2020 年 7 月，世界粮食计划署与联合国粮农组织共同发布的《严重粮食不安全热点地区早期预警分析》指出，全球面临 50 年来最严重的粮食危机，至少 25 个国家面临严重饥荒的风险，其中 14 个就分布在非洲地区。

根据联合国粮农组织官网收集的数据，非洲地区粮食不足的问题长期存在的原因主要是非洲区域气候极端，农户不具备抗击气候的能力与手段，以及部分国家高度依赖进口粮食，极度受国际市场价格变动影响。非洲许多国家实施的封闭与隔离措施严重限制农民开展农业活动，降低农业产品的生产量；而长期封闭又降低了化肥、农药等关键化学要素的生产、进口、运输能

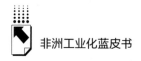

力，限制农业生产投入品的供应链。此外，因疫情造成的非洲国家经济发展受阻、财政收入下降等危机又进一步减少政府对农业的投资，从而导致农业发展状况恶化。联合国粮农组织紧急行动和恢复司司长多米尼克·布尔贡指出："随着脆弱国家的感染数量增加，'危机中的危机'可能会出现，并且在这种恶性循环中，将使更多的人变得更加敏感和易患疾病。"因疫情及其连带影响，非洲农业生产要素的投入与分配遭到破坏性影响，严重阻塞非洲农业的发展。

四　中非合作抗疫对非洲工业发展的影响

（一）帮助非洲防疫取得显著成效

中国在自身面临抗疫防控和复产复工仍有较大压力的形势下，接到非洲国家的请求后依旧迅速响应，竭尽所能地提供大量抗疫物资以缓解非洲的物资急需问题；及时派出抗疫医疗专家组深入非洲抗疫一线提供可靠的现场技术支持；各级政府与民间社会组织也主动伸出援手，共享中国抗疫的知识与经验；医药行业更是全力投入研发生产，严格把控质量，确保非洲国家医药物资供给。

医疗卫生是中非发展合作的传统重点领域。中国在与非携手抗疫的过程中，也通过分享经验、支援医疗物资、投资医疗建设等措施提升非洲的医疗能力与水平，完善非洲卫生治理体系。

中非携手抗疫维护全球公共卫生安全，为健康可持续发展做出了重要贡献，得到非洲国家领导人、非盟、世界卫生组织等国际组织及普通民众的广泛赞誉。非洲国家十分赞扬中国抗疫取得的显著成效，并赞同中国为维护全球公共卫生安全所做的重要贡献，表示将继续借鉴中国经验，持续加强双方卫生领域中的合作，共同胜利抗疫。

（二）扩大中非经贸合作

面对疫情，中方以"八大行动"作为框架，帮助非洲贸易恢复、经济增长。近年来，中国企业将部分劳动密集型生产环节转移到非洲，逐渐带动相关产业链的发展，培育了当地许多上下游企业，中国投资推动了非洲工业发展水平提高。中非民间商会调查显示，约 50% 的中国民营企业向非洲市场投入了新产品和服务，超过 1/3 投入了新技术。这些投资对于东道国具有明显的技术溢出效应，尤其是制造业企业向当地市场进行的技术转移，对东道国工业发展起到了积极作用。

中国商务部公布的相关数据显示，2020 年中国流向非洲的投资为 42.3 亿美元，同比增长 56.1%，主要流向肯尼亚、刚果（金）、南非、埃塞俄比亚等国家。中国已连续 12 年成为非洲最大的贸易伙伴国。尽管国际贸易面临保护主义、疫情蔓延、港口拥堵等诸多挑战，中非贸易额仍在疫情形势下逆势增长。中国海关总署数据显示，2021 年 1~10 月，中非贸易总额达 2070.6 亿美元，同比增长 37.5%。这一数据已接近 2019 年全年中非贸易额。

2021 年 5 月 28 日，中企克服疫情困难，在埃塞俄比亚投资开发的工业园正式启动，工业园将吸引到世界各地的投资者，将给埃塞俄比亚出口业注入强大动力，帮助带来技术转移，还将为当地带来大量就业岗位。

（三）助力非洲国家摆脱贫困

在经济援助方面，中国除了资金支持非洲外，也通过提供物资、援建成套项目等措施，为非洲当地人民的教育、粮食、卫生等方面提供便利，提高受援国人民生活水平和质量。2021 年 6 月 22 日，由中国非洲研究院与中国驻非盟使团、联合国非洲经济委员会以线下线上相结合方式共同主办的"以中国减贫实践助推非盟实现《2063 年议程》"国际研讨会召开，非洲国家希望学习中国减贫实践的经验，增进非洲人民福祉；中国也有意愿、有能力帮助非洲国家减贫，并实现可持续发展。

（四）维护中非产业链供应链稳定

习近平主席在中非团结抗疫特别峰会中提到，支持非洲国家复工复产务实举措，对促进非洲国家经济复苏和维护全球产业链供应链稳定发挥积极作用，并指出要以健康卫生、复产复工、改善民生领域为合作重点，指明了中非在疫情防控形势下开展的务实合作的方向。根据这一框架指导，中非携手克服疫情困难，建造项目复工开工，一方面为非洲国家经济活动的恢复增加信心与动力，另一方面也稳定中国的市场需求。中方致力打造中非卫生健康共同体，提前开工建设非洲疾控中心总部，同时努力做到中资企业"不撤资、不撤人、不停工、不停产"。2021年下半年，中企在非洲承建的多条铁路、多座电站和水坝、多个港口与机场投入建造或逐渐完工。已竣工的如连接尼日利亚经济中心拉各斯和工业重镇伊巴丹的拉伊铁路、被称为几内亚"经济大动脉"的达胜铁路、肯尼亚拉穆港、新西蒙·姆万萨·卡普韦普韦国际机场，都极大地促进了当地经济社会发展，为物资运输提供坚强保障，助力疫情期间非洲经济平稳运行，加速推进中非共建"一带一路"。

此外，一些中国制造业也向非洲转移，以解决当地供应链问题。在"八大行动"的框架下，中国加大非洲商品的进口数量，尤其是非资源类产品；从认证、检验检疫、通关等方面加快贸易便利化的进程，降低中非贸易合作的成本；加速非洲贸易基础设施的建设步伐；加大非洲电子商务的发展力度，促进中非跨境电商快速发展。中非的共同努力有效维护了中非产业链供应链的稳定与扩大。

（五）加强中非数字经济合作

目前数字经济、新基建等新业态备受瞩目，同时它们也将是中非贸易合作的新增长点。中非数字经济合作发展迅速，中方利用这些领域内较为成熟的产品和技术优势，对接非洲巨大的市场需求，逐渐消除非洲国家的"数字鸿沟"。例如，借助中国在视频网站的直播带货活动，卢旺达原滞销的咖啡一上线就"秒光"，解决了非洲广大农户销量低的难题。

在物联网、移动金融等新技术应用上，从数字基础设施建设到社会数字化转型，中非的全领域合作取得了丰硕成果。中国企业不仅承担了部分欧、非、亚三洲和美国的大陆海缆项目；也与非洲主流运营商建立合作，基本实现非洲电信服务全覆盖，并在非洲建成了首个 5G 独立组网商用网络。

在中非双方数字化的合作中，中非电子商务层面的合作也逐步加快。比如"丝路电商"云上大讲堂显著提升我国伙伴国中小微企业的数字素养；"非洲产品电商推广季""双品网购节"的丝路电商专场等活动都有力推动非洲优质产品进入中国市场；中企积极投入非洲电子支付、智慧物流等公共服务平台的建设，让互联互通成为中非合作共赢的坚固桥梁。

参考文献

刘爱兰、王智烜、黄梅波：《新常态下中国对非洲出口贸易商品结构的影响因素研究——基于非正规经济的视角》，《国际贸易问题》2016 年第 2 期。

莫莎、苏幼浩：《中国对非洲发展援助对出口持续性的影响研究》，中国科技论文在线，2021。

王亚娟、刘婕、孙树忠：《非洲抗疫道路艰难，全球驰援刻不容缓——专访中国前驻卢旺达、摩洛哥大使孙树忠》，《世界博览》2020 年第 10 期。

沈晓雷：《南非"抗疫"与后疫情时代的中南合作》，《当代世界》2020 年第 10 期。

张依华：《中国援助非洲抗击埃博拉疫情研究》，上海师范大学硕士学位论文，2018。

王晓春：《非洲抗疫形势严峻》，《时事报告》2020 年第 5 期。

徐诗凌：《复杂的全球抗疫：以非洲为例》，《中国减灾》2020 年 6 月。

刘鸿武、徐薇、张利萍等：《在合作抗疫中构建更加紧密的中非命运共同体》，《非洲研究》2020 年第 1 期。

周倩、苏韦铨：《从非洲新冠肺炎疫情防控看"人类命运共同体"的世界性意义》，《区域与全球发展》2021 年第 5 期。

贺文萍：《在抗疫合作中建设更紧密的中非命运共同体》，《当代世界》2020 年第 7 期。

《习近平主持中非团结抗疫特别峰会并发表主旨讲话》，《当代兵团》2020 年第 12 期。

王珩、张书林：《新冠肺炎疫情背景下的非洲青年发展与中非青年合作》，《当代世界》2021 年第 3 期。

张宏明：《非洲发展报告 No.23（2020~2021）》，社会科学文献出版社，2021。

UNCTAD，COVID-19 and Maritime Transport：Disruption and Resilience in Africa. 2021.

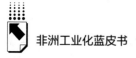

UNIDO，INDUSTRIAL DEVELOPMENT REPORT 2022. 2021.

UNCTAD，World Investment Report 2021，2021.

UNCTAD，Economic Development in Africa Report 2021，2021.

UNCTAD，IMPACTS OF THE COVID－19 PANDEMIC ON TRADE IN THE DIGITAL ECONOMY，2021.

UNCTAD，The future of GVCs in a post-pandemic world，2021

皮 书

智库成果出版与传播平台

❖ 皮书定义 ❖

皮书是对中国与世界发展状况和热点问题进行年度监测，以专业的角度、专家的视野和实证研究方法，针对某一领域或区域现状与发展态势展开分析和预测，具备前沿性、原创性、实证性、连续性、时效性等特点的公开出版物，由一系列权威研究报告组成。

❖ 皮书作者 ❖

皮书系列报告作者以国内外一流研究机构、知名高校等重点智库的研究人员为主，多为相关领域一流专家学者，他们的观点代表了当下学界对中国与世界的现实和未来最高水平的解读与分析。截至2021年底，皮书研创机构逾千家，报告作者累计超过10万人。

❖ 皮书荣誉 ❖

皮书作为中国社会科学院基础理论研究与应用对策研究融合发展的代表性成果，不仅是哲学社会科学工作者服务中国特色社会主义现代化建设的重要成果，更是助力中国特色新型智库建设、构建中国特色哲学社会科学"三大体系"的重要平台。皮书系列先后被列入"十二五""十三五""十四五"时期国家重点出版物出版专项规划项目；2013~2022年，重点皮书列入中国社会科学院国家哲学社会科学创新工程项目。

皮书网

（网址：www.pishu.cn）

发布皮书研创资讯，传播皮书精彩内容
引领皮书出版潮流，打造皮书服务平台

栏目设置

◆ **关于皮书**

何谓皮书、皮书分类、皮书大事记、
皮书荣誉、皮书出版第一人、皮书编辑部

◆ **最新资讯**

通知公告、新闻动态、媒体聚焦、
网站专题、视频直播、下载专区

◆ **皮书研创**

皮书规范、皮书选题、皮书出版、
皮书研究、研创团队

◆ **皮书评奖评价**

指标体系、皮书评价、皮书评奖

◆ **皮书研究院理事会**

理事会章程、理事单位、个人理事、高级
研究员、理事会秘书处、入会指南

所获荣誉

◆ 2008 年、2011 年、2014 年，皮书网均
在全国新闻出版业网站荣誉评选中获得
"最具商业价值网站"称号；
◆ 2012 年，获得"出版业网站百强"称号。

网库合一

2014 年，皮书网与皮书数据库端口合
一，实现资源共享，搭建智库成果融合创
新平台。

皮书网

"皮书说"
微信公众号

皮书微博

权威报告·连续出版·独家资源

皮书数据库
ANNUAL REPORT(YEARBOOK)
DATABASE

分析解读当下中国发展变迁的高端智库平台

所获荣誉

● 2020年，入选全国新闻出版深度融合发展创新案例
● 2019年，入选国家新闻出版署数字出版精品遴选推荐计划
● 2016年，入选"十三五"国家重点电子出版物出版规划骨干工程
● 2013年，荣获"中国出版政府奖·网络出版物奖"提名奖
● 连续多年荣获中国数字出版博览会"数字出版·优秀品牌"奖

皮书数据库　　　"社科数托邦"
　　　　　　　　　微信公众号

成为会员

　　登录网址www.pishu.com.cn访问皮书数据库网站或下载皮书数据库APP，通过手机号码验证或邮箱验证即可成为皮书数据库会员。

会员福利

● 已注册用户购书后可免费获赠100元皮书数据库充值卡。刮开充值卡涂层获取充值密码，登录并进入"会员中心"—"在线充值"—"充值卡充值"，充值成功即可购买和查看数据库内容。
● 会员福利最终解释权归社会科学文献出版社所有。

数据库服务热线：400-008-6695
数据库服务QQ：2475522410
数据库服务邮箱：database@ssap.cn
图书销售热线：010-59367070/7028
图书服务QQ：1265056568
图书服务邮箱：duzhe@ssap.cn

社会科学文献出版社　皮书系列
SOCIAL SCIENCES ACADEMIC PRESS (CHINA)

卡号：321773197367
密码：

基本子库
UB DATABASE

中国社会发展数据库（下设12个专题子库）

紧扣人口、政治、外交、法律、教育、医疗卫生、资源环境等12个社会发展领域的前沿和热点，全面整合专业著作、智库报告、学术资讯、调研数据等类型资源，帮助用户追踪中国社会发展动态、研究社会发展战略与政策、了解社会热点问题、分析社会发展趋势。

中国经济发展数据库（下设12专题子库）

内容涵盖宏观经济、产业经济、工业经济、农业经济、财政金融、房地产经济、城市经济、商业贸易等12个重点经济领域，为把握经济运行态势、洞察经济发展规律、研判经济发展趋势、进行经济调控决策提供参考和依据。

中国行业发展数据库（下设17个专题子库）

以中国国民经济行业分类为依据，覆盖金融业、旅游业、交通运输业、能源矿产业、制造业等100多个行业，跟踪分析国民经济相关行业市场运行状况和政策导向，汇集行业发展前沿资讯，为投资、从业及各种经济决策提供理论支撑和实践指导。

中国区域发展数据库（下设4个专题子库）

对中国特定区域内的经济、社会、文化等领域现状与发展情况进行深度分析和预测，涉及省级行政区、城市群、城市、农村等不同维度，研究层级至县及县以下行政区，为学者研究地方经济社会宏观态势、经验模式、发展案例提供支撑，为地方政府决策提供参考。

中国文化传媒数据库（下设18个专题子库）

内容覆盖文化产业、新闻传播、电影娱乐、文学艺术、群众文化、图书情报等18个重点研究领域，聚焦文化传媒领域发展前沿、热点话题、行业实践，服务用户的教学科研、文化投资、企业规划等需要。

世界经济与国际关系数据库（下设6个专题子库）

整合世界经济、国际政治、世界文化与科技、全球性问题、国际组织与国际法、区域研究6大领域研究成果，对世界经济形势、国际形势进行连续性深度分析，对年度热点问题进行专题解读，为研判全球发展趋势提供事实和数据支持。

法律声明

"皮书系列"（含蓝皮书、绿皮书、黄皮书）之品牌由社会科学文献出版社最早使用并持续至今，现已被中国图书行业所熟知。"皮书系列"的相关商标已在国家商标管理部门商标局注册，包括但不限于LOGO（▧）、皮书、Pishu、经济蓝皮书、社会蓝皮书等。"皮书系列"图书的注册商标专用权及封面设计、版式设计的著作权均为社会科学文献出版社所有。未经社会科学文献出版社书面授权许可，任何使用与"皮书系列"图书注册商标、封面设计、版式设计相同或者近似的文字、图形或其组合的行为均系侵权行为。

经作者授权，本书的专有出版权及信息网络传播权等为社会科学文献出版社享有。未经社会科学文献出版社书面授权许可，任何就本书内容的复制、发行或以数字形式进行网络传播的行为均系侵权行为。

社会科学文献出版社将通过法律途径追究上述侵权行为的法律责任，维护自身合法权益。

欢迎社会各界人士对侵犯社会科学文献出版社上述权利的侵权行为进行举报。电话：010-59367121，电子邮箱：fawubu@ssap.cn。

社会科学文献出版社